见识城邦

更新知识地图　拓展认知边界

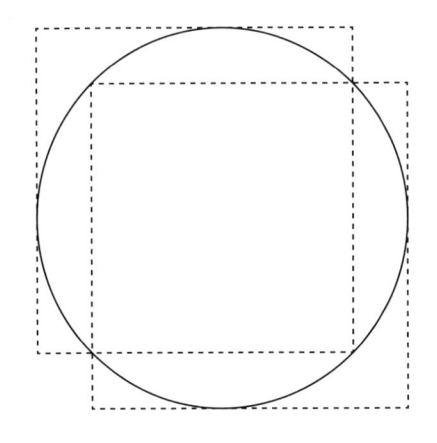

分析 *Analytic*
哲学 *Philosophy*
与 *and*
人类 *Human*
生活 *Life*

Thomas Nagel
[美]
托马斯·内格尔
———— 著

胡昂俊　韦腾捷
———— 译

图书在版编目（CIP）数据

分析哲学与人类生活 /（美）托马斯·内格尔著；
胡昂俊，韦腾捷译. -- 北京：中信出版社，2025.1.
ISBN 978-7-5217-7031-5

Ⅰ. B089；C913

中国国家版本馆 CIP 数据核字第 2024XZ9651 号

Analytic Philosophy and Human Life by Thomas Nagel
Copyright © Oxford University Press 2023
Analytic Philosophy and Human Life was originally published in English in 2023. This translation is published by arrangement with Oxford University Press. CITIC Press Corporation is solely responsible for this translation from the original work and Oxford University Press shall have no liability for any errors, omissions or inaccuracies in such translation or for any losses caused by reliance thereon.
Simplified Chinese translation copyright © 2025 by CITIC Press Corporation
ALL RIGHTS RESERVED
本书仅限中国大陆地区发行销售

分析哲学与人类生活
著者：[美] 托马斯·内格尔
译者：胡昂俊　韦腾捷
出版发行：中信出版集团股份有限公司
（北京市朝阳区东三环北路 27 号嘉铭中心　邮编　100020）
承印者：北京通州皇家印刷厂

开本：787mm×1092mm 1/16　　印张：20　　字数：223 千字
版次：2025 年 1 月第 1 版　　印次：2025 年 1 月第 1 次印刷
京权图字：01-2024-6019　　书号：ISBN 978-7-5217-7031-5
定价：72.00 元

版权所有·侵权必究
如有印刷、装订问题，本公司负责调换。
服务热线：400-600-8099
投稿邮箱：author@citicpub.com

谨以此纪念我的父母和我的兄弟安德鲁

CONTENTS

目 录

前 言 　　　　　　　　　　　　　　　　　　i
致 谢 　　　　　　　　　　　　　　　　　　ii

1. 分析哲学与人类生活　　　　　　　　　　001

生与死

2. 托尼·朱特：生活与记忆　　　　　　　　011
3. 在我们逝去之后　　　　　　　　　　　　022
4. 我们能存活吗?　　　　　　　　　　　　034
5. 协助死亡　　　　　　　　　　　　　　　041
6. 特莱西恩施塔特　　　　　　　　　　　　049

伦 理

7. 彼得·辛格和你　　　　　　　　　　　　065
8. 有效利他主义　　　　　　　　　　　　　082
9. 科斯嘉德、康德，以及我们的伙伴生物　　091

10. 悔恨及其限度 　　　　　　　　　　**101**

11. 四位女性 　　　　　　　　　　　　**110**

12. 法律、道德与真理 　　　　　　　　**127**

13. 税收公平的幻觉 　　　　　　　　　**138**

道德心理

14. 斯坎伦论理由的实在性 　　　　　　**145**

15. 卡尼曼的思考 　　　　　　　　　　**159**

16. 大脑皮质与电车难题 　　　　　　　**170**

17. 模块化道德 　　　　　　　　　　　**181**

18. 虚构与理想 　　　　　　　　　　　**195**

实　在

19.《心灵和宇宙》的核心 　　　　　　　**211**

20. 普兰丁格对科学和宗教的见解 　　　**214**

21. 形而上学是可能的吗？ 　　　　　　**224**

22. 现代心灵的缔造者 　　　　　　　　**235**

23. 丹尼特的错觉 　　　　　　　　　　**250**

致 敬

24. 贝茜·德沃金（1933—2000） **265**

25. 罗伯特·诺齐克（1938—2002） **268**

26. 约翰·罗尔斯（1921—2002） **271**

27. 伯纳德·威廉斯（1929—2003） **274**

28. 唐纳德·戴维森（1917—2003） **276**

29. 彼得·斯特劳森（1919—2006） **279**

30. 罗纳德·德沃金 **283**

31. 约翰·塞尔 **286**

32. 罗纳德·德沃金（1931—2013） **293**

33. 巴里·斯特劳德（1935—2019） **297**

索　引　**300**

前　言

　　本书收录的大部分文章都是评论，但它们提供了一个机会，让我们对近年来哲学及相关学科的发展和争论进行广泛的思考。其中伦理学和道德心理学占据了主要的部分，而关于特莱西恩施塔特及普兰丁格对于科学和宗教的看法的文章则涉及了我特别关心的话题。我还收录了一些向对我特别重要的人致敬的文章——其中大多数（但并非全部）是在他们去世时写下的悼词。

托马斯·内格尔

2022 年 8 月于纽约

致　谢

本书中所录文章的早期版本曾发表于以下报刊：

Economia Politica 26, no. 1 (2009)

The New York Review of Books, February 10, 2011

The New York Review of Books, January 9, 2014

Times Literary Supplement, June 4, 2010

London Review of Books, October 6, 2011

The New York Review of Books, September 28, 2017

The New York Review of Books, March 25, 2010

Times Literary Supplement, November 20, 2015

The New York Review of Books, March 21, 2019

London Review of Books, April 3, 2014

London Review of Books, February 10, 2022

The New York Review of Books, November 21, 2013

The Boston Globe, January 26, 2003

The New York Review of Books, October 9, 2014

The New Republic, February 16, 2012

The New Republic, November 11, 2013

The New York Review of Books, December 6, 2012

The New York Review of Books, April 5, 2018

The New York Times (Opinionator), August 18, 2013

The New York Review of Books, September 27, 2012

Times Literary Supplement, August 12, 2011

The New York Review of Books, September 29, 2016

The New York Review of Books, March 9, 2017

1. 分析哲学与人类生活 [1]

我从 20 世纪下半叶开始涉足哲学领域。这个时期的哲学在各个方面都经历了复杂的运动和发展，而其中的分析哲学传统深刻地影响了我。分析哲学最显著的特征是对语言的关注，它本身就是个哲学意义重大的主题，同时也是通向其他课题的途径——从伦理学到形而上学。虽然我本人未曾从事语言哲学方面的工作，但我所接受的这类哲学训练深刻影响了我思考和写作的方式。

在三所不同的学府学习期间，我偶然接触到了分析哲学的三个主要分支。在康奈尔大学读本科时，那里的哲学系受到路德维希·维特根斯坦（Ludwig Wittgenstein）的强烈影响，他的学生和追随者诺曼·马尔科姆（Norman Malcolm）也在那儿。我们潜心研究维特根斯坦晚期著作（无论是已出版的还是未出版的），并且吸收了他的方法，即把许多哲学问题的根源归因于对语言运作方式的误解。之后，我前

---

[1] 这是我在 2008 年获得巴尔赞道德哲学奖（Balzan Prize for Moral Philosophy）时的演讲摘要。

往牛津大学读研究生，在那里，J. L. 奥斯汀（J. L. Austin）、保罗·格赖斯（Paul Grice）等人正密切关注日常自然语言使用中的具体细节，探寻其中的微妙之处。与之形成鲜明对比的，是以人造并且往往晦涩难懂的哲学词汇来表达一般理论的那种过度简化。在牛津学习两年后，我前往哈佛大学完成博士研究生学业[1]。在那里我遇到了更加系统化、以逻辑为基础的语言研究方法，这种方法以 W.V. 奎因（W. V. Quine）为代表，并可追溯至鲁道夫·卡尔纳普（Rudolf Carnap）和伯特兰·罗素（Bertrand Russell）等逻辑经验主义者的研究成果。

我并非这些传统的真正追随者，但它们构成了我研究工作的智识环境。这与同一时期的欧陆哲学环境大相径庭，后者具有强烈的马克思主义、存在主义和现象学色彩。从气质上来说，我一直被这些欧陆哲学运动的某些方面所吸引——马克思的平等主义思想、存在主义的荒诞感，以及现象学中主体视角的必要性。只不过我是在分析哲学的框架内探索这些兴趣。

对语言的关注带来了概念清晰性的规范，也形成了借由论证和反驳来仔细验证哲学假设的坚持。在此背景下，有三个分支的发展构成晚近分析哲学的历史，它们于我而言也更具实质意义。首先是哲学和科学之间的紧密联系，其次是道德、政治和法律哲学的大复兴，最后是至少部分重拾了生命哲学（Lebensphilosophie）——对基本生死问题的哲学反思——的旨趣。

分析哲学与自然科学和数学的密切联系，是我提到的分析哲学传

---

[1] 译注：原文 graduate study 一般既包括硕士研究生学业，也包括博士研究生学业。当时内格尔在哈佛大学攻读的是博士学位。

统三个分支中的最后一个——逻辑经验主义——的特点。逻辑经验主义也的确催生了数理逻辑，后者现已成为或多或少独立于哲学的一个数学分支。在分析哲学的这一主流中，有一种倾向是希望哲学成为理解世界的最抽象和最一般形式的科学。这种倾向有其好的一面，它要求对哲学感兴趣的人对自然科学也有所了解，因此，分析哲学家们的科学和数学素养相对较高，通常远高于他们的历史或艺术素养。但不好的一面是，分析哲学家往往容易受到科学主义的影响，即认为不管对于怎样的主题，自然科学、数学和逻辑都既定义了有意义的提问，又提供了唯一的理解方式。我认为，这尤其阻碍了我们对自身的完整理解，也限制了我们严肃探讨各类价值问题的能力。

我的心灵哲学成果正是基于这一背景。我认为它能让我们明白，为什么科学革命以来那些在解释物理世界方面获得巨大成功的理论不能让我们充分地理解心灵——因为这些理论是为了解释一种截然不同的现象而发展起来的。主观经验和客观现实之间的关系问题从一开始便是哲学的核心问题，在我们这个时代，物理科学的权威日益增强，人们通过演化论[1]和分子生物学来理解生命，而这对上述问题产生了深远的影响。在许多理论家看来，结合行为主义的功能分析以及神经生理学识别，心灵可以被解释为物理世界的一部分，而这是物理科学向万物理论（a theory of everything）进军的下一步。

尽管我认为，不断摆脱对人类特定感觉经验的依赖并追求越来越客观的对于现实的理解，这是人类理性及其超越性目标的伟大体

---

[1] 译注：原文 evolution 和 the theory of evolution/evolutionary theory 一般被翻译成"进化"或"进化论"。进化有前进之意，暗示这一过程是有方向的，然而文中内格尔尤为强调这一过程是盲目的、无引导的，故翻译成"演化"和"演化论"。

现，但这种对客观现实的追寻势必会遗漏一些非常重要的东西。这是我早期文章《成为蝙蝠是一种怎样的体验？》("What Is It Like to Be a Bat？")的核心观点——这篇文章的标题实际上就包含了整个论证。人类体验的主观特征，或者世界上任何拥有个体视角的生物的体验，都不能仅以行为或中枢神经系统的物理功能来理解，尽管这三者之间有千丝万缕的联系。

真正的问题在于：一方面，我们要如何理解上述关系，从而保留心灵现实的不可还原的主观部分？另一方面，既然对于物理世界的最客观描述仍无法把握世界的全貌，那怎样的关于自然秩序的理解才是恰当的呢？这是一个留给未来的问题。我认为在座的所有人有生之年都不太能看到在这个问题上的实质性进展。寻求用物理的方式去理解心灵，这源于这样一种人性的弱点：渴望终极答案，害怕承认无知。前者表现为我们总是希望现有的工具能解决所有问题，后者表现为我们拒绝承认自己正处于人类认识发展的早期阶段。在身心问题上取得进展需要许多代人的智慧。

说到伦理学这个话题，我非常幸运地参与了这个领域的复苏，它改变了哲学的进程。在我刚开始研究的时候，语言分析占据主导地位，这意味着分析哲学家大多只对元伦理学——对道德语言的分析和对道德概念的逻辑的分析——感兴趣，而不是对一阶道德问题感兴趣。当时人们普遍认为，对于是与非、好与坏、正义与非正义等实质性问题，我们无法进行理性思考。然而，我在康奈尔大学时有一位老师叫约翰·罗尔斯（John Rawls），当时他三十出头，只发表过两篇文章，但他参与了一个关于实质性道德理论的项目——为具体的现代自由民主制度的正义原则辩护。这个项目成为道德思考回归哲学之中心的典范，20世纪的任何其他成果都无法与之媲美。罗尔斯对制度问题的关注，包括社会、经济和法律问题，使得哲学家们重新开始系统地思考他们所处时代的政治问题。

从20世纪50年代开始，哲学界对实质性道德理论和实质性政策问题的兴趣逐渐增加。伊丽莎白·安斯康姆（Elizabeth Anscombe）撰文讨论了战争的道德性以及战斗人员和非战斗人员之间的区别——这是"相互保证毁灭"（Mutually Assured Destruction）的冷战核时代的一个关键问题。H. L. A. 哈特（H. L. A. Hart）讨论了道德的执行，并与帕特里克·德夫林（Patrick Devlin）就禁止同性恋、色情和卖淫的法律的合法性进行了辩论。然而，道德哲学和政治哲学的复苏不仅仅是思想变革的结果。20世纪60年代，民权运动、越南战争以及关于堕胎和同性恋的冲突成了美国公众辩论的主要内容。许多道德、政治和法律哲学家开始撰写和教授这些问题，部分是为了回应我们这些学生的兴趣，部分是因为在那个政治动荡的时代，某种程度的政治参与似乎是必要的。

我的第一份教职是在伯克利，当时那里正爆发学生运动。随后，我搬到了普林斯顿，在那里我参与创办和编辑了一份名为《哲学与公共事务》（*Philosophy & Public Affairs*）的期刊，期刊名正是那些发展的体现，它在将哲学与当代公众关切的问题相联系这一方面发挥了重要作用。从那时起，我一直在撰写和战争、税收、隐私、平权行动、全球不平等、性自由、宗教与国家等公众议题有关的文章。在纽约大学，我同时在哲学系和法学院任职，这也是我对于公共议题感兴趣的体现。

正如在形而上学和认识论中那样，我在伦理学领域也一直关注个人视角和超越性的客观视角之间的关系，后者在伦理学领域代表了一种道德无偏倚性的立场。这个主题在我的第一本书《利他主义的可能性》(The Possibility of Altruism，该书源自我的博士论文)中就已经出现，在我后续的写作中也多次重现。人类理性的超越性冲动卓有成效，它把主观视角抛在身后但又不得不与之共存。二者的张力正是形而上学、认识论、伦理学、政治理论以及理解人类行动的诸多哲学问题的来源。我在《本然的观点》(The View from Nowhere)一书中对这种对比进行了最充分的讨论，在《人的问题》(Mortal Questions)、《平等与偏倚性》(Equality and Partiality)、《理性的权威》(The Last Word)中也有所涉及。伦理学和政治理论中的经典问题是个人自利和集体利益之间的关系，以及何种形式和程度的公正是伦理学和政治正义的恰当基础。这些问题所反映的正是这种视角的对立。我曾引用霍布斯主义、功利主义以及康德关于道德基础的理论撰写关于这一问题的文章，我也尤其关注，推动我们减少社会和经济不平等的动力，如何可以与我们对自己和自己所关心的人所自然产生的偏袒之情相调和。

我试图发展的实在道德观依赖于人类的一种关键能力，即能够从外部看待自己，把自己视为众人中的一员。如果我们希望从这种客观的视角来肯定我们自身的价值，肯定我们的生命、幸福、繁荣的必要性，那么我们必须一致地给予其他人的生命以同等的客观价值。因为从客观视角看，其他人和我一样都是一个"我"。如果不这么做，那我们在客观视角下只能抛弃所有价值，而这在我看来是不可能的。我们不能把我们自己的生命看作是客观上没有价值的，如果这样的话，其他人在主观理由之外就没有理由关心我们是生是死。这一点体现在这样一种主张中：道德不仅关涉"主体相关"(agent-relative)的理由

（例如 A 有特殊的理由要缓解自己的疼痛或照顾自己的孩子），还包括"主体中立"（agent-neutral）的理由，例如每个人都有理由去缓解 A 的疼痛。

尽管客观视角为道德理由提供了有力的基础，但它并不能完全取代主观视角，而必须与之结合。无论我们如何承认所有人的平等价值，我们自身的生活始终是关于一个特别的个体的生活，其有特别的目的、计划、需求和个人情感。而我眼中道德理论的核心问题就在于，这一主观视角是否应当受制于道德的无偏倚性要求，或者更确切地说，如何以及在多大程度上受制于它。功利主义传统主张，主体相关的理由应当完全从属于主体中立的理由。不过它也允许人们追求个体目标，因为这可以得到主体中立的辩护。例如，家庭成员之间的特殊责任可以在功利主义的框架下得到辩护，因为它增进了总体福祉。我更倾向于康德的传统，它为无偏倚性赋予了调节我们动机的作用，也保留了主观视角对我们生活的独立理性权威，并将其放置于一个由普遍标准来协调的框架之内。这就是定言命令的用意，康德目的王国的概念则更形象地体现了这一点。

在政治理论中，这些问题延伸到对法律、经济和社会制度的评价。一方面，从客观的视角看，我们所有人的价值都是平等的；另一方面，我们每个人又天然地对自己的生活和情感有着特殊的关切。如果充分考虑这两点的话，我们又该以怎样的原则与我们的同胞相处呢？我认为，我们必须以这些原则来评价集体公共权力与个人自由及各种平等之间的关系，这也使得我们能够捍卫一种平等主义的自由主义。在这种自由主义中，国家和个人之间存在着一种道德分工。换句话说，公共机构应该更多地强调每个人所拥有的同等价值，而个人道德则应在此基础上，让人们能够在不伤害其他人的前提下，自由地追寻自己的人生。

我所感兴趣的第三个话题是关于生与死的问题：生命的荒诞或意义，如何正确地看待死亡，人类生命和更大宇宙间的关系。这些问题天然地在哲学中占有一席之地，不过我们很难用分析传统所推崇的清晰性标准来思考它们。然而，近年来，这些问题不再被认为是欧陆传统的专属领域，我也时不时地写作讨论这些问题。我一直坚信死亡是我们存在的终结，它是一件非常糟糕的事情，尽管它发生在每个人身上。最近，我对科学与宗教之间的关系以及宗教气质的世俗表达产生了兴趣。我并不确定是否应该追寻这样一种理论，它能对宇宙以及我们在宇宙中的地位给出不仅令人满足，还令人安心的解释。就像其他哲学问题一样，我们可以预期这个问题将长期存在。当我们努力寻找自身在世间所处的位置时，我们会受困于使我们成为人类的普遍自我意识，于是总有些无可回避的问题出现。而我认为，哲学的进步不在于对这些问题给出终极答案，而在于加深我们对它们的理解。

生与死

2. 托尼·朱特：生活与记忆 [1]

《记忆小屋》这个标题指的是它的创作方法。托尼·朱特由于肌萎缩侧索硬化（ALS）而身体瘫痪，当来日无多，死亡即将到来，他决定回顾自己的过去。虽然身体无法写作，但他的头脑一如既往敏锐活跃。朱特在夜深人静时，独自在脑海中构思了这本书中的二十五篇短文。他使用的记忆方法来自近代早期版本的"记忆宫殿"（memory palace），也就是将叙事元素与视觉化记忆空间中的点联系起来。但朱特用的不是宫殿，而是他儿时度假曾住过的一间瑞士小木屋，这个木屋在他脑海里仍然清晰，如在眼前。第二天，他便根据由此形成的结构来口述文章。除四篇外，这些文章最初都是单独发表，但结集为一本书后，它们的影响力大大增强。这本书既是回忆录，又是自画像，还是他的信条宣言。

朱特说，ALS 在两种意义上 incommunicable，即患者无法说话

---

[1] 这是对托尼·朱特的作品《记忆小屋》（*The Memory Chalet*，Penguin, 2010）的评论。

表达，其痛苦也难以言喻，但他的生动描述让人觉得能理解他那种无助：

> 因为无法使用我的双臂，我不能挠痒、调整眼镜、去除牙齿上的食物残渣，或者做任何我们稍加反思就会意识到自己每天重复几十次的事情。
>
> 这还不像是失去了伸展、弯腰、站立或躺下、跑步甚至锻炼的欲望。当冲动来临，你没有任何——任何——可以做的事情，只能找一些聊胜于无的替代，或者努力压制欲望和随之而来的肌肉记忆。
>
> 想想你在夜里改变身体姿势的频率。我不是指完全改变位置……仅仅是你挪动手、脚的频率，你在入睡前挠身体不同部位的频率，你无意识地略微调整来找到最舒适的姿势的频率。想象一下，如果你被迫绝对静止地仰卧……七个小时不间断，并且不得不想办法忍受这种磨难，还不仅仅是一晚，而是你的全部余生。

但他认为，更深层的孤立和囚禁体验他无法传达；他感到自己像卡夫卡的格雷戈尔·萨姆沙[1]一样，无法被他人的想象触及。

生动再现他已失去的活跃生活，是朱特对囚禁和将至之死的回应。而比起他同样重要的历史和批判性著作，这更能为他的遗存增添

---

[1] 译注：卡夫卡著名小说《变形记》的主角，萨姆沙一觉醒来发现自己变成了一只巨大的昆虫。

个人色彩。这些动人的个人回忆充满了历史意识,但它们也反映并解释了托尼·朱特鲜明的观点和态度,标志出他的与众不同,让认识他或阅读过他作品的人难以忘怀。朱特对群体身份很谨慎,他是英国人,但又特别具有世界主义精神;他是犹太人,但又直言不讳批评犹太复国主义(Zionism);他是平等社会民主主义者(egalitarian social democrat),但同时也是精英主义者(elitist),是优绩主义(meritocracy)的捍卫者。

朱特于1948年出生在伦敦,父母是东欧裔的世俗犹太人,他经历了战后英国的紧缩,以及随之而来的非凡社会流动性与社会变革。终其一生,他都是福利国家及其慷慨教育的知恩受惠者。他还热爱公共交通,他动情地描绘他青年时期的火车、巴士和渡轮,可惜它们都自此衰落:

> 我会从滑铁卢线诺尔比顿车站上车,把自行车停在行李车厢里,坐着郊区电车前往汉普郡的乡村,在唐斯山坡上的某个小村站点下车,然后悠闲地骑车向东,直到抵达伦敦至布莱顿的旧铁路线西端,再跳上开往维多利亚站的地区列车,最后在克莱普姆枢纽站下车。在那里,我有十九个站台的丰富选项——那毕竟是当时世界上最大的铁路枢纽站——我很享受地挑选回家的火车。整个过程会持续到夏季里漫长的一天结束。

朱特表达了对他成长于其中的物质世界的热爱,但文字、思想和人类制度才是他生活里的真正实质。他是那种聪明的中下阶层男孩,受益于第二次世界大战后英国教育的开放。他就读于一所择优录取的独立学校，学校由地方市政当局"直接资助"，对在十一岁的考试中表现优异的学生免收学费。朱特说他讨厌上学，他只记得一位他尊敬的老师——一位很凶的德语老师，利用学生对蔑视的恐惧来施行高标准。但他肯定在那里学到了其他东西，因为他在剑桥大学国王学院的入学考试中表现出色，免于毕业考试（A Levels[1]）而被录取；于是，他在最后一年中途退学了。

到1966年他入读国王学院时，那里正是"战后英国优绩主义的化身"。一个拥有华丽建筑和卓越传统的古老机构，此时充满了来自择优公立学校、考试成绩优异的学生。他们被鼓励接过学院里无处不在、代代相传的自信。几年内，繁文缛节、学士长袍和门禁时间都被废除。但朱特在校时，他感受到一种精英成员的身份，不是源自出身，而是基于才干：

> 我们凭才干而晋升到一个即将消失的阶级与文化中，又经历了牛津剑桥衰落前的最后时刻——对于这个衰落我得承认，我们这一代人在掌权居位后，负有很大责任。

朱特坚信，区分卓越与平庸并且让区分发挥作用这一点非常重要，这构成了他的基本信念。自他那时起，知识和文化上的平等主义、反精英主义在英国教育中取得重大成果，朱特却嗤之以鼻：

---

[1] 译注：即英国的高级程度考试，面向高中毕业生。

四十年来，英国教育经历了一系列灾难性"改革"，这些改革旨在遏制教育界的精英主义传统并将"平等"制度化……最严重的破坏发生在中学阶段。政客们执意摧毁为我这代人提供了一流公费教育的择优公立学校，强制让公立体系向下同一……如今，英国政府想让百分之五十的高中毕业生进入大学，但就读于私立学校的少数学生，在获得的教育质量上与其他所有人拉开的差距，是20世纪40年代以来最大的。"

尽管他在政治上属于左翼，主张减少社会和经济不平等，但他对多元文化主义和政治正确这些名义上的平等力量毫无同情。成为美国学者后，他发现了许多值得谴责的现象：

如今的本科生可以选择一系列身份研究课程，如"性别研究""女性研究""亚太裔美国人研究"等数十种课程。这些"准学术"课程的缺点并不在于它们集中研究特定的民族或地理上的少数群体，而在于它们鼓励少数群体成员研究自己——从而否定了博雅教育的目标，反而强化了博雅教育誓要削弱的群体划分和群聚封闭心态。

对于自他青年时期的性解放以来逐渐形成的性表达和性关系禁忌，他同样不以为然：

自20世纪70年代以来，即使冒着错失友谊前途和调情乐趣的风险，美国人也要刻意避免任何可能带有骚扰意味的行为。尽管原因大不相同,但他们就像早些年代的男人一样,对犯错格外谨慎。为此我很是沮丧。清教徒有坚实的神学基础来约束自己和他人的欲望,但今天的盲从者却没有类似的理由。

因为这些观点,一些学术同僚认为朱特是头"反动的恐龙"。他不为所困,但也的确曾指出,政治上倾向于左派却捍卫大学精英主义,这里可能有些不一致:

> 我们这一代人既认为自己是激进派,又自认是精英一员。如果这听上去不一致,那它就是我们在大学岁月里直觉地吸收的某种自由主义传承的不一致。它是贵族凯恩斯的不一致——为了所有人的更大利益,建立皇家芭蕾舞团和艺术委员会,但又确保它们由内行专家管理。它是优绩主义的不一致:给予每个人机会,然后优待有才之人。这是我所在的国王学院的不一致,而我很有幸体验到了这一点。

我想这是一种讽刺。但值得说明的是,想要减少经济分层,同时保留基于能力的教育选拔,这没有不一致。对老派左翼来说这只不过是常识。他们认识到并非所有形式的不平等都一样,而平衡教育系统对穷人并无帮助。朱特正是这种学术上保守的老派左翼,他也能做出区分,这样的人现在已经濒临灭绝了。

他的老派还不止这一面,还有忠于社会民主主义,不信任市场资本主义,不信任重要公共服务的私有化,以及相信体面的社会应防止市场经济所倾向的巨大财富不平等。他甚至更进一步，把当前对市场正统的普遍接受，比作欧洲知识分子早前对于共产主义历史必然性的屈从。我认为这是夸大其词了。虽然意识形态领域有许多教条主义，但关于政府如何利用好资本主义在创新和生产上的力量、促进共同利益，在经验上或道德上仍有许多真诚的论辩未有定论。

这本回忆录所表露的最复杂的情感，关乎犹太人、犹太性（Jewishness）和以色列。朱特的直系家庭并不遵从宗教仪式，反而总会在家里放一棵圣诞树[1]。朱特学校过千名学生中仅有约十个犹太人，他就是其中一个。而他显然继承了非常强烈的犹太身份认同感，从十五岁起，他就深度参与左翼犹太复国主义，成为其青年运动组织的一名官员。他在以色列的基布兹[2]工作了三个夏天，入读剑桥之前还在那儿工作了六个月。他是名真正的信徒：

> 我理想化了犹太人的独特性。犹太复国主义强调分离和族群差异，我从直觉上领会然后再现了这一点……
>
> 劳工犹太复国主义（Labour Zionism）在那些年仍忠实于创始教义，其核心在于对犹太人工作的承诺：年轻的散居犹太人将从他们那种衰弱、被同化的生活中得到拯救，转移到巴勒斯坦乡村地区的偏远集体定居点——在那里创造（而且是"再

---

[1] 译注：犹太教信徒一般都不过圣诞节，这里是指朱特的家庭很世俗化，不太受犹太教影响，反而会过圣诞节。
[2] 译注：基布兹是以色列的一种集体社区，诞生于20世纪初。基布兹混合了空想社会主义和犹太复国主义，在当时以务农为主。

造",如该主义所言)一个既不剥削也不被剥削、充满活力的犹太农民阶级。

最终,他说他出于两个原因而心灰意冷。第一个是,他计划入读剑桥,并为此放弃定居以色列,他基布兹的同伴们对此很是震惊。第二个是他在六日战争[1]后,在戈兰高地[2]协助以色列武装部队时的见闻。以色列年轻人对待刚刚战败的阿拉伯人的态度使他震惊。"即将占领和统治阿拉伯土地的他们漫不经心、毫无顾虑,即便当时也让我感到恐惧。"这次经历让他对各种形式的诱人承诺产生了免疫:

> 我知道做一名"信徒"意味着什么——但我也知道为这种强烈身份认同和无条件忠诚要付出什么代价。在二十岁之前,我就已经成为过,又不再是犹太复国主义者、马克思主义者和社群主义定居者……和我剑桥的大多数同龄人不同,我由此对新左派的热情和诱惑免疫,更遑论其激进分支,如毛主义、左派激进主义[3]、第三世界主义[4]等等。出于同样原因,我对反资本主义变革

---

[1] 译注:六日战争是1967年6月5日至10日发生在以色列与毗邻的埃及、叙利亚、约旦等阿拉伯国家之间的战争,以色列取得了压倒性胜利。以色列方面称其为六日战争,阿拉伯国家称之为六月战争,中文世界多称其为第三次中东战争。
[2] 译注:位于叙利亚西南,以色列以东的一片地区。原属叙利亚,在1967年第三次中东战争后大部分被以色列占领控制至今。
[3] 译注:原文gauchisme为法语,字面含义是"左派",是右翼对激进或极端左派的蔑称。
[4] 译注:原文tiers-mondisme是法语,即第三世界主义,于冷战初期兴起,主张第三世界国家联合起来,不在美苏之间站队。

的那些以学生为中心的教条毫无兴趣，更不用说女性主义马克思主义或性别政治的诱惑了。我曾经——并仍旧——对所有形式的身份政治保持怀疑，犹太身份尤甚。

然而，犹太性是种难以磨灭的身份认同，朱特不断挣扎于这对他而言的意味。他说他不是个"背离的"犹太人，但他无疑是个背离的犹太复国主义者：他最具挑衅性的出版物是发表于《纽约书评》的一篇文章，文章倡导废除以色列的回归法，并希望最终在大巴勒斯坦地区建立一个双民族的犹太-阿拉伯国家——这是个有意为之的乌托邦幻想，将他对身份政治的拒斥推向极致。

不过，朱特仍坚定认为自己是犹太人，所以他必须问："在信仰衰退、迫害减少和社区分裂之后，坚持犹太身份究竟意味着什么？"他那不安的回答涉及记忆，而世俗犹太身份的一切尴尬都在他关于大屠杀的评论中显现出来：

> 从这个意义上说，美国犹太人关注大屠杀就像入了魔，这在本能上是对的：那提供了参照、礼仪、榜样和道德教诲——也将人与历史事件紧密相连。然而，他们犯了严重错误：他们错把记忆的手段当成了记忆的理由。除了希特勒试图灭绝我们的祖辈，难道我们就没有更好的理由成为犹太人了吗？

恐怕我就是他说的那类世俗犹太人中的一员——我们将大屠杀和更广泛的反犹太历史当作充分理由，并且还认为，要是没有这些理由，其他的所谓非宗教理由就不会有多大分量。朱特诉诸一种智识传统：

> 于我而言，犹太教是种情感，是集体的自我质疑和令人不安的真相诉说：那种曾让我们闻名的"达夫卡式[1]"（逆势的）尴尬和异议特质。仅仅站在他人习俗的边缘是不够的，我们也应该是自己最无情的批评者。对这一过去我感到有责任。我因此而是犹太人。

然而，仅凭这些，如果没有那种认同希特勒的受害者的可怕需求，我怀疑还是不够。而朱特也未能免于这种需求。他反思犹太教的那一章以"托尼"为标题，在结尾他告诉我们，他父亲的堂妹叫托尼·阿维盖尔，她在奥斯威辛被毒气杀害，而朱特的名字正是由她而来。

面对迫害，反应是要防御，还对被迫害群体的传统和特征产生更强烈的自豪感，这很自然。这样的反应在朱特的情感中也可见端倪，尽管他持有普遍主义信念，尽管他批判在美国常与大屠杀纪念相关联的"坚定不移的亲以色列情结"和"悲情的自怜"。

但他的自我认同中，占主导的仍是社会民主形式的西方自由主义价值观。1968 年的真正革命发生在布拉格和华沙，朱特那一代西方激进分子未能意识到这一点，这让他懊悔不已，哪怕革命高潮其实是在二十年后。他自学了捷克语，成为不仅研究现代法国还研究整个欧洲的历史学家。他热爱纽约，因为这里汇聚了世界各地的人。我是

---

[1] 译注：dafka-like 中的 dafka 是希伯来语。

托尼·朱特的朋友。在他病痛的末期，我们谈论了死亡，谈论了做超越自身之事对人生何等重要，也谈论了人离世后会留下什么。朱特希望我们了解他的真实面貌。而以他的状况写下这本书是多么宏伟而坚毅，这部作品作为他这般非凡之人的遗产，恰如其分。

3. 在我们逝去之后 [1]

1

我们终将逝去,而世界将在没有我们的情况下继续运转。塞缪尔·谢夫勒在他独具匠心的著作《死亡与来世》中,探讨这些显而易见的事实如何影响我们。它们以强大却常常难以察觉的方式,既影响着那些支配我们生活的价值观,又影响着塑造了这些价值观的动机。

书名中的"来世"并非指个体死后以某种形式继续存在的个人的来世。谢夫勒不相信个人有来世,书的部分篇幅就探讨了这样一个问题:若死亡是我们存在的终结,我们应如何看待自己生命的有限?然而他的主要话题是他所谓的集体来世,即人类在我们个人死亡后的存

---

[1] 这是对《死亡与来世》(*Death and the Afterlife*,Oxford University Press,2013)一书的评论。该书作者为塞缪尔·谢夫勒(Samuel Scheffler),书中所附评论来自苏珊·沃尔夫(Susan Wolf)、哈里·G. 法兰克福(Harry G. Frankfurt)、肖恩娜·瓦伦丁·希夫林(Seana Valentine Shiffrin),以及尼科·科洛德内(Niko Kolodny)。

续和持续更新——不仅是现在活着的人的存续,还有我们死后许久才出生的人的未来生活。谢夫勒认为,集体来世对我们来说极为重要,在某些方面甚至比我们个体的存续更重要,我们却因太过习以为常而忽视其重要性。

这本书源自谢夫勒在坦纳人类价值讲座[1]上的两次演讲,以及在伯纳德·威廉斯作品研讨会上关于死亡的一次演讲。按照坦纳讲座的惯例形式,演讲内容后附有一系列评论和谢夫勒的一篇回应。

为了揭示"来世"(接下来我一般会省略"集体"这个限定词)在我们的关切、动机和价值结构中的地位,谢夫勒运用了经典的哲学方法——反事实思想实验:为了理解某个事物的重要性,去想象它的缺失,看看会造成什么改变。他提出了两个假想情境:世界末日情境和人类不育情境。

在世界末日情境中,你要想象自己享有正常寿命而且会自然死亡,但在你死后三十天,地球将被一颗巨大的小行星撞击摧毁。在人类不育情境中(取自 P.D. 詹姆斯 1992 年的小说《人类之子》,后由阿方索·卡隆改编成电影),全人类变得无法生育,因此现存所有人自然死亡后人类将不复存在。这两种情境都非常可怕,但有趣的问题是,它们到底可怕在哪儿?当我们思考人类的灭绝时,有哪些价值在起作用?

我们的反应当然关涉到现在活着的人的命运。在世界末日情境

---

[1] 译注:由美国学者奥伯特·克拉克·坦纳在 1978 年创办的系列讲座,以人类的行为与价值为核心主题,由牛津大学、剑桥大学、哈佛大学、斯坦福大学等九所成员机构轮流常规举办,每年进行数次。本书的作者内格尔,书中出现的许多哲学家如罗尔斯、斯坎伦、丹尼特等都曾是讲座嘉宾。谢夫勒的讲座是在 2011—2012 年举行的,主题为"来世"。

中，在你自然死亡后仍活着的人将在一场大灾难中结束生命。在人类不育情境中，现在的年轻人将会看到世界人口不断减少，直至只剩下少数孤独的老人，文明无法维系。但谢夫勒感兴趣的不是这方面的反应。他认为，如果我们仔细思考这些情境，我们会意识到，未来的人的缺失本身就会对现存者产生重大负面影响。这说明，来世，即人类在遥远未来的存续，对我们现在的生活非常重要。正如他总结时所说：

> 我们和我们所爱的人将不复存在，对比起未来那些我们不认识、身份仍未确定之人的不存在，从某些具体功能和动机层面来说，后者对我们的意义更重大。或者更正面地说，未来那些我们不认识也不爱的人的出现，比起我们自己的存续以及我们所认识和爱的人的存续，要更加重要。

谢夫勒提出这个矛盾主张的依据是，来世的消失会破坏我们对当下大多数行为的价值感，而我们个人自身的灭亡则不会有同等破坏。我们现实的有其终日的生命与活动，只有置身于一段伸向遥远未来的人类历史中，才会有价值。

2

当下的价值依赖于未来活着的人，这样的例子有些很显而易见：

如果人类即将灭绝，那么许多长期项目就毫无意义了，比如寻找癌症疗法，逆转全球变暖，或发展有效的国际法体系。而谢夫勒认为，灭绝的前景也可能会削弱许多其他活动的动机：生育（在世界末日情境中）当然包括在内；但还包括艺术、音乐和文学创作，以及人文、历史和科学研究——尽管这些活动在时间维度上看似自成一体。谢夫勒认为，我们赋予这些活动价值并且有动机去追求它们，背后有个重要条件：它们身处一些传统之中，而这些传统的延伸远超我们自身的生命与贡献。

在某种程度上，他这里的说法已在他早前的讨论中有所预示。在《传统的规范性》（"The Normativity of Tradition"）一文中，他讨论了价值、时间和历史之间的关系。他写道：

> 传统是一种人类实践，目的在于超越任何单一个体或世代的寿命而保存价值。它们是人类设计的跨世代合作事业，以满足人类想保存珍视之物的深刻冲动。在遵守一项传统时……人们致力于确保自己珍视之物能随着时间推移而存续。在这个过程中，人们就不那么看重自身死亡的意义了。[1]

然而，借来世来探讨未来对现在的全面影响，既大大扩展了这个主题，又给我们带来了全新的思考。我们并不只是希望自己珍视之物能在我们死后存续。实际上，我们生活中许多事物在当下的价值，都

---

[1] 见塞缪尔·谢夫勒《平等与传统：道德与政治理论中的价值问题》（*Equality and Tradition: Questions of Value in Moral and Political Theory*, New York: Oxford University Press, 2010），第 305 页。

依赖于它们在我们逝去后能长久存续、发展。

谢夫勒承认，有些事情可以避免沦为毫无意义，例如友谊、个人的舒适和快乐、避免痛苦，以及某些本身就没有进一步意义的活动，比如游戏——他把这些叫作"自成一体的意义泡泡"。但如果一个生命的价值仅限于个体直接体验的质量，这样的生命是贫瘠的。我们关心的远不止于我们自己的体验。谢夫勒说，这正是我们作为非个体主义者的一个重要方面：我们生命中的许多珍视之物，都依赖于人类未来的存续。谢夫勒还更进一步。他认为，P. D. 詹姆斯小说中的一个想法"并非毫无道理"：

> 人类即将消失的前景，将普遍压抑人们的动机，压抑人们对其活动价值的信心，降低他们在许许多多领域内饱含激情、全情投入、愉快活动的能力……我们不能理所当然地认为，在明知人类未来不复存在的世界中，阅读《麦田里的守望者》、尝试理解量子力学，甚至享用一顿美餐的活动，对人们而言有同样的意义，会带来同等回报。

尽管这只是个宽泛推测，它还是值得我们怀疑。实际上，人类终结的前景可能会增加许多体验的价值，而不是减少。想象一下这是什么感觉：听《唐璜》时知道这是它最后几次被聆听——它很快会永远消失，因为人类也将不再。人们可能会对人类生活的许多方面有同样的感觉——在灯光永远熄灭之前，极度渴求最后一次强烈体验。

另一方面，谢夫勒似乎也有正确之处。在这两种假想情境下，我们很难维持动力去做那些贡献于我们的文化、知识、经济和社会的工作，这将让我们生活的许多意义都消失殆尽，社会可能因此全面崩溃。然而，这种情况最有可能出现在非大多数人从事的创造性活动中。对于电工、服务员或公交车司机来说，他们会自然而然地这么认为吗：自己的工作本质上是人类集体历史的一部分，而且会延伸到遥远的未来——因此一旦未来不再，这些工作就失去了意义？

我推测，就大多数人支撑自己生活和活动的价值来说，除了与直接后代的关联外，与同时代人的横向关联远比与遥远未来的纵向关联更为重要。但谢夫勒显然成功提出了一个全新的、极具价值和重要性的哲学问题，即便这个问题的确切影响范围可能难以确定。价值明显具有长时间尺度的历史维度。

3

谢夫勒的第三篇文章《恐惧、死亡与信心》虽然也很有创意，但讨论的问题更为人所熟悉。文章大部分是在回应伯纳德·威廉斯的名篇《马克罗普洛斯案：反思永生的乏味》("The Makropoulos Case: Reflections on the Tedium of Immortality")[1]，但它也涉及可追溯至伊壁鸠鲁和卢克莱修的大量文献，探讨了诸多话题：如果没有个人的来

---

[1] 收录于伯纳德·威廉斯（Bernard Williams）的《自我的问题》(*Problems of the Self*, Cambridge: Cambridge University Press, 1973)。

世，死亡是不是件坏事；为什么我们对未来的不存在感到不安，却对过去的不存在毫不在意；永生是否是件好事；等等。威廉斯认为，虽然死亡对逝者而言通常是件坏事，但永生并不会是件好事。他还提出我们有理由害怕死亡。谢夫勒则捍卫了他自己版本的这三个观点，而观点之间并不明显相容。

威廉斯认为，永生终将陷入无限乏味。谢夫勒对永生的反对意见有所不同，他认为生命之有限是我们生命意义的条件。他说："我的基本观点很简单。我们的生活在很大程度上是由对其时间有限性的理解所塑造的，搁置这种理解，就会动摇我们珍视生命并渴望其延续的根基。"稀缺性，尤其是时间上的稀缺性，在谢夫勒看来是我们赋予大多数事物价值的条件。因此，尽管死亡一旦降临就是件坏事（除了终止极端痛苦的情形）——因为我们珍视的生命被剥夺了，但如果死亡永远不会到来，我们就无法以现在的方式珍视生命。谢夫勒生动地描述了俗世的永生有多么离奇：

> 我们想象的是某种理当和我们一样的生物，但肉身组成却与我们不同，其生命不会历经不同阶段，对各阶段的典型挑战、得胜、灾厄都无所知晓，无须为生存而工作，不会遇到或克服危险，不会衰老，不会面对死亡或死亡风险，不会因挚爱之死而感到悲痛失落，也从不需要在有限的时间和机会中尽力而为。更广泛地来说，我们试图想象的生物，其生命中几乎没有什么能与我们经历的悲剧或甚至艰难抉择相匹配，更没有任何东西能与我们在终极稀缺资源——时间——的限制背景下做决定的那种经历相匹配。而人类的**每个**决定都在这样的背景下做出，因此在想象永

生时，我们是在想象一种实际上不存在人类抉择的生命。

这些都没错。永恒的生命，不会只是无限版本的有限生命：它们不会有明确的形态。但这就意味着那样的生命将完全失去意义吗？人类的适应能力非常惊人，而且在历史上已经发展出许多不同的生活与价值形式，来应对不断变化的物质环境。生命的有限在塑造我们现实生活中的意义方面起到关键作用，所以尘世的永生就一定不是件好事——这样的说法说服不了我。要是医学最终找到停止衰老过程的方法，我猜测我们会应对得很好。

诚然，谢夫勒也有可能是对的。那样的话，我们的价值结构会受到很有意思的影响。他认为，我们生活中的许多价值，其存在恰恰是因为它们将终止于死亡，但死亡对我们来说又几乎总是件坏事，因为它终结了我们珍视的许多东西。这看起来像是个矛盾，但其实不是。这只不过意味着，在人类生活中好与坏不可分割。

谢夫勒对死亡恐惧也有出色的探讨。他引用菲利普·拉金的话："这是种特别的恐惧／没有任何技巧可以将之驱散……"并且他有力地主张，当我们评估这种恐惧时，争辩死亡是不是死者的不幸、如果是的话又为什么，都偏离了重点。这种恐惧不能解释为看不到子孙成长或永远无法参观吴哥窟的遗憾，也不能用被剥夺了某种未来的体验或活动来解释。在谢夫勒看来，死亡的恐惧独一无二，也不需要任何理由：

> 尽管我曾有过失去重要之物、美好之事终结的经历，而且是由我自己经历……但我会把死亡理解为那个有过这些经历的"我

自己"将要终结。那个自我中心的主体——为我之前所有的终结经历提供了固定背景的那个主体——本身将要终结。我能用以应对这种前景的唯一资源，似乎是将这样一些态度转向自己——伤心、悲痛、愤怒、焦虑——它们就是为自我遭受损失的情况而定制的。但当这些态度转而指向其主体，它们就变得无所依附。这将会或可能引发**恐慌**。这种情况可能会让人完全无法理解、感到毛骨悚然，甚至觉得这不可能发生。

谢夫勒因此持有一组奇特的态度组合。他认为，恐惧死亡、将死亡视作大多数情况下的坏事，都是合情合理的；然而个体的永生又是不可取的。相比之下，集体来世则非常重要：

> 尽管我们对死亡的恐惧可能是合理的，但我们对我们的价值的信心，更依赖于我们相信他人在我们死后会存续，而非相信自己会活下去。实际上，我们自身的永恒存续会削弱这种信心。稍过于简化地说：要维持对我们的价值的信心，必要的是我们应死去，而他人应活着。

他进一步提出一个有趣的观点：相信某些宗教所宣扬的个人来世，"可能会让人过于轻易地接受地球上生命的消失，并使得防止生命消失显得不那么紧迫"。（这一推测可能得到以下事实的支持：一些相信个人来世的人，不仅预料地球生命可能会在不久的将来在世界末日中结束，而且他们欢迎这样的未来。）谢夫勒认为，对于那些不相信个人来世的人来说，认识到集体来世之重要，就会有动力采取更多

行动来避免全球灾难:

> 即使死亡对我们的信心不构成威胁,我们对它的恐惧也并非不合理。但人类存续受到日益严重的威胁,如果我们对此缺乏足够的恐惧,因此没有努力战胜这些威胁,那就不合理了,因为我们的信心确实依赖于人类存续。

这种动力不是出于对未来人类的利他关怀,而是出于对我们自己生活的意义的关心。我们希望未来就某些方面而言是我们的未来——一个我们可以称之为家的地方,即使我们永远无法抵达。

4

四位评论者中的两位,苏珊·沃尔夫和哈里·法兰克福,并不信服谢夫勒的观点,即人类灭绝的前景会普遍侵蚀我们对价值的信心。法兰克福坚持认为,许多事情对我们来说是本身就重要的——不仅是快乐、友谊,还有音乐、艺术创作、科学和历史的追求——即使没有来世,这些事情也不会失去它们的价值。然而,谢夫勒说这些事情的价值并非在个体的体验中自成一体,这显然是对的。沃尔夫则更认同这样的观点:我们将自己的活动看作是在……

> ……进入某种流传,或作为其中的部分——艺术或科学的历

史与共同体的流传，民族或宗教文化的流传，法律、政治、工业、技术发展的流传，等等。

但她认为，即便人类没有未来，我们关心和慰藉他人的责任感也并不会减少，甚至可能会增强，而且会为我们的生活赋予意义。

沃尔夫还探讨了谢夫勒提出的一个有趣问题：我们都知道人类不会永远存在——仅仅是因为太阳演化，就会在亿万年后让地球变得无法居住——但这并不像世界末日或人类不育的情境那样影响我们。谢夫勒指出，我们大多数人不会像伍迪·艾伦在《安妮·霍尔》中的角色阿尔维·辛格那样陷入绝望，他在九岁时认为做家庭作业毫无意义，因为他意识到宇宙在膨胀并将在数十亿年后瓦解。沃尔夫主张，如果我们反对阿尔维的反应，那么出于一致性，对世界末日和人类不育情境的无意义感反应，我们可能也要反对。但谢夫勒回应说，这些情况是不可比的，因为在面对太阳死亡或宇宙瓦解这样的大时间尺度时，我们的价值判断会变得困惑；我们无法代入其中，所以"没有反应"这一点就不能被当作可靠指南，来说明人类灭绝如何与我们生活的意义相关。

肖恩娜·希夫林总体上赞同谢夫勒的立场，但以康德的精神建议：也许，其他理性生命会在未来存续，并继续进行价值实践，这就足以支撑我们，而人类的存续就并非必要。谢夫勒回应道：

> 虽然我对此没有坚定无疑的看法，但我的感觉是，我们的依附比希夫林所认为的要更具体地指向人类。这可能部分是因为我比她更重视历史，部分是因为我更看到生物生理的意义。

尼科·科洛德内聚焦于第三篇文章，质疑因自己即将来临的不存在本身而害怕是否合理。我认为谢夫勒对这种特殊形式的恐慌的同情解读很有说服力，但关于这一点的分歧并不容易解决，谢夫勒本人也不愿声称只有一类反应是客观上正确的。对我们自身的死亡所持有的情绪是否有"正确"可言，这本身就是一个难题。或许，不同人对生命终结的反应和态度之间，存在不可调和的差异。

但这并不会减少探究的价值。通过细致的论证、反驳和对替代理论的比较评估，这本书提供了绝佳范例，来说明分析哲学如何应用于人人（而不只是学术哲学家）都关心的基本问题。谢夫勒为生与死开辟了一系列新的问题。

4. 我们能存活吗？[1]

如果你的存在依赖于某个特定人类生物的生命，那么当这个生物死去，你也将消失：此刻正阅读这句话的意识中心将湮灭，宇宙将对你关闭。在他雄心勃勃又异想天开的《死后余生》一书中，马克·约翰斯顿展现出对死亡的自然恐惧的深刻理解，反驳了一些关于我们何以在死后存活的传统宗教和哲学理论。他随后另行解释，生理死亡后的存活在理论上何以可能，即便是以自然主义世界观为前提。不过，他所提供的存活希望，除了在哲学上不合理之外，无论是他本人还是我们这些读者都几乎无法实现，所以这本书给人的慰藉并不多。尽管如此，这本书仍引人深思，写作上展现出纯熟的技巧与十足的魅力，内容上满是极具启发性的哲学反思：反思我们的本质，反思我们如何随时间推移而持续存在，反思自我、人格、人类、身体、灵魂之间的关系。

---

[1] 这是对马克·约翰斯顿（Mark Johnston）的书《死后余生》(*Surviving Death*, Princeton University Press, 2010) 的评论。

如果你不想死,那你在乎的是什么呢?不会是某个特定生物体的存续本身。你在乎这个人类动物的存续,因为这是**你**继续存活的一个先决条件;而如果你能在它消亡后存活,那么即便你可能会怀念你那老爷车般的躯体,但至少你已经避免了最坏情形。但这种可能性真的合理甚至切实可信吗?我们大多数人很容易想象自己一觉醒来发现审判日降临,或想象自己转世投胎成其他人,但这些可能只是想象的把戏,是不具备任何真实可能性的自我投射。

约翰斯顿的探究动机不仅是纯粹的存活愿望,还有另一种似乎需要依靠存活才能实现的愿望:希望善良得到回报。那些善良的人并非为了回报而善良,但约翰斯顿相信,如果为了行善而做出的巨大牺牲得不到回报,善的重要性乃至合理性都会受到威胁。他的结论与康德一样:有希望在来世获得回报,才会相信善的重要。我完全不赞同这个观点,因为我相信,即使需要牺牲,为善的理由也是自足的。但约翰斯顿的信念促使他致力于证明,死亡对善良的人比对坏人更好,这是他分析存活这个概念时的关键。

然而他必须首先处理相当数量的替代理论。这些理论分为三类:灵魂不朽、肉体复活和心理连续性。约翰斯顿基于不同理由,反驳了这三种我们在死后存活的方式,而他的论证也带给我们一场关于人格同一性的各种神学和哲学理论的精彩旅程。他说,我们没有证据反对这样一个自然主义观点——要维持有意识的心理生活,除了正常运作的大脑外,什么都不需要;更具体地说,灵异研究没有找到可分离灵魂的任何可信证据。他基于微妙的形而上学理由得出了如下观点:当审判日来临,上帝在你死亡之后,迅速用构成你身体的同一批原子重新组装一具身体,即使它和你原先的身体一模一样,那也不再是同一个身体了。而且他认为，尽管我们关心记忆和人格的连续，但这种心理连续性本身不足以保证一个未来的心理复制品就是你。

上述三种形式的存活是否可行？尽管这个问题远没有定论，但约翰斯顿为否定的回答提供了有力论据。他最弱的论证是：即使你有一个非物质的灵魂，这也不能证明你有正当理由要特别关心这个灵魂的未来，因为其他人也都有这样的灵魂——对此，一个回应是说，只有你的灵魂的未来经历将是**属于你的**。然而，假设我们认同约翰斯顿，将前面三种理论都抛到了一边，那还有什么选择呢？

要判断死后存活是否可能，我们需要知道，是什么使未来的一段经历成为我的经历。约翰斯顿的一个重要且合理的主张是，我们无法通过对各种可能情形的先验反思来得出判断，因为我们所持有的人格同一概念并不是这样来运作的。相反，在我们的概念里，同一性的条件会被"转移"到某些实际上持续存在的事物的真实本质上——在我们自身这个例子中就是作为动物的人类——而我们仅凭其显现的属性来认定同一。如他所说："转移的概念可以用一句格言来表达，'我不知道跨时间同一性的（有意义的）充分条件是什么，但当我看到一个持续存在的东西，我确实能认出来'。"这种转移现象在诸如水或黄金这样的"自然类"案例中很常见，它们的真实本质不能通过对我们的概念的先验反思来发现，而是需要经验调查。

借用形而上学家所称的**实体**，我们可以对跨时同一性的标准进行"转移"。实体，也就是"其当前表现决定了怎样才算是同一事物再次存在的东西"。生物是最明显的实体的例子，因为它们具有随着时间推移维持自身的积极倾向。为了判断人格同一性——自我的同一——我们转移到持续存在的人类生物，一类我们认为其拥有具身心智的生物。现在我们既然已经认识到心理生活确切地依赖于大脑运作，我们就可以补充说，如果一个大脑可以在没有身体的情况下存活，它将会继续让同样的心灵具现。这似乎意味着，人格同一性的真正条件是由心理生活如何在大脑中产生来判断，这似乎确定地排除了我们在生理死亡后存活的任何可能。我认为这是正确的结论。然而约翰斯顿相信他能避开这个结论。

但要做到这一点，他必须摒弃通常的持续存在的自我的观念，他生动地将这一观念描述为："我最直接地体验到自身的方式，是作为这个存在和行动场域的中心。"这就是主观意义上的"我"，而且正是这个主观的"我"，对自己的利益有直接而全神贯注的关心，并对自身的死亡感到恐惧。"这个'我'的纯粹的存活欲望，可能会**滋生**出一个'希望约翰斯顿存活'的欲望，但它本身并非希望约翰斯顿存活的欲望。它实际是希望具有作为'我'的属性的某个人继续存在。"

约翰斯顿论证的核心是说，不存在这样的属性，或者说，不存在任何东西来正当化并指导这种指向未来的特殊的自我关心。不管我们怎么认为，世界当前的面貌并不能决定同一个存在和行动场域在将来存在的条件是什么。约翰斯顿否认（在我看来没有说服力）这种主观的同一性可以转移到目前占据了这个存在和行动场域的特定人类的持续性条件上。相反，他主张自我不过是个有意为之的对象，其同一性并非客观存在，而是依赖于主体如何**看待**它。就像麦克白幻觉中出现的匕首一样，是否把不同时间点出现的匕首视为同一把，完全取决于主体如何看待它。约翰斯顿在人格同一性上的相对主义，彻底颠覆了传统观念——你对未来的关心取决于你认为未来谁会是你。相反，他主张人格同一性是"回应依赖"或者说依赖于看法的：你有种倾向是指向未来的关心，这决定了未来谁将会是你，而不是反过来。

为了说明这个观点，约翰斯顿想象了三种人类生物，分别称为冬眠者、传送者和普通人。冬眠者在冬季陷入沉睡，在他们看来，春天醒来时拥有着他们的记忆和人格的人，和他们不是同一批人。他们不认为自己从无梦睡眠中存活了下来。至于传送者，他们习惯于科幻小说中常见的那种超快速旅行。他们走进一台机器，机器完整读取他们身体的微观构造，摧毁身体，然后以光速将信息发送到目的地的目标机器，在那里以当地材料生产出一具在生理与心理上都与原先无法区分的身体。传送者们认为自己从这些旅行中存活了下来，他们毫无疑虑地认定，从目标机器中走出来的人就是自己。最后，普通人相信他们从无梦睡眠中存活了下来，但不相信他们会在传送后存活：他们不会为了哪怕一百万美元而走进传送机器。在每一种情况下，相应的信念都是直接的，并以不加反思的模式，显现在指向未来的特殊关心中。

约翰斯顿说，冬眠者、传送者和普通人在各自情况里都是对的。没有一个客观事实可以使其中一种信念正确而其他信念错误。同一性依赖于看法，是"对某个未来的人的深刻且连贯的认同"的这个倾向——以第一人称的方式关心那个未来人的经历——构成了可以判定同一性的倾向。

关键点来了：如果你发展出一个倾向，对在你死后存在的所有人，都有种指向未来的关心——换言之，如果你在字面意义上成为一个"如爱你自己那样爱你的后人"的人，那么当现在位于你的存在和行动场域中心的人生理死亡后，你也能存活下来。可一旦认识到自我的客观存在是个幻觉，我们应持有的理性态度就是这样的："如果没有一个持续存在的自我值得关心,那么,由特殊的自我关心所预期且乐见的超额或超量待遇,就不能算是合理要求或期待……一个人的自身利益之所以值得考虑,并不是**因为**那是自己的利益,而只是因为那是利益。利益,无论在哪里产生,只要正当,就都同等值得考虑。"

因此,**博爱**(*agape*),即基督教中作为善的理想的普遍之爱,自带回报,给予博爱之人。个人是普罗透斯式的[1]:个人的构成,可以是单个人类,也可以是一组人类,甚至可以是一大群人——"全人类的前进洪流",这取决于他直接倾向于将哪些利益纳入他的实践观念。约翰斯顿的理论让绝对的善成为生命持续的条件,从而捍卫了善的重要性。

极致无私带来的这种形式的存活,需要巨大的转变。这种转变几乎无人能企及,而且无论如何也不由意志控制。然而约翰斯顿补充说,即使我们达不到这种完美的善,我们也要认识到各人利益与我们自身利益同等重要,从而以一种更熟悉的方式去超越自私和偏袒的天性。即使我们无法真正做到善良,我们也可以变得"足够善良",不是为了在死后存活,而是为了"直面死亡,看透死亡,走向人性得以绽放的美好未来……而对于完全自私的人来说,他们个体人格的消亡,就意味着他们看重的一切都消亡了"。但这个观点很常见,并不能消除个人死亡的绝对性。

要接受约翰斯顿的理论——人格同一是相对的,人是普罗透斯式千变万化的,把未来的人当作我们自己,我们就能在死后存活——我

---

[1] 译注:普罗透斯(Proteus)是希腊神话中的早期海神,就像海水一样拥有多变、多形态的特质,"普罗透斯式"就是指无固定形状、可变的、多变的。

们至少要像相信灵魂不朽或肉体复活那样一厢情愿。似乎更有可能的是：现实世界，尤其是关于大脑如何支撑心灵的事实，决定了我们是什么，即便这些事实仍大多不为我们所知。约翰斯顿不认为纯粹的精神实体能承载人格同一性，这很合理；但我们所熟悉又叹其可朽的人类肉身，决定性地控制着我们的命运，要想摆脱这种控制实在很难。

5. 协助死亡 [1]

最理想的情况是不必死去。但如果做不到，许多人会希望，当发现身体状况极其糟糕、没有了活下去的意义时，能对自己的死亡时间和方式有所掌控。目前，在包括英国、北美大部在内的世界上多数地区，法律所允许的对死亡的掌控并不包括自愿安乐死或协助自杀。在大多数司法管辖区，即便具备完全能力的患者明确请求，医生也不得以结束生命为目的为其开具或对其使用致命药物。然而，法律允许（有时候是要求）医生在患者或代理人的请求下，采取其他加速死亡的措施：他们可以结束或停止治疗（如化疗、抗生素、手术），撤除或不启动生命支持措施（如呼吸机、喂食管），给予高剂量的阿片类药物以镇痛或诱发昏迷，而这些措施也可能会缩短生命。

加拿大哲学家 L. W. 萨姆纳在其清晰而有力的著作《协助死亡：一项伦理与法律研究》中主张，上述区分站不住脚。他将他的反驳目

---

[1] 这是对 L. W. 萨姆纳（L. W. Sumner）的书《协助死亡：一项伦理与法律研究》（*Assisted Death: A Study in Ethics and Law*, Oxford University Press, 2011）的评论。

标称为"传统观点",即认为"在协助死亡与其他可能加速死亡的临终措施之间,存在一个道德上的'明确界限'"。萨姆纳所说的协助死亡,是指提供致命药物(协助自杀)或施用致命药物(安乐死)以致患者死亡,从而实现减轻痛苦的目的。萨姆纳主张,协助死亡与法律允许的措施(如关闭呼吸机)之间的差异,在道德上大多是无关紧要的。他赞成比荷卢三国现存的那种制度——在严格规定的条件下,允许协助自杀和安乐死[1]。

萨姆纳认为,临终治疗与所有医疗一样,应遵循两项价值:尊重患者的自主,关注患者的福祉。通常二者是一致的,但无法实现自主时,如患者是婴儿的情况,就必须以福祉为重。如果自主和福祉相冲突,在有能力的患者做决定时,萨姆纳认为自主应该优先。

关于福祉的价值,最重要且非常明显的一点是,只有对患者而言死亡比活下去更好或至少不更糟的情况下,加速死亡才是正当的。死亡可能是好事——当它终结了无法忍受的痛苦时,也有可能既不好也不坏——当它结束了不可逆的昏迷时。通常,死亡对死者来说是极严重的坏事,这正是严格禁止杀人的缘由;但和其他选项相比,死亡并不总是坏事。萨姆纳接受"剥夺理论",这种理论认为,死亡之所以是坏事,是因为它剥夺了继续活着给我们带来的好处。如果继续活着只会带来痛苦,如难以忍受的疼痛、恶心、谵妄和无助,那么死亡能帮我们摆脱这些痛苦,它就不是坏事而是好事。这就是为何有能力的患者会在足够糟糕的情况下拒绝继续接受治疗,而会要求移除呼吸

---

[1] 自萨姆纳的书出版以来,安乐死已经在哥伦比亚、加拿大、新西兰,以及澳大利亚部分地区合法化。

机、喂养管，或要求临终镇静。显然，注射致死可以更快、更有效地实现同样目的，所以患者福祉的价值并没有在协助死亡和其他措施之间划出"明确界限"。

如果转向自主的价值，我们确实会发现差别。目前被认可的患者拒绝治疗权是非常强大的，因为患者行使这项权利时，可以援引任何符合其精神能力的理由，而不只是结束难以忍受的痛苦这个理由。例如，成年的耶和华见证人[1]可以基于宗教理由拒绝接受输血，即使这会导致他们死亡。这是身体完整性的一般权利的结果：包括医生在内的任何人都不能违背患者意愿，以手术、注射药物或其他侵犯身体的行为来破坏这种完整性。若没有患者的明确同意，这通常会被认定为一种不被允许的侵犯。（紧急情况下治疗无意识患者是例外情况，这种情况通常解释为推定同意：我们相信，患者如果有意识并了解情况就会同意。）

身体完整权在中止治疗和协助死亡之间引入了不对称性：如果患者要求结束治疗，即使由此导致的死亡不符合患者利益，医生也必须照做；但包括萨姆纳在内的所有人都认为，只有在患者的健康状况使得生命不值得继续时，患者才有权要求协助死亡。个人的权利意味着他人有很强的"消极"义务——不干涉的义务，但消极义务并不蕴含相应的"积极"义务。大家都有一个通常的消极义务——不违背我的意愿强行为我提供救助治疗，但大家并没有这样一个通常的积极义务——仅仅因为我希望结束自己的生命就帮助我实现。（萨姆纳给出

---

[1] 译注：耶和华见证人是诞生于19世纪末的基督教系新兴宗教，教义有别于传统基督教。较突出的主张包括拒服兵役、拒绝输血、拒绝庆祝圣诞节等。

了令人惊讶的信息，即"在荷兰，大约三分之二的安乐死或协助自杀请求被医生拒绝"，这大概是因为这些请求被认为缺乏充分依据。）然而，中止治疗和协助自杀在义务上有不对称，并不意味着它们在是否**被允许**的问题上也有不对称，尤其是在更常见的情况下，当二者都能兼顾自主和福祉时。萨姆纳的立场是，当两项价值一致时，任一加速死亡的方法都可被允许。

然而，要捍卫他的立场，他还需要回应这样的反对意见：协助死亡与其他方法之间还存在两个差异，从而使得它们在道德上有别。他的回应是他论证的关键部分，因为这两个差异正是传统观点的核心。安乐死和协助自杀具有两个特征，其中至少有一个是任何其他措施都不具备的。首先，致命药物直接导致死亡，而非仅仅消除那些阻碍死亡发生的其他因素。其次，患者死亡就是用药的意图目的，而不只是可预见的效果。

相比之下，当中止治疗或撤去生命支持措施时，死亡的原因是疾病或疾病的后果，比如无法呼吸或进食。而极高剂量的阿片类药物导致死亡时，用药的意图目的是镇痛，而死亡只是一个可预见的副作用。萨姆纳必须回应的主张是，协助死亡涉及直接、故意的杀死，而这就是错的，即使这服务于自主和福祉的价值，即使这两项价值足以证成其他涉及死亡的行为：放任一名晚期癌症患者死于可治疗的感染，或者由镇痛而导致缩短生命的副作用。这个主张显然是传统观点背后的假设，也就是传统观点认为的道德的"明确界限"。

在道德哲学中，关于作为（doing）和允许（allowing）、故意（intending）和预见（foreseeing）之间的区分，有着广泛且持续的讨论，而且对于区分的意义也存在分歧。萨姆纳总结了相关讨论，但他的主要观点是,无论这两个区分在其他背景下可能具有怎样的道德意义,在临终选择中它们不可能具有相同的意义,而且原因十分简单。

应用于导致某人死亡的抉择时,这些区分是为了应对具有以下三个特征的案例才提出的:(1)死亡对当事者来说是坏事,(2)当事者不同意赴死,(3)做出抉择的动机是使另一个不同于当事者的人受益或免受伤害。在无论做什么都会有人遭受伤害的痛苦情形中,有必要用一个可用的道德标准来确定哪些选项必须被排除、哪些仍可被允许。这些情形包括了自卫、战争的附带损害、医疗救助或救援行动中的检伤分类等,它们应遵循何种标准尚有争议。但这些标准都与临终决定无关,因为在典型的协助死亡案例中,**上述三个关键特征都不存在**。当一个有能力的患者请求安乐死以结束其痛苦时,(1)死亡对他来说是好事,(2)他自愿同意死亡,(3)其目的是使他自己受益而非别人。即使是没有能力又失去希望的患者(如婴儿)的安乐死,第一和第三个条件仍然成立。

将某些"间接"致死的方式认定为被道德所允许,目的是使它们区别于被严格禁止的行为——故意杀死无辜的人以让另一人受益。(杀死一个人以摘取他的器官来救另外五个人是错的;当无法拯救六个人时,拯救五个人而让第六个人死去则没有错。)但安乐死并不是杀一个人以让另一人受益,而是结束一个人的生命来使这个人受益。这里的杀死行为是故意的,并且与死亡有直接因果关系,这一点确实和应受惩罚的谋杀行为一样。但它又缺少其他特征,以至于这一点不具有道德意义。因此,要区分故意安乐死和传统观点所允许的更间接的措施,我们没有道德理由。对故意与预见的区分,只有当死亡作为坏事、要在不同人之间取舍时,才具有道德意义。这些特征在安乐死和协助自杀中都不存在。

上述分析同样适用于没有自主性也没有行为能力的患者，比如有先天缺陷而且将在受苦一年后死去的婴儿。传统观点允许以特定方式加速其死亡，比如不治疗其感染，或者对肠梗阻不予手术矫正等。萨姆纳指出，这些"不治疗"与主动安乐死一样，目的都是婴儿死亡；但关键是，这一点对这两种措施来说都是道德上无关紧要的，因为婴儿并不是其他人利益的牺牲品：他甚至根本没有受到伤害，反而是避免了更糟的命运。（萨姆纳强调，所有加速婴儿死亡的措施，无论"积极"或"消极"，对唐氏综合征那样能过上有意义生活的先天性残疾来说，都是完全不合理的。）传统观点依赖于错误的迁移——将本来适用于完全不同类别情形的标准，迁移到了这个情形上。

萨姆纳处理的最后一个主要议题是，对于现在无能力但曾经有能力的患者，如何尊重他们的自主。这些例子包括晚期痴呆、中风或脑损伤导致的无意识或半意识状态。生前预嘱形式的预先指示就是为此类情况设计的，但它们并不总是存在。有时亲属会提供患者过去说过的话作为证据，来说明患者"本来会想要"的是什么。当现在无能力的患者有明确的或推测出的过往的愿望，并且这个愿望与患者的当前利益明显一致（比如缓解不可逆的痛苦），或与之不冲突（比如终止不可逆的昏迷）时，那就没有理由反对任何加速死亡的方法。然而，萨姆纳也承认，他将自主置于福祉之上的做法在某些情况下会有问题，比如有的预先指示要求在更模棱两可的情形下实施安乐死或不予治疗。

假设你签署了一份指示，要求在你进入晚期痴呆、不记得任何事也无法认出任何人时，对你实施安乐死，或放任你死于可治疗的感染

（如肺炎）。这种状况下或许并不存在无法忍受的痛苦，你甚至还能享用花生酱和果酱三明治。自主是否真的授权过去的你自己来杀死这个后来的自己，即使其生命仍然保有婴儿也可获得的简单的体验价值？罗纳德·德沃金给出的一个回应是，我们必须区分生命的体验价值和关键价值。你的指示表达了这样的观念：在这种情况下，尽管你还有原始的体验价值，你的存活并不值得继续——从关键意义上说，继续这样的生活对你是不好的。所以，在这种情况下自主和福祉之间实际上并没有冲突。

萨姆纳对此很是纠结。他说，很难想象对这样一个人注射致死。不过他也说："我们很难论证这样一个一般性论点——自主性减弱或不存在时的当下快乐享受，总是优先于先前对自己最深刻、最持久的价值的完全自主表达。"我不确定要授权予那个曾有能力但价值观已不再延续的过去的自我，因为那些价值对如今痴呆的自我而言毫无意义。总而言之，那种状况的人继续存活是好是坏，这个问题可能没有正确答案。但萨姆纳的总体观点仍然适用于此：基于预先指示而中止维系生命的治疗，其合理性的标准和安乐死应该是相同的，要么两者都被允许，要么都不被允许。

萨姆纳对法律现状及其历史的详细描述颇具启发性。对于临终治疗，我们正处于文化大转变的开端。这是由于医学进步使得致命疾病的进程被减缓，同时，患者的生命得到延长，即使对于延长的生命的价值仍时有疑问。中止进一步治疗、仅提供姑息治疗，这样的决定越来越普遍，医疗界现在也十分重视姑息治疗和充分镇痛。对于大多数临终患者来说，这些选项已经足够。即使在可以实施安乐死和协助自杀的地区，如荷兰，在2005年二者占所有死亡人数的1.7%，而中止治疗或临终镇静则占当年死亡人数的近四分之一。萨姆纳主张，应对后一类缩短生命的方式进行更多的监管，因为它们要普遍得多，而且同样需要正当理由。

萨姆纳还提出了一个问题，即协助死亡的普及是否会减少提供充分临终姑息治疗的积极性，因为有了更便宜、更快速的替代方案。他回答说，在协助死亡已合法化的司法管辖区，这样的情况尚未发生。尽管这两类措施的目标都是消除痛苦，但医生显然有强烈动机去确保协助死亡仅作为姑息措施失败时的最后手段。这种乐观观点可能适用于富裕社会，然而如果协助死亡在资源非常有限的社会中合法化，我不确定这种观点是否还能站得住脚。

萨姆纳的书为哲学与公共政策的相关性提供了极佳范例。原因在于，管治临终治疗的公共政策在很大程度上受制于哲学上的混淆。对这样一本书寄予厚望，希望其能帮助纠正混淆的状况，也许不算过分。

6. 特莱西恩施塔特[1]

1

特莱西恩施塔特集中营位于布拉格以北约 60 千米处，它在纳粹的灭绝行动中占据独特的地位。它的主要目的是将捷克斯洛伐克、奥地利和德国的犹太人集中起来，然后将他们转移至波兰的死亡集中营。但它对外却被展示为一个自治的犹太定居点，旨在塑造一种犹太人被以一种人道的方式驱逐出德国的假象。集中营有一个犹太人内部的管理机构，但它完全受控于党卫军，并在执行上述两项任务中发挥了重要作用。正如捷克作家兼历史学家 H. G. 阿德勒（H. G. Adler）所说，这将特莱西恩施塔特"编入了希特勒迫害犹太人历史上最恐怖

---

[1] 这是一篇关于 H. G. 阿德勒的著作《特莱西恩施塔特，1941—1945：一个被胁迫社区的面貌》（H. G. Adler, *Theresienstadt 1941–1945: The Face of a Coerced Community,* Cambridge University Press, 2017；以下简称《特莱西恩施塔特，1941—1945》）的评论。

的亡灵之舞"。

首先来看一下数字：从1941年11月到1945年4月，大约有141 000人被送往特莱西恩施塔特。在此期间，约有33 500人死亡，死因多是疾病或营养不良[1]。有88 000人被遣送到东部，其中仅有3 500人生还，其余人在奥斯威辛或其他集中营被杀害。另有2 400人被释放到中立国或成功逃脱。在德国投降前夕，党卫军将集中营的管理权移交给红十字会，当时集中营内有17 500名幸存者。在战争最后的数周，数千名囚犯从其他集中营被转移至特莱西恩施塔特，但在最初被送往此地的所有人中，仅有不到六分之一幸免于难。

阿德勒（1910—1988年）是其中的一名幸存者，一位来自布拉格的作家和学者，和许多捷克犹太人一样，他的母语是德语。战后他虽然居住在英国，但仍以德语创作，成了一名高产的诗人和小说家。他的妻子格特鲁德（Gertrud）是一名医生和化学家，在集中营里担任医生和医学实验室的负责人，而阿德勒本人则从事杂工或文书工作。1944年10月，他们作为最后一批犹太人被转移至奥斯威辛。格特鲁德本可以活下来，但她不愿意抛下她的母亲，最终两人一同在毒气室里丧生[2]。阿德勒被选中参加强制劳动，最终在奥斯威辛和其他几个集中营中幸存下来，并在战争结束后回到了布拉格。阿德勒在大

---

[1] 其中也包括我的祖父路德维希·内格尔（Ludwig Nagel），他是一名小提琴演奏家，曾任杜塞尔多夫交响乐团的首席。1938年"水晶之夜"事件之后，他回到故乡捷克斯洛伐克，后在1939年纳粹占领布拉格时被捕。他的妹妹奥蒂莉·内格尔（Ottilie Nagel）也死于特莱西恩施塔特，而他的兄嫂泰奥菲尔（Teofil）和伊尔玛·内格尔（Irma Nagel）则被从那里送往特雷布林卡的毒气室。

[2] 纳粹给我们留下了大量难以承受的创伤。另一个阿德勒报道的例子是：1944年7月，特莱西恩施塔特有600名妇女自愿和孩子一同走进毒气室，尽管她们本可以抛下孩子而进入劳动队。

屠杀中失去了18位近亲。

在被送入特莱西恩施塔特时,阿德勒并不指望自己能够活下来。但他下定决心,如果能活下来,他将详细记录这一切。在被送往奥斯威辛时,他遗失了他的笔记和材料,不过它们最终都被找回来了。从被释放后一直到1947年移居英国(由于他预见到捷克斯洛伐克即将发生政权更迭)之前,他又积累了更多的素材。这项研究的主要成果《特莱西恩施塔特,1941—1945》最初于1955年以德语出版,1960年出版了第二版增订本。该书于2005年再版,附有他战后出生的儿子杰里米·阿德勒(Jeremy Adler)所写的后记,并且终于被翻译成了英文。这本书的篇幅超过800页,内容详尽且注释精细,包括了大量原始文件和记录,是一部信息丰富、分析透彻且充满道德反思的不朽之作。尽管它读起来让人心痛,但它的历史意义无可替代。[1]

这本书分为三个部分——历史学、社会学和心理学。其中第二部分是最长的,它用十二个章节介绍了集中营的方方面面,从伙食到文化。全书一半的内容是非阿德勒自述的原始资料——官方文件、行政通信、统计报表、组织和法律文书,以及其他曾在集中营生活过的人的口述。在海量的资料面前,读者仿佛置身于一个病态的现实之中,像是一个被丢入异域社会的文化人类学者,而这正是阿德勒想要达到的效果。然而,就阿德勒自己的观察和评论而言,他并没有试图保

---

[1] 阿德勒还根据自己的经历出版了三部曲小说《全景》(*Panorama*)、《旅程》(*The Journey*)、《墙》(*The Wall*),它们都是以意识流风格写成的现代主义作品,与《特莱西恩施塔特:1941—1945》的写实风格截然不同。这些作品已由彼得·菲尔金斯(Peter Filkins)翻译成英文,并由兰登书屋出版。菲尔金斯还撰写了传记《H. G. 阿德勒:多重世界中的一生》(*H. G. Adler: A Life in Many Worlds*, Oxford University Press, 2019)。

持社会科学的价值中立，他的写作充满了道德判断，试图从人类在这些难以言状的境况下的行为中汲取道德教训，而这也是这本书的主要目的。

2

1941年秋天，德国、奥地利和被占领的波希米亚和摩拉维亚"保护国"（范围相当于今天的捷克共和国，但不包括根据1938年《慕尼黑协定》被德国吞并的苏台德地区）开始将犹太人驱逐至波兰。尽管灭绝营此时正在建设并于1941年12月开始运作，但纳粹仍设法将其保密了一段时间。然而，那些被驱逐至东部的人的杳无音信，还是让"转移"成为最令每个犹太人恐惧的词。

布拉格的官方犹太组织"犹太文化社区"（JKG）认为，在附近建立一个集中营似乎是更安全的选择。阿德勒写道：

> JKG的成员们告诉自己，任何事情都要比被驱逐至波兰好。就像柏林的"帝国协会"（该地的犹太组织）一样，他们希望至少能推迟驱逐。事态的发展让这些希望落空了。
>
> 从一开始就只有两种可能：（1）他们或许在1939年3月（纳粹分裂捷克斯洛伐克并进军布拉格时）就已经决定，即便是付出生命的代价，也要解散所有犹太社区和机构，并销毁所有记录和文件；（2）他们必须采取措施，与当局进行巧妙的谈判，缓

和局势，推迟最坏情况的发生。第二条路线走到了尽头并以失败告终，随之而来的是更为可怕的纠葛。

一些犹太官员主张采用第一条路线，但第二条路线最终胜出。尽管第二条路线完全没有达到JKG领导人所期望的目标，但阿德勒并没有谴责他们的选择。他的指责集中在其他方面。

特莱西恩施塔特原本是一座有围墙的军管城镇，建于哈布斯堡帝国时期。由于其兵营的存在，它在被清空并改造成犹太人隔离区后，可以轻松地容纳大量囚犯。1942年9月，该集中营的人口最多时超过了58 000人。（如今，这里成为一个名为特雷津的普通城镇，人口约为3 000人。）这里拥挤不堪，卫生条件极为恶劣。除了犹太长老会（集中营的内部管理结构）的成员可以和家人一起居住外，其他人都是男女分开居住的。

营地由少数党卫军控制——大约20人，并由120名捷克宪兵看守。大多数囚犯和党卫军几乎没有直接接触，党卫军也很少在集中营内杀害囚犯。只有犹太长老会的领导及其副手才被允许与集中营的指挥官对话，进行每日汇报并接收命令。（长老会成员最初来自布拉格的JKG，1942年6月从德国和奥地利转移而来的柏林和维也纳犹太官员后来也加入其中[1]。）党卫军的命令从来都是以口头而不是书面

---

[1] 其中一人是来自维也纳的拉比本亚明·穆梅尔施泰因（Rabbi Benjamin Murmelstein）。他是克洛德·朗兹曼的电影《最后的不公正》（Claude Lanzmann, *The Last of the Unjust*）中的主角。他是特莱西恩施塔特的最后一任首席长老，并在战争中幸存下来。阿德勒对他的态度很复杂：他形容穆梅尔施泰因"头脑清晰、充满智慧、卓尔不群、自私冷漠，在智力尤其是心机层面远胜同僚"，同时又对他冷酷专制的性格以及毫无怜悯之心的行为感到厌恶。

的形式传达，但犹太人的行政机构会通过大量书面的指示、表格、记录和备忘录来执行这些命令。这些文书的内容是如此详尽，以至于经常有人抱怨纸张不足。

在压迫性如此之强的体制之下，中欧犹太人仍然能够展现他们丰富的文化生活。一些囚犯带来了乐器，这使得音乐表演成为可能。作曲家继续作曲，艺术家继续绘画，作家继续写作，各领域的专家频繁举办讲座，阿德勒本人还组织了卡夫卡六十周年诞辰的纪念活动。然而，一个精心设计的官僚机构控制着集中营的物资和实际生活条件，它导致了可怕的腐败，在那种情况下，腐败几乎等同于谋杀。

3

囚犯们最关心的问题，除了不被列入下一次转移的名单，就是食物。集中营的食物仅够勉强维持生命，而那些负责准备和分发食物的人却不停窃取本就不多的食物，以供自己和朋友享用。结果便是其他人只能挨饿，尤其是无助的老人。行政机构有少数成员力图阻止这些滥用职权的行为，但收效甚微。这是阿德勒笔下众多例子中的一个，它展示了绝境下人性和德行的普遍失败：

> 即使身体上还能坚持，人们也几乎不可避免地陷入一场与所有人为敌的斗争中，只有那些拥有坚定道德信念的人才能坚守自己的良心。

当纳粹党卫军下达转移命令时，行政机构会决定哪些人将被转移至东部，这里也体现了另一种道德失败：

> 单次或一系列的短期转移会按照以下流程进行。艾希曼（Eichmann）向特莱西恩施塔特的纳粹党卫军"办公室"下达指令，规定转移的次数、人数、日期、一般指南和"特别指示"。集中营的负责人，有时也与其他党卫军军官一起，向犹太长老下达更具体的命令。他们会被告知需要选择或保护哪个年龄段，哪个原国籍，或其他某个类别的人……纳粹党卫军不会更进一步地决定哪些人将成为受害者，这个任务被交给了犹太人。

这一任务由隶属于中央管理机构的"转移部"完成。在1944年秋的最后一次转移前（当时有三分之二的囚犯在一个月内被运送到奥斯威辛），长老会的成员及其家属能够免于被转移，而其他人却只能拼命地在集中营的劳动力或官僚机构中谋求一席之地，以让自己显得不可或缺。

即便不知道毒气室的存在，每个人也都害怕在东部等待着他们的命运。1943年初，内部管理机构的领导人从一些自奥斯威辛逃脱的人的口中得知了真相，但他们对此秘而不宣，就连长老会的名誉主席、被阿德勒视为具有高尚人格和正直品性的拉比列奥·贝克（Rabbi Leo Baeck）也不例外。

我能理解这样的决定，但它还是让我震惊不已——尽管我们谁也不知道在当时的情况下自己会怎么做。阿德勒肯定是在战后才知道这件事的，他似乎难以对长老们的决定做出评价。他将谴责留给了那些知晓真相后不仅偏袒自己的朋友，还利用转移除掉自己敌人的人。例如，"侦查部"成员弗拉基米尔·魏斯（Vladimir Weiss）向犹太长老保罗·埃普施泰因（Paul Eppstein）递交了一份关于食品分配存在严重腐败的详细指控后，他和他的家人便在下一次转移中消失了。

阿德勒还指出，即便是像他这样有意避免任何权力职位的人，也是集中营所制造的"罪恶共同体"中的一员。这显然是一种真切的感受，它似乎指向了对一个以谋杀为终极目标的组织的任何形式的参与。

4

我们很难设想，如果纳粹赢得了战争，他们会如何解释犹太人在欧洲的消失。灭绝政策从 1942 年 1 月由万湖会议制定起就被掩藏起来，阿道夫·艾希曼当时将特莱西恩施塔特描述为"在外人面前保全面子"的一环。这种欺骗还包括迫使一些抵达奥斯威辛的人写下安慰亲属的明信片，在他们被毒气杀害后，每隔一段时间这些明信片就会被寄出。对结果的保密当然有助于驱逐的顺利进行；但似乎有这样一种感觉，即这个计划不同于军事征服运动或初期的种族排斥政策，它依赖的价值观甚至连纳粹都不愿公开宣扬。

特莱西恩施塔特在不止一个方面起到了伪装掩饰的作用。它被描述为一个退休聚居地，用于安置那些来自德国领土，因年老而无法被送往东部劳役的被驱逐者，同时它也接纳了一些"名人"——那些在外界有名望的犹太人，他们的处境可能会得到亲友以外的人的关注。为了向包括红十字会代表在内的少数外国人做形象展示，集中营（被称为"犹太人定居区"）在1944年和1945年被解放前进行过两次"美化"行动。此外，还有一部以该集中营为主题的宣传片。

特莱西恩施塔特的第一次"美化"行动包括翻新街道和建筑外墙，种植1 200株玫瑰，建造一个带有沙池、戏水池和旋转木马的"儿童乐园"，以及将食物配给翻倍。在此期间，有7 500人被送往奥斯威辛以降低集中营的人口密度。此外，行动还安排了音乐会、歌舞表演、戏剧演出、一场足球比赛，甚至还在犹太法庭上演了一出盗窃审判。这一切都经过了精心策划和彩排。

1944年6月，丹麦政府的两名代表以及国际红十字会的一名瑞士代表成为第一批国际访客。（当时集中营里有400名丹麦籍犹太人，丹麦人在得到纳粹即将进行大规模逮捕的警告后完成了将7 000多名犹太人从丹麦疏散至中立国瑞典的壮举，但这些人未能及时逃脱。）犹太长老埃普施泰因被打扮成市长，身着晨礼服和圆顶礼帽，尽管几天前他刚被集中营的指挥官打了一拳，眼睛还青肿着。在党卫军的监视下，他按照精心编写的台词向访客发表讲话，而访客则在向导的带领下参观了集中营，根本无法获取独立的证据。

有人可能会说这或许会引起来访者的全面怀疑。事实上，丹麦人所提交的谨慎的报告几乎没有得到任何关注。而红十字会的代表则对他的所见所闻都信以为真。但他的报告被他在日内瓦的上司压下来了，因为它所描述的情况好过头了。因此，从某种意义上说，这场伪装确实奏效了，但它并未产生任何宣传效果。同年9月，一部描绘集中营安逸生活的电影问世。[该片由三名具有演艺背景的囚犯制作，其中包括著名演员兼电影制片人库尔特·格隆（Kurt Gerron），他在影片完成后被送往奥斯威辛并死于毒气。]

这部原本打算供外国人观看的电影从未被发行，尽管部分片段被剪入一部德国新闻短片，以将这些犹太人（当时大部分已经死亡）的安逸生活与德国士兵的艰苦生活进行对比。然而，特莱西恩施塔特是否真的在美化德国的外界形象上产生了实际效果，这值得怀疑。1945年4月，红十字会第二次访问特莱西恩施塔特时，埃普施泰因已被党卫军枪杀，战争也接近尾声。尽管集中营进行了一轮新的美化运动，但参访者并没有上当。

随着德国战败的趋势日益明朗，纳粹领导层在如何处置特莱西恩施塔特和其他集中营中幸存的犹太人的问题上产生了分歧。令人意想不到的是，海因里希·希姆莱（Heinrich Himmler）竟然将自己塑造为温和派，并试图用一些幸存的犹太人作为谈判筹码。1945年2月，在他的授权下，1 200名特莱西恩施塔特的犹太人被转移到瑞士。而另一些人则追随希特勒，誓将灭绝计划进行到底。艾希曼就是其中之一。他希望在苏联人到达之前杀死特莱西恩施塔特所有剩余的犹太人，但他的计划未能得逞。

5

阿德勒的书并非自传，但却极具个人色彩。他尤其关注人类在极端情形下的行为表现及其背后的道德和心理解释。他认为从他所观察到的事物中可以找到某些具有普遍价值的东西。在1945年刚回到布拉格时，他便给朋友写了一封信（后记中引用了这封信），信中有一段令人难忘的陈述："我确实经历了很可怕的事情，但也正因为我亲历其中，它们构成了我生命中不可分割的一部分，我并不感到悔恨。"这就是尼采说的"命运之爱"（love of fate）的极致体现。

阿德勒对人类和人类制度的看法极其悲观。鉴于他所经历的一切，这似乎不足为奇——尽管他可能早就有这种倾向。他在结尾中写道：

> 特莱西恩施塔特集中营里的历程进展和种种罪行，以典型且浓缩程度罕见的方式，汇集了原本分散、隐蔽于各地的所有苦难与邪恶。特莱西恩施塔特集中营的独特之处在于，人类及其制度中所有扭曲、危险、愚蠢和卑劣的东西往往都会被掩饰和美化，但在这里，却以荒诞且残酷的方式展露无遗，以至于……没有人可以对这种普遍状况视而不见。

从自己的苦难中，他所得出的积极结论只有一个，那就是原则上始终存在一种道德基础。阿德勒称这种个人品质为"人性"（Menschlichkeit，也可以翻译为"人道"）——这是一种内在的品质，它能使足够强大的人在无论多么可怕的情况下都恪守道德。

这正是他评价集中营中的犹太官员及其与纳粹之间纠葛的标准。

> 犹太领导层的任务极其艰难。即使抱有最大的正直之心，他们的决策也不可避免地导向绝对意义上糟糕的结果。若领导层试图以绝对的善来对抗绝对的恶，那么他们唯一剩下的选择就只有自我毁灭。然而，在既有的限制范围内，他们仍有无尽的善行可

为。纳粹党卫军为了维护这个集中营所制订的特别计划，本可以被更好地利用，进而造福集中营中的上千囚犯。然而，除了纯粹的悲剧性责任之外，领导层更加严重的罪责也在这里开始。他们本可以更加坚定地与污秽、腐败、盗窃以及最恶劣的保护主义做斗争……但他们几乎没有采取任何行动。

阿德勒对他们的谴责不在于他们充当纳粹的工具，因为这是他们试图通过合作来延缓犹太人驱逐所必须接受的悲剧性选择。他谴责的是，这些人中的大多数在任职期间所表现出的人道的泯灭。

6

正因如此，尽管阿德勒自己对那些犹太官员极为严厉，但当汉娜·阿伦特（Hannah Arendt）引用他的书以支持她对犹太官员通敌的控诉时，阿德勒表达了强烈的反对。当阿伦特的《艾希曼在耶路撒冷》（*Eichmann in Jerusalem*）的德文译本出版时，阿德勒发表了一篇措辞严厉的回应文章《汉娜·阿伦特对艾希曼和"最终解决方案"了解多少？》[1]。阿伦特坚持认为犹太官员本可以阻止灭绝行动，但阿德

---

[1] "Was Weiß Hannah Arendt von Eichmann und der 'Endlösung'?" *Allgemeine Wochenzeitung der Juden*, November 20, 1964. 在此之前，他们之间的关系一直很密切。阿德勒引用了阿伦特的几部著作，包括《极权主义的起源》，而阿伦特也试图让美国的出版商对阿德勒的书产生兴趣，尽管最终没有成功。

勒指责她完全没有理解这些官员所处的困境。他还指出阿伦特并不了解艾希曼。艾希曼在受审时没有表现出任何魔鬼般的特质，这单纯是因为这些特质只有在纳粹政权赋予他极大权力时才会显现：

> 真正应该引起后人关注的是在第三帝国时期的艾希曼……而不是十五六年后的那个神志不清的被告……大多数恶魔在自己一个人时往往力量薄弱，他们需要希特勒。希特勒倒台了，又没有同样强有力的替代者，这些恶魔就失去了他们的力量，也失去了他们的本性，他们在烈焰中焚烧殆尽，化为往日之影，最终成为幸存者，显得可怜而平庸。

阿德勒并不像人们有时所认为的那样，把大屠杀视为人类历史上独一无二且无法理解的灾难。他认为大屠杀是个体和政治机构的一般特征导致的，而这些特征至今依然存在。

> 特莱西恩施塔特仍然有可能重演。它可以被大规模地实施，而未来，犹太人——在整个人类受难史上，他们往往悲剧性地成为最先蒙受苦难以及需要他人怜悯的群体——或许不再是唯一的受害者。特莱西恩施塔特不是一次实验，而是刻在墙上的警示。我们必须承认，它对人的吸引力远远超出了我们对恐惧的厌恶。

后来的历史中，屠杀与迫害在意识形态的驱动下一再发生，而阿德勒应该也不会对此感到丝毫惊讶。有组织的权力持续培养大规模恶行的种子，而英勇的个体却无力抵抗这种邪恶。

杰里米·阿德勒在他详尽且引人深思的后记中提到，他父亲的政治立场是无政府主义。H. G. 阿德勒似乎认为，道德建立在个人的内在品质而不是制度之上。然而，单靠人类内在的善良品质无法解决这些问题。即便正如 H. G. 阿德勒所认为的那样，个人道德在最残暴的压迫制度下仍然能发挥作用，这也不意味着它是我们唯一的，甚至是主要的道德源泉。其他强制性制度，如正当法律程序，本身也可以承载道德——并且还能缓解个人道德所面临的压力，正如阿德勒无情指出的那样，个人道德是脆弱的。

阿德勒目睹了极端的人性的邪恶和堕落，这使他对人性产生了完全合理的畏惧，而他对集体权力的灾难性的洞察，也使得他对国家失去了信任。即便是生活在战后英国相对良善的社会中，这种不信任也没有得到消除。然而，自由民主的制度及其对个人权利的保障，是迄今为止设计出来的最佳保护性力量，既有望让我们免于"所有人反对所有人的战争"[1]，又有望限制人性里那种在集体土壤中可能无限滋生蔓延的邪恶。相较于依赖个人的道德，如果我们本性中那部分脆弱的人性，能促使人们因对这些制度的依附而团结一心，那么这可能才是我们最大的希望。

---

[1] 译注：出自托马斯·霍布斯的《利维坦》，霍布斯认为在一个不存在共同权力使大家慑服的自然状态下，人们之间会产生无休止的猜忌与伤害，所有人不得不进行"所有人反对所有人"的自我保存战争。

伦　理

7. 彼得·辛格和你[1]

1

我们都想知道该如何生活。我们不仅想知道如何得偿所愿，也想知道以何为愿、什么应为、什么应不为。彼得·辛格为我们准备好了答案。他在道德哲学中颇具分量，因为他建议我们大多数人改变自己的生活，而且他的建议又非常清晰有力。辛格对世界的实际影响也比我们时代的其他哲学家都更大。他1975年的著作《动物解放》（*Animal Liberation*）引发了卓有成效的社会运动，让许多场景下的动物更少受苦，如工厂化养殖、科学实验、化妆品等商品的测试。同

---

[1] 本文是对以下两本书的评论：彼得·辛格（Peter Singer）的《你能拯救的生命：现在行动，终结世界贫困》（*The Life You Can Save: Acting Now to End World Poverty,* Random House, 2009；以下简称《你能拯救的生命》），以及由杰弗里·A. 沙勒（Jeffrey A. Schaler）编辑的《向彼得·辛格开炮：当道德反叛者面对批评》（*Peter Singer Under Fire: The Moral Iconoclast Faces His Critics,* Open Court, 2009；以下简称《向彼得·辛格开炮》）。

时，这本书也说服很多人成为不同程度的素食者。

富裕社会中的富人应如何帮助世界上其他地区的绝对贫困者？辛格对此也有所主张，只是到目前为止反响不佳。他希望新书《你能拯救的生命》能有所弥补。他说："本书的最终目的是减少极端贫困，而非让你内疚。"但让读者感到愧疚恰恰是他的专长，也是他有效写作的秘诀。他描述用猴子来做的海洛因成瘾实验如何残酷而无意义，还描述青少年时期就生育的第三世界妇女，被本可以轻易修复的产科瘘折磨不已。在这些描述中，他左右着我们的情绪，而冷静理智的文风进一步加强了他对读者的影响力。

在《向彼得·辛格开炮》一书中，辛格与批评者的论辩涉及他的全部观点，不过我想从他对富裕与贫穷的论述说起。《你能拯救的生命》重申了他最初于1972年提出的论点，并且有所发展。在无论古今的任何文献中，辛格1972年那篇文章[1]在道德哲学领域或许拥有最多的学生读者。他的论述以一个案例开始：你路过一个浅塘，发现一个孩子掉入其中，快要淹死。你是否应该蹚水救下孩子，即便那会毁了你的鞋、脏了你的衣服？

大多数人会把不救孩子的人视为道德怪物。哪怕是在对救人者要求更高的情形下——比如孩子必须被送往医院，而代价是救人者错过无法退票的航班——不挽救孩子的生命也显然是错的。下一个问题是：有什么原则可以解释不救孩子就是错的呢？辛格认为，任何对本例错误的合理解释，都将有深远影响。他提供了如下的简单原则："如果你有能力阻止一些糟糕情况发生，而无须牺牲任何同等重要的

---

[1] "Famine, Affluence, and Morality," *Philosophy and Public Affairs* vol. I, 229–243.

东西，那么不这么做就是错的。"

《你能拯救的生命》主要致力于探讨这条原则对于过上体面生活而财富有余的人的推论后果，尤其是在我们这样的世界——十亿人营养不良，数百万人死于极易预防的疾病。辛格只需要另外两个前提：（1）食物、住所和医疗保健缺乏所致的受苦乃至死亡是糟糕的；（2）向救助机构捐款，你就能够阻止食物、住所和医疗保健缺乏所致的受苦乃至死亡，而无须牺牲任何同等重要的东西。阐明这两个前提中的第一个，从而确保读者不是彻底的道德白痴，这是辛格的典型做法。但书的大部分内容，是在为第二个前提提供详细的实证经验支持，包括描述和评估救助机构的工作内容，以及成本与效果。

实际情况很复杂，何种形式的救助最为有效也颇有争议。辛格也完全明白，受助国的腐败会导致问题，能自我持续的发展比捐助更重要，确保医疗保健和预防措施切实服务于有需要者并不容易。他也承认，有时候情况可能太过糟糕，以至于我们根本就无计可施。

但他有力地证明了一点：私人援助已经造福良多，而如果有更多资源，还可以做得更多。他援引了一些估计数据：提供安全饮用水的计划每挽救一条生命的花费是250美元；用蚊帐防治疟疾的计划每挽救一条生命的花费是820美元；手术治疗白内障失明、产科瘘，以及腭裂等畸形，费用从50美元到1 500美元不等；而要使极端贫困人口实现自给自足，每人每年所需的发展援助金估计不到200美元。

如果你认可这些估计数据，你该怎么做呢？你可以捐出多少收入与财富以防止死亡、畸形和慢性饥饿，而"无须牺牲任何同等重要的东西"？据《纽约书评》杂志所说，它的订阅者的家庭收入中位数是每年 123 600 美元[1]。如果这就是你的税前收入，那我猜测，严格按照辛格的原则你得捐出超过一半。剩下的钱完全足够让你过得很好，只不过你可能得搬到便宜的房子里，然后放弃旅行、餐馆、饮酒、歌剧、的士、有线电视，以及你可能得在沃尔玛买衣服。

不过你我都知道，你不会这么做，辛格也不会。实际上，辛格说他的捐款低于他自认为应有的水平〔十年前一篇《纽约客》(New Yorker)的报道说他捐了收入的20%〕。这就引发了疑问：尽管听起来合理，但真的有任何人相信辛格的原则吗？辛格自己又真的相信吗？或者，他所相信的那种含义，是否与乍看上去的不一样，要求没那么苛刻？这些问题的答案取决于道德与人类动机的关系。这是个道德哲学中很困难的话题，对辛格的主张又至关重要。一方面，辛格的原则似乎解释了我们为何必须救下溺水的孩子；另一方面，它似乎又要求我们做更多来救下许多远方的孩子。大多数人接受第一项要求，对第二项则望而却步。这是否说明该原则可能有误，即便我们不能轻易说出它错在哪里？

2

对这一问题有三种可能的回应。第一种回应是说，这个原则是对的，它指出我们有决定性的理由捐出大部分收入；而无论我们的抗拒

---

[1] 这是 2010 年文章刊登在《纽约书评》时的数据。

多么自然，那都只是源于自利动机，并不足以推翻无偏倚、公正的道德要求。第二种回应是说原则不正确，然后寻找替代原则来解释为何不救溺水孩子是错的，而保留大部分收入又没有错。第三种回应则是说，原则虽然正确，但它告诉我们的只是道德的要求，而非我们有决定性理由去这么做。通盘考虑下我们最有理由去做什么，取决于我们对避免犯下道德错误有多在意；而大多数人也在意许多其他东西，所以我们有重要的理由不按辛格的原则行事。

你可能会认为辛格的回答是第一种，他 1972 年的文章正是因此才那么震动人心。但在后来的写作中，他解释说他的答案是第三种，尽管也带着矛盾。这意味着他的立场比初看起来更具哲学复杂性，威胁则更小。不过在检视辛格观点中的这个方面之前，让我谈一谈辛格明确拒斥的第二种回应。第二种回应基于一种与辛格不同的道德观。在这种观念下，道德原则要识别并考虑影响我们抉择的一系列复杂理由，从而试着说明在通盘考虑下我们该如何对待他人。

以第二种回应的方式来看待道德的人，仍旧面临来自辛格的论证的严峻挑战。这是因为辛格让人相信，即便对于资源条件有限的人，面对溺水孩子时要付出代价去救人的强有力理由，并不会在焦点转向远方不知道名字的孩子时就消失。努力消解后一种情况下的理由，往往像是为明显不一致所做的蹩脚开脱。问题在于，是否存在一些道德原则，既包括了无偏倚性，又不至于为无偏倚性所主导，也就是说，既承认每个人的生命有同等价值，又承认各人皆有自己的人生要过。

以这种思路来反驳辛格的论证的，有这么一例：道德与法律哲学家利亚姆·墨菲（Liam Murphy）主张，我们对急需帮助者的援助责任是一种集体责任，我们每个人只需做好自己的公平份额。辛格的原则之所以如此苛刻，是因为大多数富人对纾解极端贫困根本就毫无贡献[1]，于是任何认为应该救助的人，都似乎被要求掏空钱包来填补缺口。如果所有富人都能适当捐助，问题就解决了。而墨菲主张，无论他人是否尽到他的责任，适当捐助就是我们每个人应该做的。道德不应该用其他人的不良行为来绑架我们。[2]

这似乎是将溺水孩子的情形区别于救助普遍化的情形。但辛格指出，当一个人面对的是多个溺水孩童与多名旁观者时，这样的区分似乎就不能奏效了。哪怕所有旁观者都无动于衷，你只救一个孩子而让其他孩子溺亡也是不可接受的。你必须尽你所能救更多人。如果想要以"公平份额"来限定我们的道德责任，或许还得补上对眼前急迫情况下的更严苛的救援要求。即便这样，辛格应该也会回应说：需要帮助的人是在你眼前还是在地球的另一端，这在道德上并不重要。

3

个人利益在多大程度上受制于严格的无偏倚性要求？从原则上对这一点做出限定的道德理论，辛格一概反对。他认为，只有保留

---

[1] 他们通过税收贡献的金额微不足道。美国的对外援助预算是每100美元国民收入中的18美分，而其中只有五分之一流向了被经合组织列为"最不发达"的国家。
[2] 参照利亚姆·墨菲《非理想理论中的道德要求》(*Moral Demands in Nonideal Theory*, Oxford University Press, 2000)。

大部分收入比捐赠出去更能促进总体福利时（而这不大可能），你这么做才是在道德上正当的。[1] 他支持功利主义，该理论由杰里米·边沁（Jeremy Bentham）、约翰·斯图尔特·密尔（John Stuart Mill）、亨利·西季威克（Henry Sidgewick）所发展，辛格的老师 R. M. 黑尔（R. M. Hare）也赞成功利主义。根据功利主义，行动或不行动的对错，取决于所有相关有情生物的幸福与不幸福总体上受到了什么影响；并且，对所有生物的相似裨益或伤害，都在计算中一视同仁。你自己的以及你爱的人的幸福，在计算时与陌生人的无异。

在边沁版本的功利主义中，幸福与否的唯一衡量标准就是愉悦与痛苦。辛格的版本计算的则是偏好满足，包括但不限于对愉悦的偏好和对痛苦的排斥。比如，人往往对继续活下去有强烈的偏好，而且愿意在必要时承受相当大的痛苦与牺牲，以避免自己死亡。功利主义就是把所有人以及其他某些生物的偏好都考虑在内，无偏倚地决定每个个体应该做什么。

然而，正如辛格所强调的，这并不意味着我们应该在生活中持续计算我们每个行为的影响。首先，从实践上来说，如果我们遵循粗略的一般行为准则，在与他人打交道时避免造成伤害，做到善良、体贴和可靠，就更能实现功利主义目的。其次，我们有些情感依附与承诺会涉及优先照顾特定人群的利益，比如自己的孩子，而这是人类生活中最重要的幸福源泉之一。如果对总体幸福的追求不支配人们的亲密关系，总体幸福反而能得到最佳保障。即使如此，辛格仍表示："这

---

[1] 辛格援引的一个他认可的例子是沃伦·巴菲特，巴菲特几乎将所有收入都用于再投资，这让他在晚年拥有更多可用于捐赠的财富。

并不意味着父母可以正当地为子女提供奢侈品而不顾他人的基本需求。"最后,从功利主义的角度来看,接受并教导某些严格的规则有其特殊价值——比如禁止谋杀的规则。这条规则意味着,不能用功利计算来决定是否要故意杀害无辜之人。背后的原因是:取消这条规则会导致恶果,而谋杀又会招致普遍憎恶;如果有这条规则,极少数可能会增进幸福的谋杀就会被阻止,造成幸福损失,但相比起来还是前者要糟糕得多。"酷刑总是错的"这一规则也是类似的情况。辛格是这么说的:

> 警察和守卫对囚犯的虐待倾向有据可查,而酷刑产生有用信息的可能性又很低,所以这条规则或许能带来最好的结果。然而我想主张,如果在极端情况下,我只有对恐怖分子施以酷刑,才能阻止核弹在纽约市中心爆炸,那么我就应该这么做。个体应该怎么做,最好的道德规则指示一个人去做什么,二者并不一定完全相同。

功利主义正是用这样的策略来解释,日常道德里所有严格的规则为何看似有效力。这些规则包括了认定说谎、违背诺言和偷窃是错误的,它们并非基础的道德规则,但自动遵守这些规则是有用的。这又是功利主义的一个广受质疑的特点。质疑者认为,一个恰当的道德理论不能仅仅是成本与收益的计算,它还需要解释为何酷刑、谋杀和背叛本身就有错。

4

"个体真正应该做的事有别于指导他们的最佳规则"这个观点，辛格还以不同方式应用，为富裕阶层向赤贫阶层的捐助提出建议。按照他眼中的正确道德原则，富裕阶层要大幅降低其生活水平，但他也承认，坚持这样的要求或许会适得其反：

> 行正确之事的代价令人生畏，人们可能会因此问自己：何必费力尝试？为了避免这种危险，我们提倡的捐助程度，应该以能获得积极回应为限。

因此，他提出了一个捐助目标，如果人人都能达到，那么解决赤贫问题就绰绰有余了："经济宽裕者，年收入的 5%；非常富有的人则要更多。"他提供了有用的累进表格，让你可以计算出适用于你的推荐捐助比例。《纽约书评》订阅者中，家庭收入位于中位的须捐款 6 180 美元；如果你收入更高，比如 20 万美元，你要捐出 12 600 美元；如果收入是 50 万美元，你要捐出 48 450 美元。单是美国收入前 10% 的人按辛格建议的比例捐款，每年就能筹集 4 710 亿美元以帮助世界上最贫穷的 10 亿人。辛格认为，就算很多人不会捐款，比起用他最初的原则中更严格的要求来打击人（那样会要求《纽约书评》的大多数读者捐出其总收入的一半以上），提供这样的准则也更有帮助。

他对拉里·埃里森（Larry Ellison）价值 2 亿美元的游艇以及大都会博物馆最近为杜乔圣母子像支付的 4 500 万美元（使用慈善捐

款）进行了评论，以补充他的论证：

> 买下这幅画，博物馆就为有幸参观博物馆的人们提供了更多名作。但如果说在发展中国家一场白内障手术只需要 50 美元，这就意味着购画的钱本可以让 90 万人重见光明，这些人什么都看不见，遑论欣赏一幅画；产科瘘修复的价格是 450 美元，4 500 万美元本可以让 10 万名女性重新过上体面的生活。拯救一条生命要花费 1 000 美元，这笔钱本可以救下 45 000 个生命……一幅画，再怎么美丽，具有再多的历史意义，又怎能与这些相比呢？如果博物馆失火，有人会认为从火中救出杜乔的画作而放弃一个孩子是对的吗？这还只是一个孩子！

5

《向彼得·辛格开炮》这本书很有价值，但不太平衡。辛格在书里要面对十五位批评者，解释并捍卫自己的观点。书的开头是引人入胜的辛格的思想传记。他出生于二战后的澳大利亚，是奥地利犹太难民的后裔。他的祖父母中有三人死于犹太人大屠杀，这种背景毫无疑问在他身上留下了烙印，表现为一种补偿性的期望，期待道德能发挥变革的力量。

辛格很早就形成了自己的基本观点。在本科学习时，他对反驳功利主义的经典论证有着不同寻常的反应。这一论证是说：如果只有构陷一名无辜者有罪，才能避免五个无辜的人被一心寻仇的暴徒私刑处死，那么功利主义会认为构陷是正当的；因此功利主义必然是错的。辛格不认为这个论证驳倒了功利主义，反而认为这种情况下或许构陷才是对的。这个例子体现了功利主义的一个重要因素，它把造成伤害和未能防止伤害视作在道德上等同。这一点也决定了辛格后来引发争议的观点：杀死和放任死亡之间的区别，在医学伦理中无关紧要。

等到辛格在牛津大学读研究生时，围绕我们对动物和对急需帮助者负有的义务，他形成了自己的看法。后来，他从反对"物种歧视"（speciesism）出发，得出了"人类的生命没有神圣性"的结论。这里的神圣性意味着：所有人，无论各自的特征，都具有其他生物不具备的独特价值，也因此应该存活，更应该不被杀害。辛格认为，对自己未来的存在没有概念的人，如新生儿，就不具备不被杀害的利益。他不仅为堕胎辩护，为杀死陷入不可逆昏迷的病人而辩护，甚至还为杀死严重残疾的婴儿辩护。最后这点有别于现行的一些做法，即不做治疗，放任这些婴儿慢慢死于本可治愈的疾病。

尽管最后的这个立场激起了愤怒，辛格仍坚持认为严重残疾损害了生命质量，并认为这一点应该有相应后果。已故的哈丽雅特·麦克布赖德·约翰逊（Harriet McBryde Johnson）是残疾人的代言者，她自己也是位严重残疾者。辛格在回应她的一篇文章中写道：

> 我们甚至可以取消对沙利度胺[1]的禁令：如果孩子出生时缺

---

[1] 译注：沙利度胺又叫反应停，在20世纪50年代研发出来并上市，用于抗妊娠呕吐反应，但大规模应用后被发现会导致流产与婴儿畸形。

胳膊少腿也不会降低其生命质量，那么孕妇为什么不能使用这种可以有效减轻孕吐的药呢？如果这听起来很荒谬，那是因为这背后的观念实在很难让人接受。

另一方面，他又承认，从实际出发可能必须有一条明确的法律分界线，禁止在某一时间点之后杀人：虽然这在道德上是武断的，"但以出生作为分界线至少有刑法方面的道理可言"。

《向彼得·辛格开炮》中，伯纳德·威廉斯关于人类主义（humanism）的文章（辛格把人类团结自己物种的做法贬斥为"物种歧视"，威廉斯则称之为人类主义）在众多批评文章中最为有趣，也激发了辛格最有意思的回应。同样有趣的还有迈克尔·胡默（Michael Huemer）关于元伦理学的文章，他讨论了辛格对伦理主张的含义及其正确性的根基的观点。最后的这个主题汇聚了其他文章涉及的多个问题，并对辛格的立场提出了哲学上最棘手的疑问。

与功利主义的著名反对者威廉斯不同，辛格认为伦理的内容有赖于我们采取西季威克所说的"宇宙的视角"——不仅超越个体视角，还要超越我们社会的视角和我们这个物种的视角。当然，辛格并不认为宇宙有它的视角，但他认为这是对人类能力的恰当比喻——人类有能力站在公正、平等的立场上关心一切有情生灵的福祉。

辛格坚信道德判断必须以此为出发点，这背后是他采纳自 R. M. 黑尔的关于道德语言的意义的理论。黑尔认为，道德判断表达了他所谓的"普遍规定"。大致意思是，当我说"某人在道德上应该做某事"时，我并不仅仅是说"我想要他这么做"，而是说"我希望每个人在类似情况下都采取同样行为"。这就包括了，在所有结构相同的假想情形下，当我分别处在受该行为影响的不同角色时，我也还是希望同样的行为发生。

举例来说，要判断在你目前的状况下，道德是否要求你将一半收入捐给乐施会[1]，你就要判断：在所有结构相似的情形下，如果你分别是潜在的捐助者以及潜在的受益者，你是否都希望捐出半数收入的事情发生。黑尔主张，判断是否支持这一普遍规定的唯一方法，就是问问自己，当你分别作为每一个受影响的人时，你实际上会想要什么，然后将每个人的偏好看作赞成与反对，权衡其强度。这就相当于偏好功利主义的标准。平等、无偏倚地考虑所有人的利益，就得出了道德的要求。

黑尔分析了道德语言，也分析了他认为道德语言蕴含的普遍规定，进而试图以此作为功利主义的基础。然而，这个基础其实非常薄弱，因为黑尔并不认为理性要求人进行道德判断，用道德标准来规范自己的行为，或者使用道德语言。如果一个人对平行情形下他会希望各人如何行事毫不在意，那么道德对他就没有任何约束力。他可以说："当然，如果我正在挨饿，我会希望富人为饥荒救济捐款。但那又怎样呢？我并不关心我的行为是否在这个意义上有'错'。"

---

[1] 译注：乐施会是致力于国际发展及救援的非政府组织，于1942年在英国牛津创立，原名英国牛津饥荒救灾委员会（Oxford Committee for Famine Relief），1965年依照其电报地址更名为Oxfam。

6

一个道德主张越是激进、要求越是苛刻,"我们有何理由按照它来生活"这个问题就越紧迫。这个问题对辛格来说很尖锐,既是因为他支持激进的道德观,也是因为他和黑尔一样,采纳了与大卫·休谟(David Hume)相关的一个观点——我们行动的所有理由都取决于我们的欲望,而欲望本身既不是理性的,也不是非理性的:

> 因此,如果有些人愿意遵循我的论证,把几乎所有的钱都用来帮助那些急需帮助的人,这样的行为没有什么非理性的。同样,把钱捐给急需的人也不是理性的要求。

当辛格照这种脉络来思考,他会在道德之外寻找道德的理由。例如,他在《实践伦理学》[1]一书中主张,按照完全客观的原则生活会给我们的生活带来意义,从而让个体幸福——这里的"幸福"已然是我们在乎的。但另一条路径也吸引着他,他在后来出版的《扩大的圆圈》一书中提出,功利主义道德所依据的无偏倚性,本就是理性的要求:

> 个人的利益只是众多利益之一,而且并不比其他人的相似利

---

[1] Peter Singer, *Practical Ethics* (Cambridge University Press, 1979; second edition, 1993).

益更重要——原则上，任何理性生命都能得出这样的结论。[1]

这一观点源自西季威克，而与休谟的观点相反，因为它声称理性的要求不仅适用于我们关乎事实和逻辑的信念，而且也适用于我们的动机。换句话说，宁愿在好餐馆吃顿饭，也不愿以同等代价拯救一个将死于营养不良的孩子，这与理性背道而驰。然而，辛格终究还是怀疑诉诸理性也无法为伦理学奠基，因为如果一个人不关心他人的利益，即便告诉他有客观理由去关心，他也不会采取不同行动。

我认为辛格在这里走错了路。胡默有力而可信地指出，辛格的整体道德立场更符合西季威克以理性为根基的观点，而不符合休谟以欲望为根基的观点。西季威克的论证要求理性有能力让我们改变最基本的欲望，也能让我们拒绝按照某些欲望行事，而且拒绝的理由还不是来自其他已经存在的欲望。而当有的人面对辛格的论证，出于一致性而成了素食主义者或乐施会的主要捐助者时，似乎正是发生了西季威克所要求的情形。

辛格论证的核心在于：非常关心人类的痛苦却几乎不关心动物的痛苦，这是不一致的；关心眼前溺水的孩子却不关心远方他国的垂死儿童，也是不一致的。当人们为了避免这样的不一致而改变自己的行为，他们的动机就已经被思考所改变。辛格当然也探讨我们的感受，但很大程度上，他是在呼吁我们借理性思考来超越天性和文化带来的习惯性动机，从而更真实地理解理性指向何种生活——他可不只是在

---

[1] Peter Singer, *The Expanding Circle: Ethics and Sociobiology* (Farrar, Straus and Giroux, 1981), p. 106.

描述一种作为理性上的可选项的道德生活。

如此基于理性为功利主义辩护，不仅会遭到反理性主义者反对，也会遭到其他理性主义者反对。许多理性主义者认为，功利主义所要求的无偏倚性过分简化了行动的真正原因这一复杂领域。西季威克虽然主张无偏倚性是理性的要求，但对于如何调和无偏倚性以及和它冲突的理性自利原则，他也感到绝望——理性自利原则似乎也是直觉上不言自明的。这是促使辛格拒斥理性作为道德基础的问题之一。而以理性为基础的道德，在构建我们应遵循的生活原则时，可能必须同时兼顾这两类（可能还有更多）理性。这些原则应赢得每个人的反思性认可，即便各人的利益存在冲突。

如果我们像辛格不愿做的那样，把发现每个人都有理由遵循的标准作为伦理学的目标，那么结果很有可能是一种多元道德，包含了无偏倚性，又结合了对每个人不可侵犯性和个人自主性的尊重。[1] 关于辛格的建议——我们对需要帮助的人负有义务，这种多元道德可能会包括一个相对适度的版本，从而将道德的真正要求退回"切实可行"的程度。

辛格本人的观点截然不同。他认为道德真理的要求非常高。尽管他表达了矛盾的态度，我还是从他的著作中感觉到他内心深处的坚信：每个人都平等考虑所有人的利益，我们不仅有道德义务这么做，

---

[1] 发展了功利主义的这种替代理论的重要近期作品包括塞缪尔·谢夫勒的《人的道德》(*Human Morality*, Oxford University Press, 1992)、T. M. 斯坎伦（T. M. Scanlon）的《我们彼此应负的责任》(*What We Owe to Each Other*, Harvard University Press, 1998)，以及大卫·维金斯（David Wiggins）的《伦理：道德哲学的十二堂课》(*Ethics: Twelve Lectures on the Philosophy of Morality*, Harvard University Press, 2006)。

而且有决定性的理由去做——对这些理由的认知会随时间推移成为改变世界的巨大力量。即便不认同辛格眼中的道德内容，我们也应该感谢他如此生动地提出了这些问题。

8. 有效利他主义 [1]

无论在各国内部还是在国家之间，日益加剧的经济不平等都困扰着全球。谴责这种不平等已然成为道德上的陈词滥调。金融大亨收入惊人，贫富国之间生活水准相差甚远，对此我们该做什么？对于容许这一切发生的经济与政治制度，我们能做何改变？有效利他运动中的威廉·麦卡斯基尔、彼得·辛格等人，反应异于他人。当其他人为制度变革所面临的政治阻碍哀叹时，他们却将巨大的不平等视为个人行动的良机——因为正是这样的不平等，使得以极小代价来行大善成为可能。麦卡斯基尔的《更好地行善》与辛格的《行最大的善》阐述了这一立场。

全球资本主义或许在带来生产与增长之余也制造了极端不平等，

---

[1] 本文是对以下两本书的评论：威廉·麦卡斯基尔（William MacAskill）的《更好地行善：有效利他主义与创造不同的全新路径》（*Doing Good Better: Effective Altruism and a Radical New Way to Make a Difference*, Random House, 2015；以下简称《更好地行善》），以及彼得·辛格的《行最大的善：实效利他主义改变我们的生活》（*The Most Good You Can Do: How Effective Altruism is Changing Ideas about Living Ethically*, Yale University Press, 2015；以下简称《行最大的善》）。

但我们没有理由止步于此。胜者不必把钱都花在自己身上,他们可以大量造福他人——越是穷人,造福越大(比尔·盖茨与沃伦·巴菲特就是极佳的例子)。有效利他主义有两重目标:一是劝说有幸之人以这种方式利用自己的生命与资源,二是查明最佳做法——何处最有需求,何种方法能以最低成本减轻最多苦难。

论述并非只面向富人。麦卡斯基尔在他著作的第一章描绘了世界不平等的整体格局,引人深思。以实际购买力(而不只是金钱)计算,年收入11 000美元的人,虽然在美国贫困线之下,却已跻身全球收入分布前15%的行列;年收入28 000美元,即美国个人收入的中位数,则位于前5%。以美国的购买力计算,全球人口最底层的20%年收入不足550美元,其生活之匮乏难以想象。这些数据意味着,生活在发达经济体中的绝大多数人,都能以较小代价为他人做大得多的好事。但他们该怎么做呢?有效利他主义从目的与手段两方面回答这个问题。

先说目的。上述两本书在书名上的区别,就揭示了运动目的中的一处矛盾。辛格捍卫一种激进道德观——功利主义,这也就是他的标题"行最大的善"的含义。功利主义建基于两条原则,哲学家亨利·西季威克对此有堪称典范的清晰阐述:首先,从全宇宙的视角来看,任一个人的利益并不比任何其他人的利益更重要;其次,我们每个人作为理性存在,只要力所能及,都有义务追求普遍利益,而非其中的特定部分。于是,理性的理念也就是在做价值判断时让个人视角完全服从于宇宙视角,并且要过一种能产生无偏倚衡量下最多善好的生活。辛格承认,即便是接受这一理性理念的人,包括他自己,也几乎从未完全践行;但他说,这是因为他们是人,而人并非完全理性。

理性要求我们对待所有人要严格地不偏不倚（西季威克的第二条原则），这种主张极具争议，我随后再讨论。然而要解释许多有效利他主义者的选择，严格的功利主义并非必要。麦卡斯基尔的标题"更好地行善"正反映了这一点。他的首要目标不在于说服我们尽己所能行最多的善，而在于为愿意助人者指明最高效的助人路径，无论助人者持有何种道德观。也许，麦卡斯基尔也是个功利主义者，只不过他对此战术性保持沉默；但即便你不是个功利主义者，你也可能发觉他的建议很有用。

功利主义在比较不同的行善策略时会用成本效益分析法，而麦卡斯基尔取用了这种方法。如果目标是尽可能有效行善，那么我们就需要一个对价值的计量单位，以比较不同的助人行为或政策对人们生活的影响。在有效利他主义运动的计算中，计量单位有时由"质量调整生命年"即 QALY 的概念来提供——最初提出这个概念，是为了比较衰弱性疾病的治疗效果。在健康中度过一年寿命，即为一单位的质量调整生命年；那么，如果你挽救了一个预期健康寿命还有三十年的成年人的生命，你就创造了三十个单位的质量调整生命年；而如果一个人所患疾病将在未来八年降低其百分之二十五的生命质量，那么治好他你就创造了两个单位的质量调整生命年（如果病患愿意接受某项治疗，以一年寿命为代价来免除四年的疾病困扰，那我们就可以说该疾病让其生命质量"降低百分之二十五"）。这个计量单位虽然粗糙，但对于其他影响生活质量的身体上的有利或不利条件，也能比较其价值。从功利主义得来的关键点在于，要找到衡量一切价值的单一标准。

成本效益分析的一个问题是，我们通常无法确定不同行为与政策的后果，所以我们必须考虑概率。办法是以最大化期望价值为目标，也就是说要选择这样的行动：将该行动的各种可能后果的对应价值，乘以各自的发生概率，加总的值为最大。这有时意味着要选择一项有小概率创造巨大善或阻止大量恶的行为，而不选另一项几乎确定能产生相对较少利好的行动。

再来看有效利他主义推荐的手段。尽管两位作者希望我们改变自己的生活，而且这种改变可能很剧烈，然而他们也强调，利他主义不该与自我牺牲画上等号。正如他们以各种人生故事所说明的那样，为他人着想而造福行善通常会给助人者带来快乐，即便这不是行善的目的。（对自我牺牲的无感，也能解释他们为何没有给超乎寻常的利他主义以极高的评价：向陌生人捐肾，价值远不如捐助5 000美元来分发蚊帐、预防疟疾。）

对于"如何最好地造福他人"这个问题，我们首先面临的选择在于是捐赠还是直接行动。一种突出的策略是"以赚促捐"——选择一个最大化收入的职业（比如投身华尔街），从而能将一半收入捐给合适的慈善机构。这条路不乏实例，比如辛格在普林斯顿大学的一个学生就放弃了哲学研究生学位而转向金融。又比如麦卡斯基尔描述的一位医生在计算后发现，他在英国当一名肿瘤学家并捐出半数收入，相比于前往埃塞俄比亚的非政府组织行医，能拯救更多生命。就如功利主义者所坚持的，他计算中的关键部分在于，捐赠所能创造的额外价值要多得多。假使他前往埃塞俄比亚，他当然也会拯救生命。但即便他不去，也会有另一位医生接下那份非政府组织的工作，救下那些生命。而通过捐赠，他可以让非政府组织雇用更多医生，从而大大增加挽救的生命数量。对于功利主义者或是像功利主义者那样评价行为的人来说，重要的不是你做了什么好事，而是你带来了什么不同。

有四个私人组织致力于有效利他主义计划。麦卡斯基尔是其中两个的创办人：试图让人们捐出至少百分之十的收入给慈善机构的"予我所能"（Giving What We Can），以及教导年轻人如何选择职业以带来最大改变的"八万小时"（80 000 Hours）（得名自典型的终生工作时长）。辛格早前的一本著作启发了"你能拯救的生命"（The Life You Can Save）组织，该组织呼吁人们根据收入水平分级认捐。最后且极重要的一个是"优捐"（Give Well）组织（由两位对冲基金经理创办，他们从赚钱反向走到了捐赠），该组织进行严格的实证研究，从而识别以收到的每一美元做了最多善事的慈善机构，并公布其研究结果。

有效利他主义的核心，正是确定应该向哪个慈善机构捐赠。辛格和麦卡斯基尔首先指出，绝大多数人捐赠时是欠考虑的。他们的捐赠或者被媒体的深情呼吁鼓动，或者与个人经历相关（比如资助研究某种夺走自己孩子生命的疾病），或者与所在地有关（所在地的博物馆、医院或社区机构），又或者关乎当下突出的灾害（地震、海啸），却没有比较同样数额、不同去向的捐款的行善效果。这个问题的一部分在于动机：许许多多的捐赠行为只不过是一种自我表达，或者是团结的标志，而非意在产生效果；而即便以行善为目的，其目的也不符合功利主义标准下的无偏倚原则，而是有意偏袒某些方面的利益、某些特定人群。当然，也有大量的捐赠者想要帮助世上处境最糟的人，但却没有基于证据来判断如何最有效地达成目标；又或者他们依赖无关证据，比如慈善机构的预算中募捐与行政支出的比重。如麦卡斯基尔所说，你买电脑时的决定，不会基于制造商的管理层薪酬水平，或者其广告预算。你想知道的是与其他产品相比，价格所换来的价值——捐赠决定也应如此。

此类基于证据的计算，一旦结合功利主义的无偏倚原则，结果就很是无情。西方人的捐赠对象不该是本国的受益人，而只应该是以最低成本来救助世上最贫困人群的慈善机构——通常是预防或治疗那些易于消除、西方国家中已不多见的疾病。用辛格和麦卡斯基尔最喜欢的一个例子来说，你也许会认为给盲人提供导盲犬的项目很值得捐献，毕竟这确实能提升盲人的生活质量。但训练一条能工作九年的导盲犬得花五万美元，这些钱足以负担发展中世界里五百人的手术费用，让他们免于沙眼致盲。

"优捐"进行实证研究来确定最具成本效益的慈善机构，每年只有少数几个获得推荐，它们是致力于以最低成本减轻最糟糕不幸的慈善机构。要获得此类量化证据，健康效益方面比起经济增长方面更为容易。尽管如此，得到"优捐"高度评价的一家组织是"直接赠予"（Give Directly），它的做法是，将善款直接转给肯尼亚和乌干达最穷的一群人——一笔一千美元的善款足以让这些家庭的年收入增加一倍有余。经"直接赠予"证实，受助者总是将钱用于必需品，包括更好的饮食、住房、交通和教育等。

辛格和麦卡斯基尔主张人们应该在选择捐赠对象时有更多思考，这显然是对的。基于强有力证据向人们展示如何行最大的善，这也很令人敬佩。然而，让有效利他主义备受争议的是，在如何生活和如何选择行善目标的问题上，它的面貌大体上是功利主义的。它所展现的功利主义既有严格形式的——如辛格所倡导的，又有较弱的形式——

体现在选择受益人的标准上。前者代表了将自己视为宇宙视角的仆人的理性理念；后者只是说，无论一个人决定拿出多少自己的资源来造福他人，资源的分配都应致力于最大化所产生的无偏倚的功利主义式效益，即以质量调整生命年为单位的期望值。

尽管严格形式的功利主义，也就是对包括自己在内的所有人彻底不偏不倚，并非有效利他主义项目的核心，但作为功利主义基础的理性理念，却在塑造该项目上发挥着关键作用。对这个理念的疑虑，也就意味着怀疑有效利他主义是不是唯一合理正当的慈善形式。因此，我将首先探究，完备理性是否在于将每个人（或每个有情生物）的利益一视同仁，进而尽力无偏倚地造福。

我认为我们必须承认，"从宇宙的视角来看"每个人的利益同等重要，而理性存在者可以想象自己采用这个视角，并将之融入他们的世界观。此种形式的客观超脱，在对世界进行思考推理时发挥着重要作用——比如在科学领域，它让我们超越知觉表象，更接近客观真实。但它是否应该主导我们在实践领域的思考推理，以至于只有"一视同仁"才算客观合理呢？还是说，我们各有各的人生，这才是人类理性的根基？我们自己的视角——从个人视角而非宇宙视角来看，不同生命、不同利益就会有相异的重要性——是否有独立的给予理由的力量（reason-giving force）呢？

已故的伯纳德·威廉斯是功利主义最有力的批评者之一，理由正是功利主义忽视了个人视角。威廉斯主张，功利主义蕴含着一种彻底的异化（alienation）——异化于自己、自己的计划，以及赋予生命意义与实质的东西。辛格对此有异议，而他的回应在我看来是正确的。他说："与绝大多数人相比，为了捐赠而赚钱的人，其生活方式更大程度符合自身的价值观,也就是应尽所能行最大善的核心信念。这里很难说有什么异化或完整性丧失。"一个人如果接受这样的"信念飞跃",其人生意义将因此改变。但这毕竟是"飞跃",威廉斯所说也明显有道理——那些我们有理由珍视的东西似乎就此被抛弃、贬低。

我们这些富裕人群花费大部分资源所换来的收益,远不如世上最穷苦人群的需求那么重要——有效利他主义者正是被这样一个极有说服力的想法触动,我们也不难理解这如何促使他们改变自己的生活。然而,这也只是个可选项,除非好的理由只能来自客观立场,否则这就不会是理性对我们的必然要求。功利主义反对方的要义在于:以各式各样的利益为目标,即便不是我们所能实现的最大利益,也并非不可理喻。这些次优但合理的目标包括:个人、朋友、家人的成功与享乐,为知识本身而求知,创造或保存美,支持那些让自己受益的制度,等等。按照这一观点,理性允许我们对某些利益的关心胜过其他,并相应行动,而不必得到无偏倚的辩护。

威廉斯主张,实践理性的视角必须全然"源自所在之处",纯粹的无偏倚性在行为领域没有任何权威。这样的说法我认为又太过了。然而,就我们有理由去做的事情的依据而言,尤为取决于个体视角的那些价值似乎至少是重要的一部分。承认这些价值,与承认客观视角下众人皆有同等价值并不矛盾。

上述观点与辛格的不同,如果这样的观点是正确的,就会有两项推论。首先,一个人没能以尽最大可能造福为目标安排自己的一生,这算不上理性的失败。理性的生活方式不止一种,即便理性确实要求我们对众人的同等价值予以重视,它也允许我们在选择生活方式时选择许多其他价值。

其次，如果一个人致力于造福他人，那么理性上他/她可以至少部分依照个人视角来选择施惠形式——不只是对家人朋友的特别关照，还有对关系到自己的事业与机构的感激与支援。我同意辛格与麦卡斯基尔所说，这样的偏倚常常荒唐过度，结果是极大的浪费。有效利他主义则帮助我们聚焦在能用最小代价来满足的那些最重大的需求。不过在承认这项工作的重要性的同时，我们也大可不必将捐款于本地交响乐团、计划生育组织或是母校的行为视为不理性。

9. 科斯嘉德、康德，以及我们的伙伴生物[1]

科斯嘉德在哲学领域内的盛名，源自她强穿透、重分析的伦理理论作品，以及她对伊曼努尔·康德著作的批判性诠释。如今，她首次围绕一个人人皆能理解的问题写了本书。《伙伴生物：我们对其他动物的责任》一书兼具道德情感与严谨的理论论述。虽然读起来时常感到困难——倒不是因为写作不够清晰，而是因为议题的内在复杂性——这本书还是为更广泛的读者群体提供了机会，以了解哲学反思何以丰富我们对人人都该关心的问题的回应。

自从彼得·辛格的《动物解放》在 1975 年问世，素食主义或严格素食主义被更多人选择。得益于法律，也得益于公众对公司、机构的施压，养殖与科研中的动物也越来越少受到残酷对待。然而，绝大多数人并非素食主义者：在美国，每年有约 95 亿动物在食品生产中被宰杀。而会去想这一点的食肉者，往往用这样的信念安慰自己：规

---

[1] 本文是对克里斯蒂娜·M. 科斯嘉德（Christine M. Korsgaard）的书《伙伴生物：我们对其他动物的责任》（*Fellow Creatures: Our Obligations to the Other Animals*, Oxford University Press, 2018）的评论。

模养殖中的残忍已持续改观，为了食物而无痛宰杀无可厚非。科斯嘉德坚决反对这样的观点，不仅因为这无视了养殖动物仍在遭受的巨大痛苦，更是因为它依赖于对人和动物生命价值的错误对比。这种错误对比认为，杀人行为比起杀害动物有一种独特的道德错误。

科斯嘉德用一个复杂的道德理论来处理这个问题，许多其他问题也相应得到讨论。她和辛格在方法进路上的区别让本书尤为有趣。她说："人类当前对待其他动物的方式在道德上十分残暴。"这一点辛格想必会同意。但在此之外，两人有巨大分歧。辛格是功利主义者，而科斯嘉德是康德主义者，这两种道德观在当代伦理理论中形成了深刻分歧。这种分歧在二人身上表现为，他们对于我们为何要彻底改变对待动物的方式，给出了不同解释。（同样有趣的是，康德在该问题上的立场不甚合理，而科斯嘉德与他分道扬镳。我们将看到，她有力论证了，按照康德关于道德基础的一般理论在这个问题上能得出的结论，与康德自己所认为的全然不同。）

功利主义认为，行为会带来愉悦或疼痛、满足或受苦的体验，而由此对全世界幸福总量是倾向于增加还是减损，就决定了行为在道德上是对还是错。这些体验不只是相对于经历者而言或好或坏，更被认为在绝对意义上如此。将非人类动物纳入道德关切，这很直截了当：道德告诉我们要尽力增加好坏体验相抵后的客观总值，而任何有意识生物的愉悦或痛苦都是总值计算的一部分。

然而，这些生物存在或者存活的意义，仅仅在于作为容器承载美好体验。根据功利主义，如果你无痛宰杀一只动物，然后用另一只动物取而代之，并且后者生命体验的愉悦程度与前者在不被杀的情况下相当，那么你就没有犯错。即便在杀人的情形中，错误之处也并不在于终结生命，而在于死亡前景所带来的巨大痛苦——因对未来的自我存在有强烈意识感知而痛苦，他们的死亡对周遭与之有联结的人也会造成情感痛苦。

与此相反，科斯嘉德不认为我们可以将道德建基于任何事物的绝对价值之上，哪怕是愉悦和痛苦。在她看来，功利主义提出的那种绝对价值或客观价值——某事物就是（绝对意义上）好的或坏的——并不存在。她说，一切价值都是"有所依"的。事物的好与坏，是相对于某个人或某个动物而言的；你的愉悦，"于你而言"是好的，我的痛苦则"于我而言"是坏的。科斯嘉德说，如果有什么东西是绝对的好，那只能是在"于所有人而言"的意义上。她最终坚称，所有有意识生物的生命及其幸福，**确实是**在这个意义上绝对的好。不过，她通过一个复杂的伦理论证才得出这个结论，而不像功利主义那样把这一点视作道德的公理与开端。

在讨论那个论证前，还是让我们先看看她如何理解人类和其他动物的生命价值。科斯嘉德认为，"对几乎所有状态良好的动物而言，生命本身都是一种善好"。人类具有语言能力、历史记录能力、长期记忆能力和规划未来的能力，也因此对自身生命在时间上的延展有着强烈意识。但其他动物也具有学习和记忆能力，所以我们知道它们也拥有在时间上延展的意识，而不仅仅是一个接一个的瞬间体验；某时刻发生的事情会改变一个动物后续时刻的视角，以至于它获得了"一种持续发展的特征，使得它随时间推移成为一个更统一的自我"。虽有程度之别，但至少大多数哺乳动物和鸟类的生命都具有这种统一性，所以我们可以认为它们有或好或坏的一生，而不仅仅是或好或坏的体验。

我们与其他动物的重大区别在于，我们有一种其他动物不具备的自我意识。科斯嘉德认为这正是本能生活与理性生活之间的区别。不同于其他动物，我们不只是基于我们的感知、欲望、意愿来行事。如果我们判定眼前的表象不能提供充分的正当理由，我们就可以后退一步，不以它们为信念或行动的依据——好比我们有时把视觉印象贬为视错觉，或把负面评价当作嫉妒的产物。科学和道德都诞生于这样的理性自我评估。相较之下，动物（就我们所知）并不会先评估自己的信念和动机，才相应采取行动。

因此，人类和其他动物的生命截然不同。但这是否意味着人类的生命比动物的生命更重要或更有价值呢？本着对无所依的绝对价值的怀疑，科斯嘉德问道："**对谁来说**更重要或更有价值？"你的生命对你来说比对兔子而言更有价值，但兔子的生命对它来说比对你而言更有价值。如果你抗议说，兔子的生命对它来说不如你的生命对你那么重要，科斯嘉德的回应是：就算你对自己生命的整体观是兔子所缺乏的，这也不能说明你的生命更有价值：

> 因为，就算兔子的生命对它来说不像你的生命对你那么重要，可是对它而言生命当然包含了**一切有价值之物**——所有对它而言有可能是好或是坏的东西（或许除了它后代的生命之外）。它生命的终结，对它来说就是一切价值和美好的终结。所以如此比较实难衡量。

科斯嘉德并不认为人类欣赏文学、音乐和科学的能力使得人类的生命更有价值。她注意到，在人与人做比较时，大多数人不会仅凭一个人的生命中发生了更多美好之事，就认为其生命更有价值。她认为，在比较人和其他动物的时候，我们也应持有同样的观点。区别只不过是不同的个体，而每个个体的生命对个体本身来说都具有终极价值。

然而，如果我们从"好坏总是相对特定个体而言、不存在本身就是好或坏的事物"这样一种价值观出发，那就很难说我们能从哪里找到根基来支撑道德和我们对他人的义务。除了对我们自己而言的好坏，或者对少数人群——因某种联系或因身份认同而与我们有关的人群——的好坏，我们有什么理由关心其他事情呢？道德哲学史为这个问题提供了各种答案，其中大部分我不会讨论。科斯嘉德赞同的是康德的答案。

康德认为，由于我们是理性的存在，我们自己就是道德要求的源头。正如科斯嘉德所说：

> 由于我们对自己的行动动机有某种意识，我们行动时必然是认为，这些动机能为我们要做的事情提供恰当辩护。而"认可某种价值"恰恰就是这个意思——认可我们想要它或关心它的自然动机，并将这些动机视为好的理由。因此，作为理性人，我们在行动时必然为我们的行动目的设定了某种价值。

最重要的是，我们必然为自身目的赋予的这种价值，在康德看来就是绝对价值——对于所有人而言的价值。基于此，我们才有能力站在外部视角来看待并支持自己的行为，而这种能力又正是理性的本质。这将产生重大影响：

你为**你的**目的和行为赋予绝对价值的权利,受限于其他人(就康德的观点,是其他每一个理性生命)的权利,每个人都有权以同样方式为**她的**目的和行为赋予绝对价值。因此,你的行动若要算作真正的理性选择,其依据的原则必须是以任何人(任何理性生命)的角度来看都可以接受的——它必须与作为目的本身的他人的地位保持一致。

这就得出了康德的道德基本原则——定言命令的两种熟悉表述:你要只按照你同时也意愿它能成为一项普遍法则的准则去行动;视所有理性生命为目的,而绝不仅是手段。把他人视为目的,就是把他人目的或目标的实现视为善本身,而不仅仅是对他们而言的善。如此,实际后果是我们每个人都有强力的理由追求自己的目的,只要是以不妨碍他人追求其目的的方式,同时,我们也有理由在他人需要帮助时伸出援手。

但这对动物意味着什么呢?在康德看来,我们将道德律施于己身:它适用于我们,是因为我们的理性本性。而其他动物没有理性,所以它们就无法进行这种自我立法。康德得出结论,它们不是道德共同体的一部分;它们自己没有义务,我们对它们也没有义务。[1]

正是在此处,科斯嘉德与他分道扬镳。她区分了成为道德共同体

---

[1] 尽管康德说我们可以纯粹将动物视为实现我们目的的手段,但他也补充说明:我们**有对自身**的义务不以残忍方式对待它们,因为对动物的残忍会导致我们冷酷无情,这可能会影响我们对待人类同胞的方式。科斯嘉德对此的合理看法是,这实际上是康德"出于无奈的产物",他是在"试图解释我们为何有这样的日常直觉——我们**确实**对动物至少有某种善待的义务"。

成员的两种含义，一者主动，一者被动。成为主动意义上的成员，就是成为互相立法的群体中的一员，有义务遵守道德律。作为被动意义上的成员，则是指成为诸义务对象中的一员，必须被视为目的。康德认为这两种意义是重合的，但科斯嘉德认为这不对。我们理性生命为自己订立的道德律可以赋予我们关心其他非理性生命的义务——把它们当作目的本身的义务，而它们并不受制于道德律：

> 只有自主的理性生命才必须做出"我们就是目的本身"的规范性预设，但我们毫无理由就此认为，这一规范性预设**只针对**自主的理性生命。这显得任意武断，因为我们当然珍视我们的动物性。这一点经过下列反思会尤为清晰：许多我们认为于我们而言有益之物，其益处并非基于我们的自主理性能力。食物、性、舒适、免于痛苦和恐惧，这些都是仅仅基于我们的动物性就对我们有益。

我认为上述对康德立场进行修订的论证完全令人信服。科斯嘉德总结道：

> 在康德式的观念中，人类的特别之处并不在于我们是宇宙的宠儿，也不在于我们的命运在绝对意义上比其他同样体验着自身生命的生物更重要。恰恰相反，我们的特别之处在于我们的同理心——这种同理心使我们能认识到，其他生命对于它们自身的重要性无异于我们对我们自身的重要性。我们的特别之处还在于我们有理由得出如下结论：必须把每一种动物都视为目的，而如果

存在任何重要之事，那么它们的命运就是其中之一，并且是在绝对意义上重要。

在确保其他动物作为被动成员加入康德式的道德共同体之后，科斯嘉德转向了另一个问题。"大自然，"她说，"是不服从于道德标准的。"不仅其他动物不受道德法则约束，而且它们的利益还不可调和、相互对立。因此，人类世界可以把道德和谐作为理想来追求，但动物们就不可能了。对狮子有利的事情必然对羚羊不利，即使我们认可将这两种动物都视为目的本身的义务，那也无法在道德上解决冲突。

科斯嘉德在书的最后讨论了一些动物伦理著作对该问题的回应，其中一些回应可能会让动物伦理领域的局外人感到奇怪。有一项提议是让捕食物种逐渐灭绝，从而消除掠食行为。动物权利的另一些捍卫者则认为，我们应该保护动物的栖息地，除此之外完全放任它们不管，让所有动物维持野生。

这两种极端做法都被科斯嘉德反对。她认为，我们显然不该为了食物而捕杀、剥削动物，但我们也没有义务承担造物主的职责，致力于让世间充满生活得更好的动物。她还认为，将动物作为宠物饲养是没问题的，只要社会能确保它们不受虐待。（她将此书点名献给过往三十五年里曾与她相伴的五只猫。）科斯嘉德还注意到一个奇怪的事实：许多人对保护物种免于灭绝的关注，远胜于对动物个体福利的关注。她认为这在道德上说不通。"物种"可没有视角，物种的存续并不存在对物种而言的价值。

"一切善好之事物必定是对于某人或某个生物而言的善好"，如果你接受这一观点，那你就必须否认物种或生态系统具有内在价值。根据我一贯支持的观点，生态系统的健康之所以重要，是因为它对依赖于它的生物重要，而物种灭绝是紧要的，则是因为它威胁到生物多样性，进而威胁到生态系统健康及其成员的福祉。

她的主张是说，物种本身没有价值。物种对于个体可能有价值，但只有个体才会自有其价值。（这一主张没有谈及审美价值，而我猜想审美价值在人们对物种的关切中扮演了一定角色。）

不可否认，科斯嘉德的立场很有力。如果它胜出，那将是人类历史上最大的道德变革之一。最后，让我描述两个反对该立场的可能理由。这两个反对理由也适用于功利主义对我们应如何对待动物的论证，那个论证与科斯嘉德略有不同，但同样激进。

第一个理由是拒绝将绝对价值这一关键观念视作道德出发点，或者作为康德式道德论证的结论。这一观点认为，在证成道德要求时，我们能够依据的只有那些道德要求理应适用的个体的利益、动机或情感，而非某种超验或客观视角。这并不意味着道德原则无法证成。比如，若某些规则能让一个人类社群和平共处、互相协作，用这些规则来管理成员的互动就符合成员们的集体利益。如此就构成了道德的一个基础，并且这个基础只依赖于对个体而言的善好，而不依赖于绝对的好。如果人类共享了某种对其他动物或其中的部分动物的同理情感，那么这就将支持人道待遇纳入道德要求；而要求的内容将取决于人类情感的强度和范围，而不是动物受苦的绝对之恶。

科斯嘉德在讨论以互惠作为道德基础时回应了这种立场。她指出，这种立场有一项推论让大多数人无法接受：如果我们遇到了强大到对我们无所畏惧的理性生命，而且其对我们毫无同情，那么这些生命杀戮、奴役我们或拿我们做实验，也就没有过错。但是，这样的后果或许是那些否认绝对价值存在的人愿意接受的。

科斯嘉德也提到过第二种可能的反对理由。有人可能认为，虽然人类并不比其他动物更重要或更有价值，但出于"与同类团结的意识"，道德允许我们偏袒我们的同类，更照顾他们的利益。比如我们都认为，偏袒自己家人利益的做法在道德上可以接受。科斯嘉德也考虑了生死攸关的紧急情况下（比如老鼠传播着瘟疫），我们也许有充分道德理由将自己物种的利益放在首位而为之杀戮。可即便这一点得到承认，它也远远不能支持那么高程度的对人类自己的偏袒，以至于允许为餐桌享受而经常牺牲其他动物的生命。实际上，这似乎是大多数肉食者遵循的原则，尽管他们可能还得益于一个科斯嘉德不遗余力反对的假设：失去生命对一个动物来说其实没有那么糟糕。

当我们努力寻找正确生活方式时，道德分歧是人类境况的永恒特征。是否应宰杀动物获取食物，正是我们这个时代最深刻的分歧之一；但如果几十年后，培养肉（也称为洁净肉、合成肉或体外肉）的生产成本低于屠宰动物的肉且同样可口，这个分歧就毫无意义了，我们也不该为此惊讶。届时，我猜想我们目前的做法既然在饮食上不再必要，也会在道德上陡然变得不可理喻。

10. 悔恨及其限度 [1]

《由此观之：论肯定、依恋，以及悔恨的限度》是本有趣、谨慎，偶尔还有些怪诞的书。R. 杰伊·华莱士在书中探讨了肯定与悔恨这两种态度间复杂的互动和竞争。当我们回顾一生，许多条件和选择造就了我们，也奠定了我们的成功、失败和依恋。在庆贺或痛责这些条件和选择时，肯定与悔恨的态度几乎无可避免。华莱士的目标非常广泛，结论则很激进。而他在一开始先仔细研究了这种现象的几个或真实或假想的例子。这些例子已经因近期的哲学文献而为人熟知。

第一个例子：少女的孩子。一个十四岁女孩决定要一个孩子，尽管她显然缺乏能力像成年后再要孩子那样充分照顾孩子。这个决定也打乱了她的生活，限制了她的机会，而以后再要孩子就不会这样。但她爱这个孩子。尽管有种种不利因素，孩子自己也为出生感到高兴。亲子两人都不会希望孩子从未存在，对少女生下孩子的决定也并无悔

---

[1] 本文是对 R. 杰伊·华莱士（R. Jay Wallace）的书《由此观之：论肯定、依恋，以及悔恨的限度》(*The View from Here: On Affirmation, Attachment, and the Limits of Regret*, Oxford University Press, 2013) 的评论。

恨。然而，她当初的决定似乎又是不应该的。

第二个例子：残疾。一个截肢者致力于成为世界级运动员，并成功参加了残奥会。或者，一个天生聋人沉浸在只有缺少听觉能力才可以进行的交流方式中，并借此找到了自己生命的意义。这些人珍视自己生命的方式似乎不允许他们悔恨自身的残疾；但这是否意味着，即便有可能，也不该预防或修复这些残疾呢？

第三个例子：高更（Gauguin）。伯纳德·威廉斯在他的名篇《道德运气》（"Moral Luck"）中假想了一位艺术家，大致以高更为原型。他抛弃了在法国的妻子和孩子前往南太平洋，在那里发挥了自己的才华，实现了抱负，创作出为他的艺术家生命赋予意义的作品。虽然他对待家人的方式让家人一直耿耿于怀，但他自己无法在回顾他的离弃时带着悔恨。威廉斯说，即使他承认，离弃在道义上不能接受，但那是他一生中最看重的创作项目的必要条件，对于他的追溯视角而言又是正当的。（反之，如果他在塔希提岛的画家生涯在他自己眼中是失败的，那他追溯自己对家人的遗弃时，将不得不带着悔恨自责。）

华莱士的书名"由此观之"是威廉斯所用的短语，以概括那些决定了我们价值观和承诺的偶然和视角性因素。尽管华莱士并不认为所有的实践或价值判断都具有这种视角性，但他要着手研究具有视角性的那些判断，并试着理解当我们肯定了自己偶然的人生与依恋，我们究竟承诺了什么。

他与威廉斯大有不同。尤其是华莱士不认为事后结果可以为选择赋予追溯正当性。如果有人违背了送你去机场的诺言而导致你错过航班，那即使航班坠毁无人生还，你的朋友也无可辩解：他当时就不该违背诺言。后续结果的追溯效应无关乎正当性，而是关乎肯定或后悔的态度，而态度则独立于正当性。正如你不会悔恨你的朋友没有信守诺言，少女的孩子、参加残奥会的残疾运动员或高更他们当下肯定自己的人生及其项目，这种肯定态度将在时间线上向过去延伸，覆盖那些过往的关键条件，从而阻止悔恨。

华莱士将此称为"肯定的传递作用"（affirmation dynamic），不过他观察到，这只适用于无条件肯定，典型如我们对所爱之人或赋予我们生命意义的项目的依恋情感。肯定的传递作用不适用于有条件肯定："因此，我可能会毫无保留地称赞从火海中救出我孩子的消防员的英雄气概，同时悔恨自己的疏忽造成了火灾，即便这正是我肯定之事的必要条件。"在这个例子里，你更希望火灾和营救都没有发生，这就表明了肯定的条件性。（但消防员怎么办？如果从来没有发生过任何火灾，他的职业生涯就没有意义了，所以他也许无法体会无条件的悔恨[1]。）

华莱士的分析适用面很广，它基于这样一种见解：当我们站在不同时间视角看待同一行动、事件或情况，不同理由可以合理左右我们的态度。这很有实际意义。下面是华莱士关于残疾的论述：

> 对一些残疾的行动者来说，残疾是先决条件，然后才有了那些让生活充满意义的重要项目。他们很可能会发现，对自己所过的生活持肯定态度，就必须也肯定自己的残疾。权衡之下，他们无法希望自己从未遭受致残条件的折磨，因为那意味着从生命中

---

[1] 译注：这里的意思应该是，消防员肯定也悔恨火灾的发生，但这种悔恨必须有一些限定条件，比如总还是有一些火灾发生了，好让消防员自己的职业生涯仍有意义。

抹除让他们能够肯定自身生活的东西。

这些残疾行动者有充分理由肯定自己的残疾，但这一事实不能推导出受他们肯定的境况在通常情况下有价值，以至于在有替代选项的其他情形下我们仍有理由促进、鼓励或替人们选择这些境况。

他得出结论，聋人父母不愿为其聋儿植入人工耳蜗是错的：

当一个人回顾自己的人生并为自己遭受某种残疾而高兴，但同时又选择让自己的孩子在刚刚启航的人生中不要经历相同状况，这没有任何不一致。

上述观点还有更广泛的应用。华莱士没有讨论堕胎问题，但任何一个庆幸自己还活着的人都一定会庆幸自己没有被堕胎。这使得一些先天残疾者反对产前筛查，因为产前筛查会检测出这些残疾，进而带来堕胎决定，如此便意味着他们的人生不值得过下去。可是，从现存者的角度来肯定其出生的价值，本身并不能决定先前孕妇的角度下做决定所应遵循的理由。不同视角固然有冲突，但并无矛盾。孕妇完全可以承认：如果她生下残疾孩子，她会爱这个孩子，也不会后悔孩子出生；但这并不构成她现在继续怀胎足月的理由。

华莱士探讨的也不只是这些充满争议的案例。他从总体上阐述了如何合理回顾自己的一生——其中的好与坏，以及决定其意义的各种偶然因素。首先，我们每个人都面临着一个问题：我们能否无条件地肯定自己的生命？这不是个熟悉的日常概念，也许大多数人从未自问过这个问题。而华莱士建议将它与另一个问题画等号：权衡之下，比起你从未存在过，你是否宁愿构成你生命的一系列事件确实发生？如他所说，这"为对生命的肯定设定了非常低的标准"。但他相信可以从中得出有趣的结果。

　　这种意义上的对自我生命的肯定，有什么样的悔恨与之相容呢？华莱士认为，答案取决于使一个人能以这种方式积极回顾自己一生的那些价值观。这取决于在他的实际生活中，哪些项目、依恋和成就，为他赋予了生命的意义。对于构成意义要素的核心条件，他不可能抱有华莱士所谓的"全然的遗憾"（all-in regret），即使这些事情包括了愚蠢、非理性或不道德的选择，又或者是厄运。这正是威廉斯关于高更的观点。如果高更没有抛弃家庭，他的人生仍然有价值，但那将是另一种不同的人生。高更对自己实际生活和工作的珍视，无法与去除那次离弃的愿望相容。如华莱士所说，"对于塑造了他后来的视角的那些价值观，他当年的决定是个必要的历史条件，也构成了基础，让他对自己实际上在过的生活持肯定态度"。这里隐含对比的是那些人们可以无保留、纯粹悔恨的其他错误、失败和不幸，因为它们并不构成人们肯定自身生命的基础。

　　然而华莱士的观点比这还要复杂，因为他为他所说的"深刻矛盾"留下了一席之地。有时，有些事情既让人无法接受，又在塑造我们人生中发挥太重要的作用而不能被简单摒弃，我们也就无法避免对这些事既肯定又悔恨。就拿华莱士没有讨论的一类例子来说。假设某人未能与他的真爱结婚——她嫁给了别人或者去世了，然后他娶了一个他并不爱的人，生儿育女，并围绕着这些依恋构建起自己的生活和承诺。虽然这些依恋与他对实际生活的珍视密切相关，但他可能总是希望自己当初娶的是另一个女人，并后悔没有这么做。然而，根据华莱士的观点，他对实际生活的肯定要向过去延伸，以包括他实际生活的必要条件，也就是他当时没有娶另一个人。若华莱士是对的，那这样的情况下深刻矛盾就不可避免：珍视自己的实际生活，悔恨自己的生活不是另一番模样，二者之间存在真正的冲突。

同样的道理或许也适用于大多数生命被投置其中的偶然条件——例如决定了个人职业的意外事件。一个人的生命可以围绕着某一职业追求而展开，职业追求也很大程度决定了一个人把什么视为价值。但同时，这个人也可能希望自己做了别的事情，从而赋予自己的人生以完全不同的价值——比如希望自己成为漫画家而不是会计师，成为人类学家而不是厨师。对于走上一条奠定自身实际生活价值的路，一个人不可能只感到悔恨，但确实可能会陷入矛盾。

事实上，这正是华莱士认为高更应有的感受（这与威廉斯的看法不同）。高更无权因自己抛弃家庭的选择给自己的人生带来的结果，就简单地肯定这一选择而毫无悔恨。华莱士解释说，这是因为他的家人的诉求仍然存在，且不因他作为艺术家取得成功而受到影响。这些诉求并不仅仅源自他过去的那个自我的视角：诉求来自他过去所伤害，而现如今仍旧存在的其他人。就此而言，高更的情况与年轻母亲不同。她对孩子的眷恋和孩子对生命的眷恋，使得二人中的任一方都不可能对孩子的出生感到后悔，这就使得无人作为另一方诉求的来源以激发母亲的深刻矛盾心理：

> 主要的反对意见是道德性质的，且我已说明它们可以追溯到女儿的诉求，即要求生下她的母亲给予她足够的关注和照顾。但

要求的提出者，即女儿，现今对她所过的生活充满感情，且依照假设，比起根本就不曾存在，她宁可过这种生活。这使慎思下的反对不具备持续效力，也就无法作为女儿或其母亲回过头来认为母亲不该做出怀孕决定的依据。

借这些较特殊的案例完善了自己的概念后，华莱士在书的最后几章中以更激进的方式延伸应用了这些概念。他主张，他自己、他的所有读者，甚至可能是所有人，都处在高更的位置上，注定要对自己的人生深感矛盾，而非无条件肯定。他先试图说服他的读者，也就是那些与他类似的人——过着舒适生活，在丰富的制度支持下，享有自由的，至少适度奢侈的条件，以追求有价值的项目。他说，在现实世界中，这样的生活依赖于社会和经济上极端不平等的全球体系，且只有那些自身及关联者都幸运地处于分配上游的人才能享受到。华莱士认为，这些背景条件太过难以接受，即使它们构成我们生活的价值和意义的基础，也必须受到谴责。他称之为"布尔乔亚困境"：

> 我们的根本性项目是我们对自己生活持肯定态度的基础。但它们的布尔乔亚性质意味着我们牵连到巨大的社会和经济不平等之中，而我们不可能赞同这些不平等（如果我们通情达理、深思熟虑的话）。

此番论调要真想引人坐立难安，其中一个前提是：不仅是我们自己的选择和行动，那些影响我们人生的客观条件也包含在"肯定的传递作用"范围内。另一个前提条件是这样的信念：我们的优势取决于可被避免的全球不公正，而一个公正世界里的人生将与我们这样的人生不同。想到自己的情况，华莱士说："如果我们认真努力地在全球范围内解决这些问题，我们所知的当代研究型大学还能否存活就值得怀疑了。"华莱士任教于伯克利[1]，一所在理论和实践知识方面都做出了巨大贡献的公共机构。机构的贡献不仅使其成员受益，也让其所在的社会乃至整个世界受益。在我看来，认为这样的机构在公正世界中可能无法存在，似是病态的悲观。古代雅典文化和知识繁盛，或许奴隶制是不可或缺的条件，但我们的情况无法与之相提并论。

然而，华莱士的论点确实适用于经济不平等，这是我们世界的一个显著特点，自人类文明诞生以来就伴随着我们。有一点似乎相当清晰：一个让所有人都至少过上体面生活的制度，代价会是最富裕阶层的可支配资源大大减少，生活方式不得不改变。认识到这种概念上可能存在的另类历史后（说"概念上"是因为无论未来如何，它从未在过往具备真正的可能性），我们对自己实际的布尔乔亚生活的感受应该有多糟糕？华莱士奉行他所谓的"适度虚无主义"，认定我们会陷入深刻矛盾："我们的生命中确实存在可实现的真正价值，并且……这些价值为肯定态度奠定了真正的基础，但是……这些肯定的基础，从历史和社会上与同等分量的悔恨的基础相连。"

如果你像我一样对此有所怀疑，你或许会觉得需要定出一些界限：过去的一些罪恶有助于创造我们，创造那些为我们的生命赋予意义的价值；而我们需要界限来限制过分卷入这些罪恶。你的这种感觉还会被华莱士进一步强化，因为他对"肯定的传递作用"进行了最后

---

[1] 译注：即加州大学伯克利分校。

扩展：过往的事物，只要构成了我们或我们所爱之人得以存在的必要条件，都被囊括其中。

我们可以……很容易想象，如果不是发生了灾难性的历史事件，我们所爱的人的祖先甚至不会相遇：例如，一场灾难性的、毫无意义的战争迫使一位先祖进入难民营，在那里她遇到了她未来的丈夫，又或者是某种自然灾难产生了类似的影响。在这种情况下，我们无条件地肯定我们所爱的人，也就意味着肯定了这个人的存在所必需的令人反感的历史条件。

如果希特勒没有在德国掌权就不会出生的一个人，会因为对自己生命的执着而"肯定"第二次世界大战和大屠杀吗？华莱士认为，我们可能必须肯定整个世界历史，并认为这是尼采永恒轮回学说中少数的真理："只有当我们准备好接受世界历史的全部，我们才能诚实地对我们的生活和我们所依恋的其他事物采取一种无条件肯定的态度。因为就我们所知，这种态度已经让我们承诺：我们也要肯定我们的生活所处的大历史中最灾难性、最恶劣的方面。"

针对如此夸张的说法，如果回应是说，我们对任何事物——包括我们自身的存在——的肯定，其向过往的延伸都要受到一系列条条框框的限制，或许也并不过分。世界上许许多多的东西，无论好坏都不是由我们创造的。我们可以把这些东西简单地当成既定，并把我们的肯定和悔恨限制在它们的下游。这样也足以留下很多事情，让我们大多数人为之愧疚或矛盾，而这些感觉不会因为我们普遍卷入恐怖历史的汪洋大海中而被冲淡。

11. 四位女性 [1]

两本书在短短几个月内相继出版，围绕同样的四位女性，乍看令人吃惊。但仔细想想，这个主题如此自然而有趣，人们反而甚至会好奇为何之前无人触及。伊丽莎白·安斯康姆（Elizabeth Anscombe）、菲利帕·富特［Philippa Foot，原姓博赞基特（Bosanquet）］、玛丽·米奇利［Mary Midgley，原姓斯克鲁顿（Scrutton）］和艾丽斯·默多克（Iris Murdoch），这四位出色的女性出生于1919年或1920年，都在20世纪30年代末入读牛津大学。当大多数男性奔赴战场时，她们作为女性的哲学学生，处于一种不寻常的境地——不是

---

[1] 本文是对以下两本书的评论：本杰明·J. B. 利普斯科姆（Benjamin J. B. Lipscomb）所著的《女性有所行动：伊丽莎白·安斯康姆、菲利帕·富特、玛丽·米奇利和艾丽斯·默多克如何革新了伦理学》(*The Women Are Up to Something: How Elizabeth Anscombe, Philippa Foot, Mary Midgley, and Iris Murdoch Revolutionized Ethics*, Oxford University Press, 2022；以下简称《女性有所行动》)以及克莱尔·麦克·库姆海尔（Clare Mac Cumhaill）和雷切尔·怀斯曼（Rachael Wiseman）所著的《形而上动物：四位女性如何让哲学重获新生》(*Metaphysical Animals: How Four Women Brought Philosophy Back to Life*, Chatto and Windus, 2022；以下简称《形而上动物》)。

少数和边缘的存在，而是成了中心和主导力量（一直以来的常规是，牛津大学本科生中的女性比例不会超过五分之一）。米奇利后来写道，由于受到更多关注，且没有了通常的男性竞争氛围，她才得以作为哲学家找到自己的声音。尽管她们各具特色、才华横溢，但在这非典型时刻出现明星般的一群人，似乎并非偶然。[1]

本杰明·利普斯科姆的《女性有所行动》，以及克莱尔·麦克·库姆海尔和雷切尔·怀斯曼的《形而上动物》，这两本书都阐释了这些女性如何成长，她们的性格，她们彼此之间的深刻联系，以及她们对彼时哲学的影响。但两本书的范围和侧重点有所不同，因此值得同时阅读。利普斯科姆是美国人，麦克·库姆海尔和怀斯曼是英国人。利普斯科姆的书涵盖的时间跨度更长，更深入地探讨了四人所参与的哲学争论，尤其是道德哲学的变革。这一变革始于20世纪50年代末对正统分析哲学的反叛，并在随后的20年里彻底改变了分析哲学领域。他撰写的这部人物和思想史著作非常出色，文笔敏锐而细腻。麦克·库姆海尔和怀斯曼则提供了更多的传记细节和次要人物的更多信息，但她们的详细叙述止于1956年，即利普斯科姆所关注的动荡之前。她们是一个名为"括号中的女性"（Women in Parenthesis）的项目的共同负责人，该项目旨在促进对这四位女性的研究，以展示女性在哲学中的重要性。她们主要关注这些女性如何抵制主流的分析风格及方法：

> 对这四位朋友来说，最重要的是让哲学重现活力。回到与他

---

[1] 在男性主导的其他领域，有任何能与之相媲美的情形吗？

人共同生活的混乱的日常生活现实中。回到古代哲学家所看到的"人类生活、善和理念"之间的深刻联系。回到我们是活生生的生物、动物这一事实，而动物本性会塑造我们向前迈进的方式。

默多克作为小说家闻名于世，彼得·康拉迪（Peter Conradi）为她撰写了一部精彩的传记。但其他人的生平却不那么为人所知。安斯康姆、默多克和米奇利都出身于伦敦郊区的中产阶级家庭。她们的才能很早就显露出来，并且都被鼓励上大学。富特则不然。菲利帕·博赞基特出生在一个显赫的家族，她的外祖父是当过美国总统的格罗弗·克利夫兰（Grover Cleveland）。她的父母在威斯敏斯特教堂举行了婚礼，她在米德尔斯堡附近柯克利瑟姆老宅（Kirkleatham Old Hall）长大——那是一栋有十六间卧室的房子。在她的社会阶层里，女孩们根本不会接受教育；她花了很多时间骑马，主要在家接受家庭女教师的教导，她说这些家庭女教师"什么都不懂"。但她决心逃离这个世界，并了解到牛津大学有一位女老师辅导大学入学考试。她成功了，进入了最需要头脑的女子学院萨默维尔（Somerville），斯克鲁顿（米奇利）和默多克于前一年开始在这里就读。

安斯康姆的人生道路又是另一种的不同寻常。她的父母对宗教兴趣不大，因此当她在青春期被天主教吸引时，他们非常震惊。安斯康姆被牛津大学录取后（她就读于圣休学院），父亲告诉她，如果她加入教会，他们将断绝对她的资助。但在第一年的春天她就这么做了。从此，天主教成为她思想和行动的核心，直到她生命终结。

四人都在战争中完成了本科学位，并且都获得了一等荣誉——富特获得的是哲学、政治学和经济学学位，其他三人则是涵盖了哲学和历史的古典学学位（Greats）。随后，富特、米奇利和默多克成为公务员，加入了战争工作。默多克在牛津时成了共产党员，她确信公务员系统不会要她，认为"像我这样的背景"是不会被接受的。但她还是被财政部录用，并按规定复制文件，藏在肯辛顿花园的一棵树里，以便转交给苏联。她同时还写小说，在战时伦敦动荡的社会中，过着充满冒险的个人生活。默多克将惊人的精力、高效的自律、强烈的情感结合在一起。她像小说人物一样猛然坠入爱河，有时候，甚至普通的关系也让她情感失控：她在牛津大学的哲学导师唐纳德·麦金农（Donald MacKinnon）的妻子不许他再与默多克交往，默多克对安斯康姆的情感危机则导致她销毁了七页的日记。

菲利帕和默多克在伦敦合租了一套公寓，两人关系非常亲密，但戏剧接踵而至。菲利帕曾一度与经济学家托马斯·巴洛格（Thomas Balogh）有婚外情，但巴洛格为了默多克抛弃了她；而默多克则与情报官员迈克尔·富特（Michael Foot，军事历史学家 M. R. D. Foot，不是那个政治家）有染。在巴洛格的坚持下，默多克与迈克尔分手了，而迈克尔则在菲利帕身上找到慰藉；迈克尔在战争中勉强逃过一劫，战后他与菲利帕结了婚。菲利帕似乎并没有被这一交换困扰，但迈克尔却对默多克耿耿于怀，默多克也感到内疚，并在一段时间内疏远了二人——她形容自己的行为"令人作呕"，尽管我们不知道确切原因。

米奇利没有一直做公务员，而是在战时的大部分时间里担任教师。安斯康姆从未离开学术界。完成学业后，她嫁给了同样皈依天主教的彼得·吉奇（Peter Geach），他在哲学上与她旗鼓相当。吉奇是一名依良心拒服兵役者，在战争期间当了伐木工人。他们很快就有了孩子（一共有七个）。1942年，安斯康姆在剑桥大学获得一个研究职位，在那里她遇到了维特根斯坦，这成了她人生的转折点。接下来的几年里，她在剑桥和牛津之间来回奔波；吉奇则留在剑桥带孩子，因为他在战后没有找到稳定的工作。

安斯康姆一直对认识论和形而上学的经典难题情有独钟。她无法停止思考这些难题，而且觉得它们很棘手。这让她自然而然地接受了维特根斯坦的项目：越过这些难题所呈现出的特定提问，进而揭示出，这些提问有赖于对相关语言的运作方式的误解。她在哲学上毫不妥协的认真态度与维特根斯坦不相上下。她自学德语，以便阅读他的最新著作，而维特根斯坦选择了她来翻译自己的晚期作品。她是一位出色的写作者，正如麦克·库姆海尔和怀斯曼所说，"正是由于她的翻译，维特根斯坦的《哲学研究》（*Philosophical Investigations*）才被公认为一部文学和哲学杰作"。

战后，四位女性都继续攻读哲学研究生学位。米奇利在雷丁大学获得了讲师职位，但后来前往纽卡斯尔以养家糊口，她的丈夫杰弗里（Geoffrey，也是一名哲学家）在那里任教，她自己成了一名自由撰稿人和评论家。二十年后她才完全回归哲学领域。安斯康姆、富特和默多克在牛津找到职位并最终稳定下来，但男性的回归改变了她们的一切。她们再次成为少数派，并处于她们无法认同的新哲学运动的崛起之中。她们对这场运动的反抗正是这两本书的主要哲学主题。

这场革命在战前就已经兴起。A. J. 艾耶尔（A. J. Ayer）在其老师吉尔伯特·赖尔（Gilbert Ryle）的鼓励下，前往奥地利了解维也纳学派的思想，这个学派由一群哲学家、科学家和逻辑学家组成，他们正在发展一种被称为逻辑实证主义的立场。艾耶尔回到英国后，于

1936年出版了《语言、真理与逻辑》(*Language, Truth and Logic*)一书，生动、通俗又权威地阐述了这一理论。艾耶尔认为，只有两种陈述是有意义的：(1)关于世界的陈述，这些陈述可以通过经验证实或证伪；(2)分析性陈述，这些陈述仅仅凭借我们语言的逻辑就为真。这排除了所有神学和形而上学的陈述，重要的是，也排除了所有道德判断。"偷窃是错误的"这一陈述既不能被经验证实或证伪，也非仅凭定义就为真。它既非真，也非假，只能被理解为情感表达——在这里是对偷窃的反感。因此，如果伦理学是对真实道德原则的追寻，那么这样的学科并不存在。

艾耶尔的书大受欢迎，它提供了一把手术刀，可以轻易切割出大量的话语，为它们贴上无稽之谈的标签。它还迎合了一种观念，即"现实"就是由自然科学所描述的全部事实，而在这些事实中，"价值"没有立足之地。这样一来，哲学除了自我清理之外，几乎无事可做。许多传统哲学问题和理论将不得不被抛弃，哲学的积极作用将仅限于对有意义的语言使用进行概念和逻辑分析。

维也纳学派特别关注科学和数学的逻辑，但当其学说传到牛津时，产生的结果却是对自然语言或日常语言的关注。牛津的哲学家几乎都受的是古典学训练，并不具备维也纳学派成员那样的科学背景。他们从事语言分析，既是为了揭示传统哲学问题背后的混淆，也是出于自身的兴趣。这种风格的一个早期典范是吉尔伯特·赖尔的《心灵的概念》(*The Concept of Mind*, 1949)。战后，赖尔担任牛津大学韦恩弗莱特形而上学哲学教授，他也是领先的哲学期刊《心灵》(*Mind*)的编辑。借这些位置，他成功推动了分析哲学及其哲学家在学界的普及。J. L. 奥斯汀成为牛津大学里这一运动的主导人物，其独特风格体现在对日常语言中细微差别的精细关注上。他主持周六上午的一个非正式讨论小组,邀请大学的男性哲学教师参加,但不邀请女性。

这四位女性从一开始就对这场运动持抵制态度,但当时只有在牛津大学任教的安斯康姆、富特和默多克通过公开争论和写作来表达抵制。安斯康姆的敌意很强烈,而且是个人化的。她憎恶日常语言哲学家所表现出的聪明的肤浅,也痛恨他们对哲学问题缺乏严肃态度,即便这些人借鉴了她的偶像维特根斯坦的想法,即"这些问题可以通过关注语言来解决"。维特根斯坦的风格则截然不同:他始终坚信这些问题的深度和紧要,并为之苦恼。在听完奥斯汀的一堂课后,安斯康姆对年轻同事玛丽·威尔逊(Mary Wilson)说:"想想看,维特根斯坦竟然孕育了那个浑蛋。"她还试图劝说(未果)威尔逊不要嫁给奥斯汀的追随者杰弗里·沃诺克("杰弗里那个混球")——正如她之前试图劝说她的本科好友琼·库茨(Jean Coutts)不要嫁给奥斯汀本人一样(同样未果)。

最重要的冲突关乎伦理学。分析哲学的正统观点是,事实与价值之间存在不可逾越的逻辑鸿沟,价值或道德陈述既非真也非假,只是表达了说话者的主观态度或感受,哲学不应试图回答道德问题。然而,哲学为更精确地解释道德语言的表达功能留下了一席之地。这个项目由四位女性的同辈理查德·黑尔着手进行,并以非凡技巧完成。黑尔在二战期间作为日军战俘在泰缅铁路上工作,经历了可怕的战争岁月,战后回到了牛津。(我曾听他谈论电影《桂河大桥》,他说虽然影片布景真实得可怕,因为有和他一样的战俘帮助设计,但情节却不真实:没有哪个英国军官会如此理性。)

黑尔在1952年出版的《道德语言》(*The Language of Morals*)一书中主张，道德陈述是一种特殊类型的命令，它不是针对某一个体，而是针对所有人，包括陈述者自己。因此，"偷窃是错误的"大致是指"任何人都不要偷窃，包括我自己"。黑尔将他的道德语言逻辑理论称为"普遍规定主义"。它符合"道德陈述既非真也非假"的假设，其结果是道德内容不受任何限制：从逻辑上讲，一个普遍规定或命令可以支持或反对任何事情——例如，穿袜子先穿左脚再穿右脚，这也能算作一个道德判断。一个不屑于发布普遍命令的人就不会使用道德语言，但如果决定使用，人们就可以自行决定认可哪些道德原则：每个人都可以选择发布哪些普遍规定，从而形成自己的道德承诺。

默多克对"我们通过选择来创造道德"这一提议有不同寻常的见解。她是最早接触法国存在主义的英国哲学家之一，1945年，她在布鲁塞尔聆听了萨特（Sartre）发表的宣言《存在主义是一种人道主义》。在阅读了萨特、德·波伏娃（de Beauvoir）等人的小说和哲学著作后，她成为当时极少数能跨越英吉利海峡两岸思想鸿沟的人之一。在黑尔的书问世前，默多克就注意到萨特对价值的看法与黑尔的前辈艾耶尔有相似之处：他们都认为价值是人类对无价值现实的投射，而价值无对错之分。正如利普斯科姆所说："我们注定是自由的，在一个价值无处可寻的世界里被迫发明价值。这听起来很残酷，但这也是对英雄主义的邀请……不找借口，而是活得真实——在根本意义上的真实，即作为我们自己的**作者**——我们承认，我们召唤意志去做的任何事也就成了我们。"但默多克对这种英雄主义的自我形象不屑一顾，她写道，存在主义写作中特有的阴郁"是肤浅的，并且掩盖了喜悦"。她对法国或英国形式的价值意志论都没有兴趣：价值要求我们将注意力从自己转移到他人身上，转移到所有需要被承认其本身为善的事物上。[她在1970年出版的《善的主权》(*The Sovereignty of Good*)中更全面地阐述了这一观点。]

后来，在《道德思考：层次、方法和要点》(*Moral Thinking: Its Levels, Method and Point*, 1981)中，黑尔得出结论认为，普遍规定论对道德内容的限制比他最初所想的要严格许多——他认为正确解释普遍规定论会推导出功利主义，而默多克从一开始就敌视内容中立的道德理论。虽然她总是对自己的哲学能力不自信，但她有很强的直觉洞察力，而且不怕表达出来。

富特也不认同将真理从道德中剔除、以主观取而代之。1945年，她在关于布痕瓦尔德(Buchenwald)和卑尔根-贝尔森(Bergen-Belsen)的新闻短片中看到成堆的尸体和骨瘦如柴的幸存者，因而受到极大震撼；将对这般恐怖景象的反应仅仅归结为个人反应，这样的道德观念不可能正确。她花了一些时间来发展自己对黑尔的英国存在主义的哲学回应。回应最终呈现在1958年发表的两篇论文中，而且完全在语言分析哲学的框架内。她挑战了实证主义立场的核心——事实与价值之间的界限。正如利普斯科姆所解释的，她的起点很是谦逊：

> 富特首先探究了"粗鲁"这个词。"粗鲁"与"好"或"坏"、"对"或"错"一样，显然是评价性词语。然而，它的使用是有事实标准的。我们不必——也不能——在痛苦的自由中决定什么行为算粗鲁。相反，说某些行为是粗鲁的，是指它因表现出不尊重而冒犯人……如果撇开粗鲁的事实标准，这个概念就不

复存在了。

这种事实含义和评价含义的结合，正是通常所说的"厚"概念的特征。但它并不只是将描述与态度进行任意结合：粗鲁的事实标准解释了为何粗鲁令人反感，而这一点也体现在我们的语言中。

那么，适用于人类品格和行为的"好"与"坏"、"对"与"错"呢？这些判断是否也"在逻辑上易受事实影响"？又或者，对这些词语的任何运用，只要前后一致就有意义吗？她问道：想想看，如果有人说某人是个好人，"因为他握紧双手又松开"，或者拒绝"从左侧绕树跑、在月光下看刺猬"，我们能理解吗？**试图**在谈论伦理时抛开对人类生活好坏的思考——这是亚里士多德和阿奎那构建其整个理论的基础——是不可能做到的。

对道德语言进行内容中立的分析，在语言层面上是失败的。但这是因为它所依据的事实与价值之间的脱节是错误的，而我们的语言也承认了这一点。美德和恶习的称谓，指向的是对美好或糟糕生活有贡献的品质，这不是个主观问题，而是从人类美好生活所需得出的结果，是人性的结果。

在我看来，富特的客观道德真理观不同于默多克，而是受限于亚里士多德的一个假设，即道德必须建立在道德主体的善好之上。对这一点是否可行的怀疑，使她后来经历了一段彻底的道德怀疑主义时期，并在《作为假言令式体系的道德》（"Morality as a System of Hypothetical Imperatives," 1972）中有所表达。但她对既有理论体系

11. 四位女性—119

的挑战产生了持久影响。

大约在同一时间，安斯康姆与牛津的道德哲学进行了短暂而有历史意义的交锋。这次交锋颇具激辩和谴责色彩，与她的性格相符，与富特和默多克则很不一样。交锋起始于1956年，她因广岛和长崎事件而反对牛津大学授予哈里·杜鲁门（Harry Truman）荣誉学位。利普斯科姆的书名《女性有所行动》正取自安斯康姆随后发表的小册子《杜鲁门先生的学位》(*Mr. Truman's Degree*)。她在其中清晰有力地阐述了正义战争理论中禁止以非战斗人员为目标的原则。在牛津会议前，她写道："一个优秀的议院被动员起来为这一荣誉投赞成票。圣约翰学院的教员们被简单告知'在评议会里女性有所行动，我们必须去投票反对她们'。"利普斯科姆报告说，除了她自己的一票外，安斯康姆只得到了三票支持，但这种理直气壮的反抗姿态很适合她。在小册子的结尾，她建议不去参加牛津大学即将为杜鲁门授予学位的年度仪式："我确实不敢去，以防上帝突然失去耐心。"

早在安斯康姆还是本科生时，她就与另一名学生合作撰写了一本小册子，名为《当前战争的正义性考察：基于传统天主教原则和自然理性的批判》(*The Justice of the Present War Examined: A Criticism Based on Traditional Catholic Principles and on Natural Reason*)。第一部分"战争与道德法则"由安斯康姆撰写，她解释了禁止以平民为目标的原则，并预测（这可是在1939年）该原则不会得到遵守。由于安斯康姆和她的合著者诺曼·丹尼尔（Norman Daniel）在使用"天主教"一词时未获许可，小册子出版后不久，罗马天主教会就强制二人将其撤回。尽管天主教始终是安斯康姆道德观的核心，但她的立场的说服力并不依赖于神法，而且对世俗哲学关于战争正义的思考还产生了强大影响。更广泛而言，对于追求良好目的所使用的手段，安斯康姆澄清了道德对它的限制的本质。对于有意造成的伤害，以及由行为副作用导致的伤害，她还澄清了二者对应的道德责任的区别。在这一领域，富特 1967 年发表的论文《堕胎问题与双重效应理论》（"The Problems of Abortion and the Doctrine of the Double Effect"）同样重要，文章提出了著名的电车难题。这些著作展示了如何对实质道德问题进行哲学推理，而不仅仅是对道德语言的逻辑进行推理，从而挑战了实证主义的观点。

安斯康姆对杜鲁门学位的抨击引发了对近代道德哲学更广泛的批判。她在小册子的结尾写道，所有流行的理论"都否定如下观点：任何一类行为，比如谋杀，都有可能被绝对地排除在外"，而这种否定态度的源头正是目前普遍流行的观念，即道德原则只表达了说话者在这个不存在价值的世界中自由采纳的态度。她指出，这也关乎她几乎所有牛津大学同事都持有的信念——"一个人有过几次屠杀的记录，也不足以成为不给他荣誉的理由"。

她的评论引起了英国广播公司某位工作人员的注意，她应邀在第三节目[1]中发表演讲，题为《牛津道德哲学：它是否"腐蚀青年"？》（"Oxford Moral Philosophy: Does It 'Corrupt the Youth'?"）的这篇演讲在《听众》（*The Listener*）杂志上发表后，引来了黑尔和其他人的愤怒来信。随后，她在 1958 年发表于《哲学》（*Philosophy*）期刊上的一篇文章中进一步探讨了这一主题。如利普斯科姆所说，"那篇题

---

[1] 译注：第三节目（The Third Programme），即后来的英国广播公司第三电台（BBC Radio 3）。

为《现代道德哲学》（'Modern Moral Philosophy'）的文章后来成为20世纪被引用次数最多的哲学出版物之一"。安斯康姆与富特一道抨击了所谓的事实与价值之间的鸿沟，同时也谴责现代哲学家放弃了对某些行为的绝对禁止，而这种绝对禁止正是希伯来-基督教伦理的核心组成部分。以下是她最著名的一句话：

> 如果有人真的认为，**在事前**，像司法处决无辜者这样的行为是否应该完全排除在外，是一个可以讨论的问题，那我不想和他争论。他的心灵已然堕落。

她主张（这个主张在我看来是错误的），所有关于道德原则以及我们在道德上应做和不应做的现代论述，如果没有对颁布这些要求的神圣立法者的信仰，就没有任何意义："这种情况"确实是"颇为有趣——一个概念脱离了使其真正可理解的思想框架而存活"。安斯康姆认为世俗哲学家应回归亚里士多德的美德传统。"如果人们不再使用'道德上错误'，而总是用'不诚实'、'不忠贞'、'不公正'这样的类别来命名，那将是个巨大的进步。我们不应该直接从对某一行为的描述跳到'错误'这个概念去问做某事是否有'错'；我们应该问，例如，它是否不公正；有时候答案会一目了然。"因此，她和富特促成了后来被称为"美德伦理学"的思潮的兴起，这自此成为道德哲学的重要部分。

米奇利在20世纪50年代没有参与这场反对实证主义共识的运动，因为她已经离开了哲学领域，尽管她是位活跃而涉猎广泛的评论家、散文家和播音员。她后来对生物学和动物行为学产生兴趣，并将这些科学的见解应用于人性研究,这才重新回到哲学的怀抱。通过著作《野兽与人:人类本性的根源》(*Beast and Man: The Roots of Human Nature*, 1978),她成为从生物学取向来理解伦理和理性的主要倡导者。这与亚里士多德的复兴有相似之处,但引入了现代演化生物学的实证成果。利普斯科姆高度评价她的贡献:

> 米奇利在学科边缘进行写作。对于安斯康姆、富特和默多克指向了但又从未发展过的道德哲学,她是第一个提出积极方案的人。她提出了以人类这种动物的特征和需求为基础的**自然主义**的道德哲学。事实上,她是唯一一个能做到这一点的人,只有她才对生物学和道德哲学都有足够了解,从而能够将这两个领域联系起来。

其结果就是利普斯科姆所称的"一种自我整合的伦理学,一种思考如何公正对待我们整个自我的伦理学"。它从生物本能和动机倾向出发,进而认识到它们引发的内在冲突,并最终能够创造性地解决这些冲突。得益于米奇利的哲学背景,她带着生物视角来理解人类,也不会陷入 E. O. 威尔逊(E. O. Wilson)的社会生物学所代表的那种还原论。不过,无论米奇利的作品作为对经验科学的想象性推演有什么优点,它在哲学上似乎都不如其他三位的那么有趣。她的著作没有处理道德的内容和结构这个最困难的概念问题,也没有探讨是否存在道德真理。她对学术哲学的影响因此较小,尽管她在更广泛的受众中取得了巨大成功,并与理查德·道金斯(Richard Dawkins)等生物学家公开辩论。

这两本书对四位女性故事的讲述方式不要求读者具备任何哲学知识，因此应该会吸引很多哲学领域之外的人。而对于哲学研究者来说，它们让人无法抗拒。这两本书引我深思，因为我非常了解其中的两位主人公安斯康姆和富特（我只见过默多克几次，我不认识米奇利）。利普斯科姆眼中非常重要的一些进程我都在场。在康奈尔大学读本科时，我曾是诺曼·马尔科姆的学生，就像安斯康姆是维特根斯坦的学生和亲密朋友一样。1958年我去牛津读研究生时，正是马尔科姆将我介绍给了安斯康姆。我所认识的安斯康姆，是维特根斯坦的《哲学研究》的译者，是开创性专著《意向》（Intention）的作者，也是杜鲁门荣誉学位的失败反对者。我曾在她位于圣约翰街的杂乱无章的家中，花好长时间与她讨论哲学问题。她的家里满是孩子和烟雾（当时人们可以买到一盒一百支的香烟，而她身边总有这样一盒）。她嗓音优美空灵，面容姣好，有只眼睛有些弱视，她的身体则藏在宽大不成形的便服里。

安斯康姆令人生畏，不仅因为她强大的头脑总是全速运转，还因为她对几乎所有事情都抱有强烈的道德主义态度——这种特质在我看来与她身为维特根斯坦的学生有关。当这种态度成为智识氛围的一部分，无用的焦虑就产生了。我总是怀疑她一定不赞成我，尽管她非常宽容。我的导师是 J. L. 奥斯汀，我与身处哲学界主流的男性们相处了足够长的时间，能察觉到他们对安斯康姆的厌恶；她也毫不掩饰地回敬了这种厌恶，全然不顾风度。

富特则完全不同。她身材修长，面容俊美，衣着得体而不显眼，言谈举止优雅，镇定自若。我上过她讲授的反对黑尔的课，还和其他学生一起受邀去她家讨论。她的教学给我留下了深刻印象。但在

1959年，她的丈夫离开了她，表面上是因为她不能生育，于是她痛苦地退出了公众视野。她最后在美国任教，我经常见到她。她很风趣，一位美国朋友问："菲利帕，如何区分英国上层社会和下层社会的口音？"她的回答是："亲爱的，**只要有**口音，那就是下层社会。"在对黑尔的智识机敏性反唇相讥时，她说："他当然上错了树，但看他在各个枝头间摆荡很是美妙。"

自逻辑实证主义兴起，一种共识一直压制着对伦理的哲学思考。而这两本书的主人公在推翻这种共识的过程中发挥了核心作用。但安斯康姆、富特、米奇利和默多克并非孤军奋战。在美国也有一支复兴实质道德理论的力量，这支力量部分受到安斯康姆和富特的影响，但在某些方面又有所不同。与四位女性同时代的约翰·罗尔斯就是其中的奠基人物。他的工作在1971年出版的《正义论》(*A Theory of Justice*)中达到顶峰，但他从职业生涯一开始就试图从哲学层面提出解决真正的道德对错问题的方法，而不理会这样的元伦理论证：解决方法不可能被找到，因为根本不存在道德真理。他的工作鼓励人们相信，即使没有完善的关于道德真理和道德语言的理论，实质道德思考和道德论证中那些令人信服的例子，本身就足以表明道德主题真实存在。

罗尔斯的研究主题是政治制度和社会制度的正义，另一些哲学家，如朱迪丝·贾维斯·汤姆森（Judith Jarvis Thomson）、罗伯特·诺齐克（Robert Nozick）、罗纳德·德沃金（Ronald Dworkin）、迈克尔·沃尔泽（Michael Walzer）和T. M. 斯坎伦，则讨论了一系列主题，包括个人权利的结构和内容、手段和目的问题、法律的道德内容，以及堕胎和正义战争理论等更具体的问题。与安斯康姆和富特不同,这些哲学家并不像亚里士多德的美德理论那样,认为客观道德真理的世俗解释必须以道德主体的善好为基础。他们思考道德要求、理由和原则,是基于这样的前提:它们本就可以独立为真,可以直接通过道德判断和道德论证来进行研究。这是个至关重要的区别:它意味着对正义和权利等人际道德价值的研究,可以直接基于他人生命的内在价值以及这些价值所提供的理由。某种程度上,这更接近默多克的观点,但更系统化。

我遗漏了很多内容,尤其是关于这四人间深厚个人关系的内容。两本书都生动再现了思想史上的一个重要篇章,让我再次感激自己曾与这些令人难忘的女性同处一个时代。

12. 法律、道德与真理 [1]

通过在《纽约书评》上发表关于当代法律和政治的文章，罗纳德·德沃金获得了法律学者中罕见的公众认可和影响力。虽然他非常热爱公共舞台和文化聚光灯，但他本质上是一位理论家——最初是法律哲学家，后来成为道德和政治哲学家，他的兴趣最终扩展到知识理论和宗教哲学。他的理论发展遵循了一条个人化道路，而由于我们多年来是朋友和同事，我见证了这一过程中的许多时刻。

在20世纪60年代形成的分析哲学和法学学者群体中，德沃金和我属于异常幸运的成员。这个群体正准备认真对待道德问题，并相信推理和直觉在解决这些问题中都能发挥作用。在美国的约翰·罗尔斯和英国的 H. L. A. 哈特的引领下，一群年轻学者开始撰写涉及实质性的道德、法律和政治问题的文章，并定期讨论他们正在进行的工作。越南战争、民权运动以及关于堕胎和性自由的争议等政治和法律进程

---

[1] 本文是对斯蒂芬·格斯特（Stephen Guest）的著作《罗纳德·德沃金》（*Ronald Dworkin*, Stanford University Press, 2013）的评论。

也锻炼了我们。

德沃金在这一群体中出类拔萃。他于 1969 年离开耶鲁大学，成为牛津大学的法理学教授，但他经常访问美国。无论如何，这正成为一场跨大西洋的对话。20 世纪 70 年代和 80 年代，相关领域出现了许多重要著作，包括德沃金最具影响力的两本书，《认真对待权利》（*Taking Rights Seriously*, 1977）和《法律帝国》（*Law's Empire*, 1986）。到 1987 年，罗尼[1]开始在牛津大学和纽约大学法学院两边兼任，我们也开始一起教学，此时他已作为法律哲学家而声名显赫。但他的智识抱负远不止于此。事实证明，他想创造现代版的柏拉图的《理想国》。

罗尼在发展他的理论著作的过程中，也在一个法律与哲学研讨会上展示这些作品。这个研讨会由我们两人在纽约大学共同主持了二十五年。不过这个研讨会主要是提供了机会，让我们与在这些领域内工作的人深入探讨，并对他们的工作进行密切的批判性关注。我们形成了一种几乎总能产生启发的讨论形式。论文在会前提交并由所有参与者阅读。周四上午，罗尼和我会先见面进行一个小时的初步剖析，到了中午作者现身，再进行两到三个小时的提问和辩论，讨论会贯穿午餐。

随后我们分开准备下午四点的公开研讨。在公开研讨时，罗尼或我会先对论文进行介绍并初步提问，紧接着由作者回应，再由我们两人中的另一人进一步提问。之后，讨论向公众开放，但要遵照我们预先确定的议题。研讨会在七点结束，而如果嘉宾不来自纽约大学，之

---

[1] 译注：这是作者对罗纳德·德沃金的昵称。

后会有晚餐，讨论还会在晚餐上继续。大约十五名法律和哲学学生会把研讨会作为学分课程来修读，但大部分观众是旁听身份，包括纽约大学和周边其他大学的许多教职人员；因此学生们会另外在每周三与罗尼在一个研讨课上讨论这些论文。

罗尼总是热衷于尽量广泛呈现自己的想法，这可以从他遍及全球的繁忙演讲日程中看出来。但在研讨会上，他愉快地专注于他人的工作，带着令人钦佩的慷慨态度与诠释技巧。他通常富有批判性，而且常常好斗，但那些经历这九小时考验的人普遍心怀感激。这一切辛劳的好处是，没有人觉得自己不被理解。不过我确实记得有一回，我们让迈克尔·沃尔泽马拉松似的接连参加了两周，最后我们称赞他耐力和机智俱足，能够不断回应我们抛给他的所有提问、反对意见与不同论证。他讥讽地回答："还有别的选择吗？"

当罗尼或我展示自己的论文时，另一个人会独自承担批判角色，因此我得以近距离观察他的作品如何扩展到一般性的道德和政治理论，以及扩展到评价领域和其他领域内真理和客观性的基础。他还继续撰写关于法律的文章，而随着最高法院向右倾斜，他发现了许多应该反对的地方，但他对道德信念的终极基础的探索，逐渐将他引向了另一个层面。他从未在哲学领域进行过研究生阶段的学习，但他带着焦虑成功地将自己从法学理论家转变为有着远大抱负和深刻见解的哲学家。尽管毫不费力是他一贯的风格，但这样的转变仍需要勇气。

斯蒂芬·格斯特的《罗纳德·德沃金》现已出到第三版，是本很全面的研究，涵盖了德沃金从始至终的作品，结束在对《刺猬的正义》(*Justice for Hedgehogs*, 2011)这本大部头的讨论，《刺猬的正义》将个人、道德、政治和法律的价值统一在一个理论中。唯一缺少的是

《没有上帝的宗教》(*Religion without God*, 2013)，但格斯特在讨论德沃金早期作品《生命的自主权》[1]（*Life's Dominion*, 1993）和《刺猬的正义》时涉及了其中的一些主题。尽管格斯特的书收录于名为"法律理论名家档案"（Profiles in Legal Theory）的系列，但德沃金的转变使这本书最新版变得广泛许多：它是德沃金全部著作及其引发的争议的宝贵指南和参考。无须多言，要理解、欣赏德沃金，就必须阅读他本人雄辩睿智、论证严密的著作，尤其是《法律帝国》和《刺猬的正义》。

格斯特是德沃金的学生，他回忆起德沃金的指导时称之为"辉煌的时刻"，这种魅力至今未减。格斯特写作时立场坚定、毫不妥协，他反驳了每一个他认为值得报告的对德沃金的批评，并且对批评者几无同情。这种捍卫信仰的姿态在书的前半部分尤为明显。其中几章专门探讨法律哲学，以及德沃金与法律实证主义者之间的争论。这场争论既使德沃金一举成名，又成为过去四十五年里法理学文献的一个突出主题。

在序言中，格斯特深刻地指出，德沃金的所有哲学思想都源于他接受了休谟的原则，即"你不能从'是'推导出'应该'"。换句话说，不论你证实了多少关于某个情境或行为的描述性事实，如果不进一步加入可应用于这些事实的评价性前提，就无法得出结论说它是对还是错、什么应该做什么不该做。不过，德沃金和休谟之间有个很大的不同。休谟认为价值判断是一种特殊的道德情感或感受的表达，它们没有正误之别：额外加入的所谓"前提"，甚至不具备成为真理的

---

[1] 译注：这是中国政法大学出版社 2013 年中译版选用的译名。

可能，因此结论中的"应该"判断也就不可能是真的。

相比之下，德沃金则认为价值判断不仅仅是情感或偏好的表达：基于那些适用于我们所面临的选择的客观原则与客观理由，价值判断是在谈论真正的好或坏、对或错、公正或不公正。判断的正确答案不取决于个人信念，因此价值判断就和描述性的事实陈述一样，有可能是对的或是错的。德沃金的大部分工作都是对这一客观价值领域的辩护和探索——他试图证明，在法律、道德甚至如何生活等困难问题上寻求客观正确的答案，这是有道理的。所谓"客观正确答案"，指的是那些不依赖于我们的信念或态度，而仅仅依赖于最佳理由或最佳论证的答案。格斯特还明确指出，德沃金激进地认为这类探究在人类理解中是普遍、不可避免的。

德沃金认为，价值领域——决定我们应该做什么的规范领域——是思维的基本类型之一，无法从领域外被证明或反驳。就像数学命题只能通过数学证明来建立或驳斥，科学主张只能通过科学证据来确立或反驳，德沃金认为，道德判断只能通过道德论证来支持或削弱。人们事实上在参与这样的论证，而且参与者都坚信与自己意见相左的人犯了错，这就说明大多数人都默认价值判断有客观的对错。与此相反的观点——认为价值判断本质上是主观的——在德沃金看来是一种修正主义的哲学立场，与我们的日常思维和实践不相容。

但对于这一领域的内容，以及用来发现其真理的正确方法，无论是关乎正义、法律还是生命的意义，德沃金又有着明确而独特的看法。他首先主张，价值领域是个统一的整体，其各组成部分必须相互一致：真正的价值之间不可能存在无法调和的冲突。

其次，该领域的真理无法简单地从我们的评价概念和道德概念中读取出来，因为这些概念的内容本身就是评价性分歧之所在。因此，对道德真理和评价真理的探究过程必须是一个诠释的过程，而这个诠释过程本身必然是在践行价值判断：将我们的善恶判断、对错判断相互检验，以求所有判断组成的整个系统最为统一、合理。因此，如果自由和平等的价值看上去互相冲突，那么我们就必须努力重新诠释它们，让它们不冲突。

最后，能成功统合我们诸多价值的指导性价值，是尊严的价值，而尊严又有两个相互依赖的组成部分：平等和个人责任。德沃金认为，借助这两个互补的价值，他能够化解道德和政治理论中历来的所有张力——道德与自我利益之间、自由和平等之间、正当与善好之间的张力。

这真是柏拉图式的壮志！柏拉图将正义的美德与灵魂的有序状态联系起来，从而论证正义与个人的善合一。按格斯特的说法，德沃金则主张："真正的理想生活，就是我们在拥有最佳正义理论所赋予的物质资源时，能够过上的最佳生活。"因此，被不正义致贫的人是被剥夺了他们的美好生活，不仅如此，因不正义而致富的人也被剥夺了美好生活。一个生活在非常不平等的社会中的富人，如果会因为更公正的税制而减少他的可支配收入和财富，那么根据德沃金的观点，无论他怎么过他的生活，都比不上他在更平等制度下的生活。

同样，自由和平等的价值之间也没有冲突。这是因为，作为道德要求的政治制度的平等，是人们拥有平等的资源来践行对自己人生的个人责任——拥有平等的条件去行使自由。这种平等又作为前提，使社会中不同个体都拥有相等的自由价值。通过让人们拥有平等的资源手段，我们给予其自由，以对自己所选择和追求的目的负责。在这个意义上，公正的社会尊重每个人的尊严——给予他们平等关怀，又确保他们对自己的人生负责。

这无疑是个高尚的愿景。与之相反的一种价值多元论认为，多元价值间的冲突不可避免，社会的任何选择都有代价。以赛亚·伯林（Isaiah Berlin）是这种多元主义立场的著名倡导者，而《刺猬的正义》这一书名则回应并挑战了伯林对统一者和多元者的区分（以"刺猬和狐狸"为喻），而且明确站在了统一性的一边。这一立场也决定了德沃金的诠释方法，他认为这种方法适用于所有需要回答超越纯粹描述性或科学事实的问题的领域。

德沃金认为，无论我们是在探讨一首诗的意义，还是在判断困难案件中一项法律权利是否存在，诠释都是要使对象相对于其目的尽可能完美。换句话说，如果有两种诠释与文本一致，那么，"一种诠释会使这首诗（或这部法律）比另一种诠释更好"，就能论证前一种诠释的正确性。如此一来，诠释中的真理依赖于价值，而所有需要诠释的领域中的判断，必然是某种类型的价值判断——尽管它们起始于描述性事实。

这个关于诠释的一般理论是德沃金最具争议的主张之一。"做最合理的解释"和"解读成尽可能好"之间似乎有明显的区别。的确，当我们面对法律这样目的在于规范行为的规范系统时，我们不能仅仅将其理解为一种行为模式。我们必须将之视为一套被内化了的标准、原则，参与者用它来正当化自己的行为。然而，为了理解它，我们无须共享其参与者的观点，即便我们确实必须运用价值判断能力，去诠释别人如何把我们眼中错误的东西视为正确。除非我们能明白参与者如何视之为好，否则我们就不能理解一个糟糕的系统。但我们的这种理解，似乎不同于德沃金提出的"将其诠释为最佳"。

诠释的评价性基础是德沃金法律观的核心，它在法律中的应用不取决于它在艺术或历史诠释中的正确性。在《刺猬的正义》中，德沃金最终宣称法律是道德的一部分，而不只是说道德推理在判断法律内容时发挥作用。当然，他的意思是，法律是道德中一个非常特殊的部分：根据政治合法性、公平的一般原则，以及相关的立法行为、制度和先例，一个社会在道德上可以正当地强制人们做或不做什么。

同理，德沃金认为法律权利就是道德权利——在行使权利时免受国家或其他个人干扰的权利。这并不意味着在"法律是什么"与"法律应该是什么"之间没有区别，而是意味着，即便是不公正的法律，要创造法律权利和义务也只能基于道德辩护，比如基于要执行民选立法机构的决定。在无法从事实、法令和先例中直接得出结论的疑难案件中，答案必须由那些将法律体系正当化的原则的最佳道德解释来决定。

德沃金所反对的实证主义观点以 H. L. A. 哈特为著名代表。这种观点认为，法律是一种社会制度，并且，法律是什么，取决于与立法、法院等相关的社会事实。从这些事实中就可以由实证确定哪些法则实际上具备效力，而无须依赖价值判断或道德推理。有时候有一些疑难案件，已有的社会材料推导不出其正确答案。对此，实证主义者认为，必须做出裁决的法官等于是在制定新的法律，这些裁决随后以先例的形式添加到社会事实中。他们很可能会进行道德推理来做出裁决，例如，在联邦政府对待同性婚姻的问题上探询什么是"法律平等保护"的最佳解释。但与德沃金相反，实证主义者会主张说，这并不是一种探索既有法律是什么的方法；相反，这提供了理由以决定法律从现在起将要是什么——就像立法者基于某条法律是对或错的信念而投票支持或反对它一样。

还有一种更粗糙的实证主义，认为价值判断在裁决过程中没有任何地位。这已成为美国被提名最高法院法官的人都要标榜的标准法理理论，但没有人相信它，尤其是被提名者。当首席大法官约翰·罗伯茨说他的角色正如裁判，判罚好坏球和出局时，这种话所有人一听就知道是假话，因为这种虔诚的谎言已成为确认提名程序中必不可少的一部分。

事实上，法官们总是不得不进行价值判断，不仅在重大的宪法案件中是这样，在过失、就业歧视、诽谤、版权侵权等等案件中也是如此。而且，关心司法进程的公众，也预料最高法院法官会基于道德来做裁决。他们知道哪些法官是自由派、哪些是保守派，并且常常能预测到争议案件的投票结果。即使他们不同意结果，只要法官们确实基于他们认为正确的原则做出决定，大多数人就不认为判决过程有问题。

至于德沃金与实证主义者之间关于如何描述疑难案件的裁决过程的争论，我的印象是，无论司法界在提名确认听证会中或者在理论阐述中怎么说，他们和公众确实大多以德沃金的方式来理解裁决过程。在多法官小组中的法官们对案件处理意见不一致时，法官们会认为并表达对方在"法律是什么"的问题上犯了错——他们的错关乎法律，而不仅仅是像实证主义者所说，错在如何在法律不明确时最好地裁决此案。

当然，这可能是一种集体幻觉：在法律超出其基础，也就是那些明确确立的社会事实时，我们为法律赋予了道德光环，也赋予它本不该有的客观性，以此来增进法律的权威和威严。格斯特为德沃金的观点辩护说：理解实证主义的唯一方法是将其视为一种基于道德的法律观（类似于德沃金意义上的诠释），即**从道德上**来说，最好只将可以不依赖道德推理就能从成文法和其他社会事实中得出的内容视为法律，因为这使法律更清晰、更可预测，也有益地削减了法律的道德权威。格斯特援引了 H. L. A. 哈特所倾向的观点，即明确区分法律的认定与其道德评估：

> 为了让人们在面对官方滥用权力时保持清醒，他们最需要的是保留这样一种意识：一个东西被认证为合法并不能完全决定其是否应被服从，而且，无论官方体系拥有多么大的威严或权威，它提出的要求都最终必须接受道德的审查。

如果考虑南北战争前，美国法律体系以宪法保护了对奴隶制的妥协，我们似乎很难把当时的法律真相理解为道德的一部分，即根据现有制度、法律和先例在道德上的最佳总体辩护，什么是道德上所必需的或允许的。从我们所处的外部角度来看，实证主义的解读似乎更自然，在道德上也更可取。但是，德沃金的替代方案仍有可能成立；事实上，这可能与当时许多参与者的理解相吻合，包括亚伯拉罕·林肯。[1] 而且，我们希望为我们生活于其中的法律体系创造道德权威，

---

[1] 德沃金对这个例子的看法很复杂。他认为《逃奴法》在宪法上是无效的。但即便有效，它所赋予奴隶主对其财产进行追偿的权利，也会被一种更强大的非法定的道德权利所否决。换言之，尽管这部法律可能会创造一种初步的（prima facie）道德权利，但法律只是道德的一部分，法律之外的道德理由会使这样一部法律即便有效也因过于不公而不该执行。

德沃金的方案作为一种志向颇具吸引力。

  正如格斯特指出的，对德沃金理论的反对往往来自这样一种信念：并不存在关于道德或其他价值的客观真理，而只有相互冲突的态度，因此，对法律的道德诠释会破坏法律的客观性。德沃金则坚信法律是道德的一部分，而个人的善好、政治正义和法律权利可以在一个相互支持的体系中统一。这些坚信又源于他对另一些信念的毫不动摇：价值问题如事实问题一样也有答案，并且思考价值问题有其独特方式——即使探究其真理就像科学一样无止境。幸运的是，他有时间将这一愿景完整呈现在一系列作品中，让他的见解总有回响。

13. 税收公平的幻觉 [1]

利亚姆·墨菲、托马斯·内格尔

布什政府最近提出了减税政策，对此，公众辩论主要集中在其经济影响上：这些政策将如何影响赤字、公共和私人支出、投资、就业和生产力？这些问题都至关重要。但讨论还涉及另一个严重混乱的方面，该方面在近年来的税收政治中日益突出，那就是所谓的"税收公平"问题。"税收有其特定的公平标准"这样的想法是种幻觉，它会分散对真正重要的问题的关注。

公平是布什总统关于税收的言辞中不断重复的主题。他谴责遗产税的不公平，因为它是对人们的收入二次征税。（在2000年竞选期间，他谈到遗产税时说："我只是认为，不论身份地位对人们的资产征税两次是不公平的。这是个公平问题，是个原则问题，而不是政治问题。"）他以相同理由反对对股息征税，因为股息通常由企业以税

---

[1] 本文是我们所著的《所有权的神话：税收与正义》（*The Myth of Ownership: Taxes and Justice*, Oxford University Press, 2002）一书核心主张的概要。尽管这本书出版的背景是关于乔治·W. 布什（George W. Bush）政府提出的减税政策的辩论，但这些问题长期存在，我们的观点也同样适用于当前的辩论。

后收入来支付。(他在2003年1月说:"对公司的利润征税是公平的,但就同样利润对股东进行双重征税是不公平的。")布什还坚持认为,如果要减税,不让所有纳税人享受是不公平的:"所有纳税人都应该享有减税。这是个公平的计划。"

但诉诸税收公平的不单是共和党人。自由派通常坚持认为富人应该"缴纳其应缴的公平税额",并将这一点与累进税制联系起来——累进税制即财富较多的人应该比财富较少的人按递增比例缴纳更多税款。反对总统提议的人指出,按照这些提议,富人将获得比中低收入者大得多的减税。所得税率的降低、遗产税的取消和股息税的取消将减少税制的累进性,而这一点在他们看来不公平。

这整个辩论都有些问题。辩论双方似乎都认为,可以仅凭观察税负在各纳税人之间的分配来评估税收的公平性。其理据是,税收是一种各人分摊政府成本的方式,所以需要问的问题是:以税率来计,政府从每个人手里拿走多少才公平?

但考虑税收公平时将其孤立于政府的其他经济政策和整体经济运作,这样的方法没有意义。无论我们是保守派还是自由派,用以评估任何税收计划的,应该是人们的**税后**所得——这是个人努力和公共政策的共同结果。累进税制和双重征税本身既非公平也非不公平。它们的评价判断必须依据其更大的经济效应,以及超出单纯税收公平的政治和社会价值。

税负分配本身可以是公平或不公平的这个观念,源于一种对税收和财产权关系的很自然但错误的看法。根据这种看法,税前收入为我们所拥有,所以政府在向我们征税时是从我们的私人财产中拿走一部分来支付政府行为费用。但实际上,税前收入并不为我们所拥有。我们究竟拥有什么，是由私产法律体系来定义的，而税收在这个体系中扮演着不可或缺的角色。

这个说法可能听起来很离谱，但稍加反思就会发现它必然成立。请注意，从逻辑上讲，我们不可能对全部税前收入拥有不受限制的财产权，因为如果没有征税，就没有政府，也就没有法律体系，没有银行，没有公司，没有商业合同，没有股票、资本、劳动或商品市场——换句话说，使现代形式的收入和财富成为可能的整个经济都不会存在。如果私有财产权不被一套内置的税收体系所限制，那么对于现代经济所带来的任何事物都不可能有私有财产权。

现代财产权不是大自然的一部分，而是由一套法律、政治和经济体系创造和维系的，税收在这套体系中非常重要。这并不是说，除了政府决定分给我们的东西以外，其他一切其实都属于政府，而是说，在现代国家中，财产权，包括私人财产和公共财产的划分，其存在依赖于一套实际上不会并且也不可能为税前收入赋予完全财产权的法律体系。我们所拥有的，取决于我们和他人在该体系背景下的互动，而我们的私人财产是我们的税后所得，而不是税前。这个结果是否公平取决于整个体系的合法性，而我们的社会要为该体系的诸规则集体负责。

私人财产权极其重要。除了在经济运行中发挥至关重要的作用外，它与言论自由或宗教自由一样，居于个人自由的核心。人们需要安全地拥有和使用自己的所有，防止盗窃和任意征用。但这里仍有个问题：现代财产权应采取何种形式，或者应由哪些法律规则和经济政策来决定其确立和转移？17世纪的约翰·洛克主张，即使没有政府，人们也对在无主土地上劳动的成果拥有自然权利。但即使这种原始的自然财产权存在，它们也很难对应上任何人对共同基金股份的权利。现代财产权不是自然的，而是约定的，必须由法律来定义。

这个定义里必须包括税收。"**政府可以从'我们的钱'中拿走多少税？**"这个问题逻辑不通，因为包括税收系统在内的法律体系才决定了什么是"我们的钱"。真正的道德问题是，应该如何设计、以什么目标来设计管治财产权的法律体系。什么样的市场最能促进投资和生产力？哪些东西应以何种水平由集体公共决策来提供？哪些东西应由私人的个人选择提供？是否应保证所有公民享有最低水平的经济保障？机会平等在多大程度上应获得公共保障？大规模的社会和经济不平等是否在道德上值得反对？如果是，可以合法地采取什么措施来减少这些不平等？

这些是社会正义和效率问题，而非税收公平问题。它们的回答，不可能来自统一税和累进税之间，或收入税和支出税之间的选择，也不可能来自将税负与支付能力挂钩或与纳税人从政府的得益挂钩的原则。一个税收制度的正义性取决于其对公共和私人资源的创造、分配和使用的总体影响。如何做出判断取决于个人的政治价值观，而在这一点上，美国社会存在深刻的分歧——这些分歧必须在民主政治中解决。

在光谱的一端是坚决的保守派，他们认为政府的合法角色仅限于提供符合各人自身利益且只能由集体行动提供的物品或服务——例如警察保护、国防、公共健康和安全、刑事和民事法律体系、竞争市场以及一定水平的公共教育。在不太宽的美国政治光谱的另一端，是平等主义自由派，他们认为，除了提供惠及所有人的公共品外，政府还应利用法律和财政政策促进机会平等，让收入能力低的人也能过上体面的生活，并抑制世袭财富所积聚的巨大不平等——部分是为了抑制由此产生的政治不平等。

若要围绕税收政策正义性进行真切的争论，主要问题在于政府是否应关注社会和经济不平等。显然，即使那些认为不应关心的人也能同意，财产权是由法律体系创造的，税收并没有拿走原本就属于你的钱。真正的分歧——而且这是个根本性的分歧——在于如何设计财产的法律权利，以及这些权利如何决定人们最终拥有的财产和他们可以用这些财产做什么。但答案取决于对集体责任和政府合法功能的不同看法。关于累进税、遗产税、负所得税等等的争论，必须在这些更大价值观的背景下进行。

布什政府关注税收公平而非社会正义，并借此在一定程度上成功掐断了这些问题的公共辩论。自罗斯福新政以来，大多数美国人认为，政府及其税收制度的职能之一，是改善市场经济中任由市场力量自由发挥而导致的极端不平等。严格的保守派不接受这种分配正义的目标，而认为政府职能要更为有限，只能促进个人和集体追求其自身利益。布什总统将税收描绘成一种征用形式，并将重点放在税前收入中被征税的比例上，从而为一种极端保守也极具争议的政治哲学披上了虚假的道德外衣。

以助长不平等为由反对当前政府税收政策的人，则被指责为搞阶级斗争。这一点也很能说明问题：这表明，即使是总统也意识到，要让他的政策被公众接受，就必须将社会正义这个更大的问题排除在讨论之外。

道德心理

14. 斯坎伦论理由的实在性 [1]

1

哲学一直关心存在和事实的大问题。不是诸如"是否有外星生命"或"真空中的光速是多少"这样的具体问题,而是关于"存在哪些种类的事物以及哪些种类的事实"的最一般性的问题——这里的"种类"是指基本种类:无法被任何更基本的东西来定义,而其他一切事物都由其构成。这就是形而上学的主题内容。一个与此相关的问题——我们如何能够认识这些事物,则是认识论的主题内容。

围绕存在、真理和知识,对于我们日常的常识性思考和谈论,哲学理论可以在多大程度上偏离其背后的假设?人们对此意见不一。激进的怀疑并不少见:许多基本事物的实在性——物质、心灵、空间和

---

[1] 这是对 T. M. 斯坎伦所著的《对理由的现实态度》(*Being Realistic about Reasons*, Oxford University Press, 2014;又译《实在地看理由》)一书的评论。

时间——都曾受到质疑；而有些领域始终问题重重，至今仍然吸引诸多讨论，比如道德和数学领域。

我们经常做出道德判断，例如，真正有罪的 X 指责 Y 偷窃，X 是错的，而帮助某人自杀并不总是错的。但有没有什么东西使得这些判断为真或为假呢？它们似乎并不是在描述世界上存在或发生的事情，而似乎是在说某些更进一步的东西。这会是种什么样的事实？我们也有数学上的信念，例如，7 + 8 = 15。我们当然会在物质世界的实际计算中使用这样的信念，但我们也认为它们本身就是正确的——永恒正确。但它们关乎的是什么？又是什么使它们正确？7 这个数本身似乎并不是我们看到的周遭世界的一部分。

道德和数学真理看起来与自然世界的科学真理大相径庭，因而在哲学上非常令人困惑，这也已然成为我们这个时代的特征。自然科学中的存在、真理和知识被认为是相对直截了当的，尽管它们取决于在确证科学理论时所用到的观测证据、逻辑或数学推理的有效性。人们普遍认为，自然科学为稳健的实在性所提供的标准，是道德判断和纯数学对象难以企及的。这就是为什么我们很容易怀疑，在我们的思想以外，数或错误性是否真正存在。

然而，这种怀疑依赖于一个关键假设：关于存在和真理，有一个可用于决定任何类型的事物或事实是否真实存在的普适标准。这意味着，当我们谈论道德或数学时，我们所谈论内容的实在性必须诉诸这两个思想领域之外的标准来确立——一个决定数和错误性是否真正属于宇宙结构的组成部分的标准。由于自然科学被默认为符合这个按理说应该是普适的标准，于是，人们在搜寻能让道德和数学陈述为真的事物和事实时，就要找与自然科学描述的事物和事实相似但又不同的东西。而这看起来相当无望[1]。

2

T. M. 斯坎伦的短小精练的书《对理由的现实态度》，一部分内容就是驳斥这一假设，提出替代方法来解答终极实在问题——哪些种类的事物是最基本的存在？什么样的事实在最基本层面为真？[2]我提到道德和数学的例子是因为它们在斯坎伦的讨论中非常重要，不过他的主要话题是规范性理由——这些理由规定了应当或不应当思考什么、做什么。他特别关注的是行动的理由，而道德和道德理由是其中一个特殊部分。和斯坎伦早先的著作一样，这本书提到与数学的对比，是因为这两个领域中的哲学问题有相似之处，而斯坎伦所认定的这些问题的解决方案也有相似之处。

规范性这个一般范畴，囊括了关于人们以任何种类的理由而应该或不应该做什么、想什么的一切。在行动领域中的理由包括了自身利益、同情、道德的理由，在信念领域中则有经验证据、演绎逻辑的理

---

[1] 这种怀疑主义的一个主要例子是 J. L. 麦凯（J. L. Mackie）的《伦理学：发明对与错》(*Ethics: Inventing Right and Wrong*, Penguin, 1977)。

[2] 斯坎伦的总体观点与另外两部近期重要的道德理论著作有许多共同之处：罗纳德·德沃金的《刺猬的正义》(Harvard University Press, 2011) 和德里克·帕菲特（Derek Parfit）的《论重要之事》(*On What Matters*, Oxford University Press, 2011)。斯坎伦的这些观点在他早前的主要著作《我们彼此应负的责任》(*What We Owe to Each Other*, Harvard University Press, 1998；又译《我们彼此负有什么义务》) 中已有所体现。

由。理性人的生活中充满了关于应该做什么、想什么的规范性思考，而且是基于与所有可选项相关的数据和考量来思考。规范性思考是我们生活中不可或缺的一部分，而斯坎伦认为这种思考中无法被进一步还原的核心，就是"理由"这一概念——支持或反对做某事或想某事的理由。

考虑以下陈述：

> 对于一个正驾驶高速行驶的汽车的人来说，"如果不转动方向盘，汽车将会伤害甚至杀死一名行人"这个事实，是要转动方向盘的理由。

这个理由的规范性特征，可以从它和解释性理由的对比中清晰地看出来。如果司机已经转动了方向盘，我们可以说理由是："他想避免撞到行人"。这个理由解释了他的行为。但那个规范性理由——要转动方向盘的理由——无论他实际上是否转动方向盘都存在。那是他**应该**转动方向盘的理由。只有当司机认识到这一理由，并被这种认识驱动去采取行动时，规范性理由才进入对行动的解释。

斯坎伦将他的观点称为理由基础主义（Reasons Fundamentalism）。他说，上述规范性陈述显然为真（谁能否认呢？），并且他主张它本就为真，而且它不等效于任何其他不使用理由这个概念的陈述。斯坎伦认为，我们都能明白这种理由的存在意味着什么：司机的处境偏向于支持转动方向盘的行动。要问这世界上有什么东西导致了这个情况，还要求一个本身不指涉理由的答案，这根本就是糊涂了！没有任何规范性真理以外的其他东西使得这个情况成立——虽然具体的理由常常可以从更一般的理由中推导得出。理由是自成一类的（sui generis），并且只能在规范思考的领域内去理解。哲学家们找到了多种方法来抵制上述结论，而斯坎伦的书大部分篇幅都是在耐心而有力地驳斥这些抵制。

其中一种抵制方法是将规范性理由的相关真理解释为关于人类动机的真理。比如有人主张，一个人有做 a 行为的理由，意思是 a 行为将有助于满足这个人所实际拥有的某个欲望，或者是这个人对事实完全知情时会拥有的一个欲望。正如斯坎伦所说，这种分析的问题在于，它忽略了理由的独特的规范性特征——理由中的"应该"元素。理由不只是说明人们如何被驱动，或会如何被激励的：理由说明我们应该如何被驱动，而这是一种完全不同的真理。另一方面，如果把欲望理论诠释为真正具有规范性的主张，也就是说，我们有理由去做的事就是那些会满足我们的（对事实知情下的）欲望的事，那么，首先，这样的欲望理论使用了理由的概念，并且没有以纯粹的心理学术语来分析理由这个概念；其次，这样一个规范性主张没有说服力，因为从对某种毫无价值的事物的纯粹欲望中，并不能产生出去做满足这个欲望的事的理由（除非满足这个欲望会有进一步的效果，例如享乐，而享乐本身就提供了一个理由）。

以欲望来分析理由，是在试图证明规范性陈述并不基本。而证明策略是，从心理学这样的科学所能识别的自然事实中，找到规范性陈述为真的条件。用自然主义下的术语来分析规范性的另一种策略是完全放弃寻找真值条件，而把规范性陈述诠释为并未声称任何事实（即便看上去并非如此），从而使得它们既非真也非假。这个可追溯至休谟的理论叫作表达主义（expressivism），它认为规范性陈述——关于存在哪些理由、我们应该和不应该做／想／感觉什么——是说话者态度的表达，而非可能为真或为假的声称。换句话说，当你说"司机有理由转动方向盘"或"不转动方向盘是错误的"，你是在表达你对他转动方向盘的支持，或者是一想到不这么做你就难受之类的——无论司机是你还是其他人。

斯坎伦讨论了当代复杂版本的表达主义，比如艾伦·吉伯德（Allan Gibbard）[1]提出的版本。斯坎伦主张，这些理论无法解释规范性话语在向他人提供建议或正当辩护时的作用，也无法解释我们判断自己有哪些理由的过程。

首先，如果有人反对我已经做了的a，而我通过援引事实p作为做a的一个好理由来回应，那么，这个回应若仅仅表达我个人的感受或态度，就不能算是一个正当辩护了。例如，假设我为了避免撞到一只猫而转动了借来的汽车的方向盘，结果撞到一棵树，撞坏了挡泥板。那么p就是这样一个事实：如果我不转动方向盘，我就会撞死那只猫；而我面对不满的车主给出的辩护是"p实际上是转动方向盘的一个好理由"。但这个规范性主张只有满足斯坎伦所说的以下条件才算是一个辩护：我是在……

> ……强调一个我所声称的独立于我们两人的事实——关乎一个人有理由做什么的事实。无论对方是否认同，我声称p是我做a的一个理由，是对他疑问的回应，并且这种回应方式不同于表

---

[1] 见《明智的选择，恰当的情感：一个规范判断理论》（*Wise Choices, Apt Feelings: A Theory of Normative Judgment*, Harvard University Press, 1990）和《思考如何生活》（*Thinking How to Live*, Harvard University Press, 2003）。

达我接受一个规范、计划或表达赞同态度。

其次，无论我们自己可能有什么态度（例如，对于非人类动物生命价值的看法），我们总是可以继续问：我们是否应该有这些态度，这些态度是否有好的理由来使之正当。仅仅指出我们有这些态度并不能回答这个问题（发现我们有其他态度可以支持这些态度也不行，因为同样的问题可以针对那些更高层次的态度提出）。寻找正当理由，无论是为我们自己还是为他人，要找的都必须是独立于我们和我们碰巧持有的态度而为真的理由。找正当理由的目的是把事情弄对——让我们的态度相符于我们应怎么做/想的真理，如果我们能发现这样的真理的话。这就是规范性思考的要义。

3

但这是种怎样的真理呢？斯坎伦对规范性的积极观念，是范围更广的多元实在性观念的一部分，即关于存在、真理和知识的多元观。

> 把科学当作理解自然世界的方式，也就意味着要拒绝与科学不相容的关于这个世界的主张，比如关于女巫和灵魂的主张。但对自然世界持科学观，并不意味着接受这样一个观点：只有关于自然世界的陈述才是具有确定真值的有意义陈述……
> 我相信，对这些问题最合理的思考方式是不把科学作为唯一

标准，而是把包括数学、科学、道德和实践推理在内的一系列领域视为基本领域。进而，所有这些领域中的陈述都有真值，而一个领域的陈述只要不与其他领域的陈述相冲突，其真值就应该由该领域的标准来决定。数学问题，包括数和集合的存在问题，由数学推理来解决；科学问题，包括玻色子的存在问题，由科学推理来解决；规范性问题由规范性推理来解决；等等。

"只要不与其他领域的陈述相冲突"这一短语至关重要。斯坎伦认为，关于理由、数和集合的存在性陈述，并不与自然科学的任何真实陈述相冲突。自然科学的主张里，并没有一条是"自然科学包含所有的真理"。而关于理由和数的陈述，不与科学里关于自然世界及其因果秩序的内容相矛盾，这一点有别于关于女巫和鬼魂的陈述。

然而，人们可能会问，如果理由和数、道德和数学真理不是我们生活的自然世界的一部分，我们怎么能够认知它们？如果它们不像星星和分子那样处于空间和时间中，我们要怎么接触它们？它们又怎么能影响我们？但这样的疑问不过是老旧错觉的再现，以为所有的存在、真理和知识都必须符合单一模式：如果这些事物在空间或时间中不占一席之地，它们就只能存在于"空间和时间之外"，我们如何能够探究它们就成了一个谜。如斯坎伦所说，"可是到这里，空间隐喻已经完全失控了"。我们不需要变幻出一个神秘领域，然后用魔法般的感知手段来探究领域中的元素。我们需要理解的反而是，那些已经为我们所熟知的真理，究竟是如何仅凭正确的思考方式就能得知的。

为了说明如何在一个自治领域内进行系统研究，斯坎伦举出了算术理论和集合论的例子。我们使用精确的概念，例如"后继"和"元素",来制定数或集合的构建规则;我们也使用公理,它们看上去明显正确,进一步的推论也经得起推敲。这些概念识别出相关种类的真理,但这些真理又大多不是概念性的,也就是说,它们并不从所用术语的意义中得出。

尽管理由这个领域有完全不同的内容,也远没那么有序,但我们仍是以正确的方式思考它来认知:澄清相关概念;找出反思中明确为真的陈述;构建出能解释这些陈述而自身又似乎为真的一般原则;仔细反思这些原则是否有效、后果是否可信,从而检验它们。斯坎伦举出了一些例子。在这本书中,针对理由这个概念、规范领域的逻辑结构和边界,斯坎伦提出了令人信服的理论;在《我们彼此应负的责任》中,他提出理论来说明道德在更大的理由领域中的位置。篇幅起见,我接下来只讨论斯坎伦的一个一般性的认识论理论。该理论旨在解释可用于数学判断和规范判断的思考方法。

4

约翰·罗尔斯把这个方法叫作"反思平衡"(reflective equilibrium),并在自己的道德和政治哲学工作中使用,但也指出它有更广的应用。这种方法通过寻找一个"平衡"来扩展并系统化对某个领域的理解。在这个平衡状态中,本身就令人信服的各个一般原则,能够解释那些经反思无法否认的具体判断。

道德思考中的一个例子是对功利原则反例的复杂反思过程。功利原则是说，做能产生最优总体结果的事总是对的。例如，如果平息一群愤怒暴徒的唯一方法，是陷害并处决一名无辜者，否则暴徒们将攻击整个社区、杀死许多无辜者，那这么做对吗？如果审慎判断是，即便能减少无辜死亡，这么做仍是不对的，那么这个判断指向了更一般层面上的几种不同假说：

（1）也许，每个无害个体都有不可侵犯的权利不被当作实现某个理想目的的手段而被杀死，并且道德的普遍原则必须捍卫这项普遍权利，而不能只要求减少死亡人数。

（2）也许，处决无辜者是法律系统的堕落，而且会导致更多滥用，所以一时的人命计算或许不能反映真正的代价；这样一来，"处决无辜者是错的"这个判断就仍可能得到功利原则的支持。

（3）也许，我们对惩罚无辜者行为的憎恶是种本能反应，基于生物或文化原因而来，因为它在防止暴力方面有普遍价值；如果我们认识到这种本能的普遍价值，那我们或许应该满足于依本能行事，而不必每次都试图计算它是否带来最优结果。

（4）也许，我们本能地不愿惩罚无辜者，而无论这个本能来自何处，它在本案例中就是错的。只要我们对功利主义计算的结果有充分信心，就应该用功利主义计算取代本能判断。

还有其他可能的假说，而这只是个开始。对每个一般假说，我们都必须评估其内在合理性及其进一步后果是否可以接受。为了允许自卫行为，或者允许拯救多人生命但副作用是致一人死亡的行为，我们要对不被杀死的权利做什么改动？反对杀戮的倾向和法律正当程序制度都是普遍有用的，那么我们是否应该无论后果如何都在每个案例中坚持它们？对于本例中对错误性的直觉判断，我们能否不视其为对真理的领悟，而将其视作一种心理偏差，类似于恐惧症或视错觉？我们在一般性程度不同的各个判断之间来回反复，构建替代假说，基于各自的不同推论来比较这些假说，以力求达成一个稳定的结论。

这个寻找过程需要在一般层面和具体层面都反复调整修订，每一步都是在践行着道德领域内的判断。这个过程没有预定的终点，平衡是一种理想，而非我们可预期达到的静态终点。但如果有人始终相信陷害无辜者是错误的，那么在这个过程里他会接受的一般原则，将是反思中看似为这个判断提供了最佳正当辩护的原则。正如对这个案例，人们有时会在判断正确结果时有分歧。但在几乎所有的探究领域中都存在判断上的分歧，而不仅仅是在规范性领域。

通过理论和观察之间的互动来追求科学知识，其结构类似：我们以理论的观察结果来检验理论，但我们也根据理论来质疑或重新诠释我们的观察。（在哥白尼革命时期，地心说和日心说之间的选择就是个生动的例子。）不同之处在于，在数学或道德思考中，起始点不是感知、观察那些空间上与我们有距离的事件，而是对领域内具体陈述的审慎判断（例如关于转动方向盘的理由的陈述，或不陷害无辜者的陈述）。

如斯坎伦所说，这种方法背后有个假设：

> 当我们在正确条件下思考这些主题时，我们有理由相信那些对我们来说似乎为真的东西。因此，如果没有明显理由怀疑，

那么在追寻反思平衡的过程中将这些信念视为审慎判断就是合适的。

对于如何追求真理,这像是老生常谈了,但它或许让人非常难以接受或理解。某事仅仅是看似为真,这怎么能被当作相信它为真的理由?如果表象是我们唯一的依据,这是否意味着客观真理不可触及或不存在,而我们所能做的只是探索自己的内心世界?

但请注意,这种形式的怀疑论是如此广泛,以至于会摧毁所有思考。这是因为,在没有理由怀疑时,相信那些经仔细反思后似乎成立的事,是形成任何确证信念的必要条件。如果我们不能根据感知来形成对我们周围世界的正当信念,科学就无从谈起,而感知正是我们通过感官获得的事物表象。事物的表象是所有知识的起点,从起点进一步修正、扩展和阐述的发展历程,不可避免要依赖更多表象——对不同理论假说的合理性与后果的审慎判断。追求真理的唯一方法是,基于所有相关数据、原则和情境,以恰当方式仔细反思,看看有什么似是为真。

如果有人反对说,这表明我们永远不是在谈论客观真理,而只是触及表象领域,那我的回应是,这个怀疑自身也呈现为一个"因为反思后看似为真所以我们应该相信"的主张。它恰恰依赖于它要否定的关于信念的原则,而又想要把自己作为例外排除出它主张的一般性怀疑论。而且,它其实通不过"仔细反思后看似为真"的检验,因为当我们反思这种怀疑假说时,它被证明是不可信的:那些看上去为真的东西——关于自然世界、关于道德或关于数学——仍旧看似本就为真,而不只是对我们内心世界的描述。

5

对于寻找给定领域中的真理,反思平衡所说的"在领域内部探求",是斯坎伦方法论的积极方面。但重要的是还有两种可能性,会让我们发现领域内的真理远比设想的要少。这之所以重要,是因为它表明真理和知识的标准并不那么容易满足。

第一种疑虑来自内部:我们针对一个领域内的判断,努力进行系统性阐述和解释,结果可能是始终得不到稳定的结论——我们在与他人讨论,试图相互调整一般原则与具体判断后,没有得出连贯一致的结果。这时,我们或许被迫得出结论:我们并非在讨论客观的主题内容,而只是在表达主观反应。(这样的情况似乎在 19 世纪就发生过,威廉·詹姆斯和亨利·西季威克等杰出人物试图将与亡者的交流建立在科学基础上。)

考虑到数学领域的非凡成果与秩序,还有达成一致的能力,这个问题对数学不成立。但对于道德,以及更一般的实践理性的某些方面,这个问题得认真对待。斯坎伦认为,我们不能指望在道德思考中找到数学里那样的普遍秩序和一致性,要判断理由陈述的真值,判断的确定性基础只能是零散的。他拒绝任何包罗万象的单一道德原则,比如功利主义或康德的定言命令。我们可以确信许多主张,但关于有理由做什么的问题,我们缺少根据来确信总有确定答案。相比之下,我们确信算术问题总是有正确答案,即使我们并不总能发现它们。〔库尔特·哥德尔(Kurt Gödel)证明了没有一组一致的公理能推导出算术的全部真理。〕

第二个挑战在前面有所提及：某一领域内的判断所支持的主张，可能与另一领域的真理相冲突。并非所有领域都像数学那样自成一体。例如，宗教信仰体系可能包含了关于自然世界的主张，例如关于创造宇宙的主张，这些主张可能会被适用于其他领域的标准所驳斥。

斯坎伦坚持认为，包括道德陈述在内的规范性陈述，既不蕴含也不预设那些科学有充分理由拒绝的关于自然世界的主张。他说，规范领域的重要性取决于存在理性行动者——能够根据理由来行动的人，但他认为"理性行动者只是自然生物中的一种，并且确实存在"。理性行动者能够被关于规范事实的信念所驱动，但这"并不涉及与这些事实的因果互动"。为阐明规范性与因果关系的分离，斯坎伦说：

> 当一个理性行动者做某事时，他或她判断自己有理由去做，这个判断让行为在规范意义上说得通，也得到解释，因为我们预期一个接受该判断的理性行动者会如此行动。这种联系以及更一般的一致性，大概也有个因果解释……也正基于这个解释，一个生命才算是理性行动者。但这样的因果解释又是另一个故事了，需要由神经科学家来补充。

我认为这就把去神秘化的做法推过头了。规范理性似乎要求对行动和信念有一种解释，既不能只是它们"说得通"，也不是它们在神经层面有特定原因。一个理性生命与一台计算机器不同，之所以对理由有回应，是因为理由确实存在，而且他认识到了这些理由。要如何理解这个解释是个很深的问题，但无论问题的真相为何，斯坎伦对理由实在性的辩护是我们理解该主题的一大进步。

15. 卡尼曼的思考[1]

  人是理性动物。除了与其他生物一样具有丰富的知觉、认知和动机系统外，人类还有一种独特的方式来形成信念和偏好——并非本能，而是深思熟虑。他们可以通过逻辑推理、证据评估和概率判断来形成信念，还可以基于自己对备选行动方案的可能结果的理性信念，来对备选行动方案进行原则性评估，从而形成偏好、做出选择。各种思考方式的结果都可以保存、记录并传递给他人，让知识和文明得以发展。理性创造了我们的世界。

  然而，理性依赖于我们前理性的动物本性源源不断的材料供应——来自知觉、感受和自然欲望的材料。还有一种中间层次的自动判断，部分由经验习得，比有意识的思考运作得更快，对实时应对世界至关重要。这些官能之间的关系非常复杂。即使我们认为自己是在用理性得出某个事实或实践问题的正确答案——有意识地将相关信息

---

[1] 这是对丹尼尔·卡尼曼（Daniel Kahneman）所著的《思考，快与慢》（*Thinking, Fast and Slow*, Farrar, Straus and Giroux, 2011）一书的评论。

考虑在内——我们的思考也可能更直接地受到与之共存的本能力量的影响，而我们却毫不知情。

对于我们理解一系列复杂心理要素的运作，理解各因素相互作用中产生的一些问题，丹尼尔·卡尼曼是贡献最大的心理学家之一。他的名字将永远与阿莫斯·特沃斯基（Amos Tversky）这个名字联系在一起。特沃斯基于1996年59岁时早逝，二人的长期智力合作也终结于此。卡尼曼的书《思考，快与慢》是献给特沃斯基的纪念，是对他的致敬，也是对他们合作成果的令人钦佩的描述。这本书还是对一个有趣研究领域的介绍，清晰、全面而诙谐，由论述天赋非凡的顶尖学者写就。

传统上，理性分为理论理性和实践理性两种，分别控制信念的形成和选择的确定。在我们每个人身上，理性都是稀缺资源。大多数时候，在大多数方面，我们必须以自动驾驶模式运行，因为我们无法腾出足够的有意识注意力，为我们所做或所想的一切来辨别并权衡利弊。卡尼曼写书的目标不只有理论上的，也有实践上的。他希望为我们提供一种自我理解，使我们更好地管理个人的与集体的想法、选择。他说，当他和特沃斯基的工作"被认为证明了人类选择的不理性"时，他感到不安。这个反应似乎很奇怪，因为他们的确表明人类系统性地倾向于犯某些错误。但除非人们拥有能够避免错误的手段却又没有使用，否则犯错就不能说是不理性。卡尼曼的目标不是批评人性，而是要识别出人类运作方式中，未被颇具影响力的理性选择理论所认识到的特征，并给出防范这些特征的不良后果的建议。

卡尼曼书名中所做的区分，即"快思考"和"慢思考"，对应着我们熟悉的两类心理运作方式，他按常见的心理学说法称之为系统

1和系统2："**系统**1自动且快速地运作，几乎不费力，也没有主动控制感。**系统**2则把注意力分配到需要费力的心理活动上，包括复杂计算。系统2的运作通常与自主性、做选择、专注等主观体验相关联。"

系统1支配着我们的大部分知觉、语言使用、应对世界的方式以及社交互动。我们每时每刻都在处理大量不断变化的信息，因此自动反应不可或缺。但有时候，系统2进行的有意识反思、计算或测量会表明，这些捷径产生的结果有误。我们通常无法用系统2的反思来取代系统1的反应——时间不够——但知道何时应启动系统2来纠正错误是有益的。

正如卡尼曼观察到的，系统2很懒。比起权衡证据、检验论证的有效性，草率下结论要容易得多。卡尼曼用以克服这一困难的策略有两个部分：基于经验，描述人的实际思考方式；提出系统1最常见错误的纠正方法，作为改进建议。如我此前所说，从思考的主题内容上，也划分为信念的形成和选择的确定，即事实与价值两个领域，不过一些重要机制在这两个领域都会起作用。

例如，"锚定效应"在信念和选择的许多情境中反复得到验证。当一个人需要估计数量或做出定量选择时，事先提到某个特定数字，即使其来源完全无关，也会强烈影响答案。在卡尼曼和特沃斯基早期的一个实验中，他们转动有100个数字的转盘，它会按设定停在10或65，随后他们问参与者，非洲国家在联合国成员国中的占比是大于还是小于这个数字。然后他们要求参与者猜测正确的占比。看到10和65的参与者的估计值，平均分别为25%和45%。这里的锚定效应——两个差值之间的比率[1]——为36%，一个典型的锚定效应数值。在另一个实验中，一些德国法官先阅读因偷窃而被捕的一名女子的描述，然后掷出一对骰子，结果被设定为3或9。法官们先是被问，女子将被判处的徒刑月数是多于还是少于这个数字，然后再被问，他们具体会判处她几个月徒刑。平均来说，掷出9的法官表示会判处她8个月，掷出3的法官表示会判处5个月——锚定效应为50%。

这些影响并非有意识的：每个人都知道转盘或骰子产生的数字是无关紧要的。但当答案必须由猜测或直觉来部分决定时，这些明显的信息输入就会有非常强大的提示作用。即使你尝试抵抗也可能会失败。比如在一个有房地产经纪人参与的实验中，在到访并仔细检查一座房屋后，他们估计的合理买入价格显著取决于他们得知的要价，尽管他们都为自己能够忽略要价而自豪。这里的锚定效应为41%。

另一个重要现象是替换：被问到一个需要有意识思考才能回答的问题时，人们会回答另一个更容易的问题。例如，当得知一个人的性格描述，再被问及此人从事某种职业的相对可能性时，答案通常完全取决于性格描述与对该职业典型从业者的刻板印象有多相符，而忽略了不同职业的人数有差异这一重要因素。这被称为基率忽视。

卡尼曼和特沃斯基给出的一个最明显的案例里就有类似错误。受试者得到一份符合刻板印象的描述，内容是一名女性对社会和政治的进步事业持同情态度，大多数受试者认为她是女权主义银行出纳员的概率高于她是银行出纳员的概率——这在逻辑上是不可能的。这就好

---

[1] 译注：25和45的差值，比上10和65的差值。

像相信一个挪威人拥有金发的可能性高于他有头发的可能性。

卡尼曼描述了以直觉来判断可能性并不可靠的多种情形——而且常常伴随着对法律和政策选择的严重后果。得到媒体报道或者引发强烈情绪的突出事例，会被赋予证据权重而罔顾其是否典型。有着不寻常特征的小样本会被认为具有因果意义，而实际上那只是随机波动的反映。盖茨基金会花费17亿美元资助建立小型学校，依据是最成功的学校都是小型的。可最不成功的学校也是小型的！这两个事实是同一个统计学原理的结果：当许多个体所组成的总体，在某个特征比如学术表现上有差异时，从总体中抽取的样本数越大，样本平均水平越接近总体平均水平；而样本数越小，其均值就越有可能沿任一方向偏离。但人们渴求对事物好坏做出有指导性的因果解释，进而在许多偶然所致的异常结果上假定有因果解释。当前认为疫苗接种导致孤独症的迷信中，这大概也起了作用。

卡尼曼对股票市场尤为严厉，认为那里充满了错觉。几乎所有交易员、顾问和共同基金的各年业绩之间都缺乏相关性，这说明成败本质上源自运气。然而，专业投资者却因为不受其控制的结果而得到回报。卡尼曼解释说，向参与者呈现统计事实对他们没有影响，因为那颠覆不了伴随他们赌博行为的主观的知情判断感。出于类似的统计原因，卡尼曼很怀疑首席执行官的能力对公司成败的贡献，因为公司成败很大程度上取决于他们无法控制的因素。"成功公司的首席执行官可能会被称为灵活、有条理和果断。如果一年后情况变糟了，同一位高管可能就会被描述为混乱、僵化和独断。"如果技能有决定性的作用，而且比偶然性重要得多，比如在高度受控的成就领域中——正畸、打高尔夫或音乐表演等，个体差异就会随着时间推移而显现。

卡尼曼的建议是，在做出预测或制订计划时，应该先识别该案例所属的相关类别，以该类别的结果的统计数据为基准，再考虑对这个特定案例的各种直觉。然而他也承认，无视统计证据的盲目乐观，可能是竞争性经济以及科研中不可或缺的驱动力，哪怕结果通常是餐馆失败、发明失败、实验失败。

到目前为止，我主要讨论了系统1在信念形成中犯的错，但给卡尼曼带来诺贝尔经济学奖的，也是他最具影响力的贡献，则关乎偏好和选择的形成。他和特沃斯基证明，经济学家广泛使用的一种选择模型——理性预期理论，作为对人们实际行为的描述是严重不准确的，他们提出了前景理论作为替代。

大多数选择，尤其是所有的经济选择，都涉及结果的不确定。理性预期理论也称为期望效用理论，它刻画了一个统一的标准，当选择的各结果都有对应概率值，就可以衡量在这样的不确定性下做选择的理性程度。这个标准看似不言自明：一个有50%概率发生的结果，其价值就是它实际发生时价值的一半；一般而言，任何不确定性下的选择，其价值取决于其各个可能结果的价值乘以相应概率。决策的理性在于根据"期望价值"做出选择，意思是选择能够最大化所有可能结果的效用和概率乘积之和的备选项。因此，有10%的概率赢得1 000美元，要优于有50%的概率赢得150美元；有80%的概率赢得100美元加上有20%的概率赢得10美元，要优于有100%的概率赢得80美元；等等。

最大化期望值的原则既被构想为理性的标准，也被用作预测头脑冷静的人在不确定条件下如何做选择的方法。但卡尼曼和特沃斯基表明，无论理性的理想标准究竟是什么，人们的行为都并不符合理性预期理论。他们不只关心结果的价值，或者加上概率权重后的价值。他们还关心结果是收益还是损失，并且他们认为损失比收益更重要。此外，他们为结果赋予的权重并不与概率成正比，两者的关系要复杂得多。

总的来说，负面胜过正面，损失比同等收益更有影响力。大多数人不会接受一个有50%概率赢得125美元和有50%概率输掉100美元的赌注。而在高概率情形下，人们对收益是风险厌恶的，对损失则是风险偏好的：他们会选择确定的9 000美元，而不是有90%的概率赢得10 000美元；但会选择有90%的概率输掉10 000美元，而不是确定输掉9 000美元。但当概率较小时，偏好就反转了。大多数人更愿意有5%的概率赢得10 000美元，而不是确定得到500美元；大多数人更愿意确定损失500美元，而不是有5%的概率损失10 000美元。对于小概率，前面的风险偏好解释了人们为什么买彩票，后面的风险规避则解释了人们为什么购买保险。卡尼曼还引入了其他尤为重要的因素，他指出，这些因素影响了诉讼和解，而诉讼结果总是不确定的：在胜诉可能性低的案件中，会有巨大损失的潜在输家比起潜在的大赢家更渴望和解，因此在轻率诉讼中，原告相较于被告具有谈判优势。

对期望效用理论的另一个明显偏离是对接近于零的概率的反应。人们要么忽视非常小的概率，要么过度重视：0.001%的癌症风险与0.00001%的风险无法被轻易区分开。但如果连微小的癌症风险也能引起注意，那么在选择行动或政策时，其得到的权重很可能与其概率不成比例。

损失厌恶、风险厌恶和风险偏好的现象非常显著，于是现在普遍认为前景理论比期望效用理论更能预测个体选择。行为经济学正是建基于对这些成果的系统应用。但卡尼曼仍然赞同将期望效用作为理性选择的规范标准，因为长期来看它能产生更好的结果。他力劝我们要控制天生的损失厌恶造成的扭曲情绪影响，要反复默念"能让你大步接近经济理性的咒语：人生有得就有失"。

最近，卡尼曼将注意力转向了幸福或福祉的衡量，他在这方面的主张也有着二元形式。他区分了两种自我——体验自我和记忆自我。例如，对于结肠镜检查这样的不愉快体验，"**体验自我**负责回答'现在疼吗'，**记忆自我**则回答'总的来说怎么样'。我们能从人生体验中保留下来的东西只有记忆，所以我们思考人生时，唯一能采取的视角就是记忆自我的视角"。

事实证明，记忆自我的判断与体验自我的判断有一种奇特、间接的关系。你可能会认为，当两种不愉快体验结束后要求受试者比较二者时，他们的评估会受每种体验的疼痛总量的影响，而疼痛总量又取决于持续时间和平均强度。但事实并非如此。回顾性评估是由另外两个因素决定的：体验中最糟糕时刻的疼痛程度，以及结束时的疼痛程度。持续时间则似乎没有影响，如果只是在体验结束时附加一段较轻的疼痛，这段体验在记忆中就没那么糟糕了，哪怕这样的疼痛总量更多。卡尼曼认为其中显然有问题：

> 记忆自我有时会犯错，但正是它来负责记录，它决定我们从人生中学到什么，它也是做出决策的那个自我。我们从过去所学到的，是要最大程度提高未来记忆的质量，而未必是未来体验的质量。这就是记忆自我的暴政。

卡尼曼把这些误导效应称为峰终定律和过程忽视[1]，它们同样适用于对愉快体验的评估。但显然，我们对生活某些方面或者整个生活的总体评价，可以不只是其中各个时刻愉悦或不愉悦程度的函数。对生活满意度影响最大的是人们持有什么生活目标，以及目标是否实现。卡尼曼对这一点的说法可谓无意为之的幽默。他说，是实证研究才让他认识到这应该被看作一种独立的价值类型，而不是某种错误：

> 部分是因为这些发现，我改变了对幸福定义的看法。人们为自己设定的目标对他们的行动和相应的感受是如此重要，以至于只关注体验上的幸福站不住脚。我们不能持有一个把人们想要什么都忽视了的幸福概念。

因此他现在的观点是混合式的。但他需要心理学研究才能相信人们的需求和成就——而不仅仅是感受——对评估生活来说很重要，这表明他起初对价值的看法极其短视。同样的狭隘快乐主义（hedonism）在卡尼曼的另一个讨论中也能看到。他讨论那些有重大身体缺陷的人，如截瘫患者、结肠造口术患者，他们并非在各个时刻体验上的幸福感都低于健康人，但他们对生活质量的评估要低得多。卡尼曼认为这是种错觉：

> 对体验的抽样调查表明，这些患者与健康人群在体验上的幸

---

[1] 译注：此处两个专有名词选择与《思考，快与慢》现有中译本一致的译法，但引文是另译的，对原译文做了修正。

福没有差异。然而，结肠造口术患者愿意用几年生命换取无结肠造口。而且，在已完成造口回纳的患者的记忆中，有造口的状态非常糟糕，他们宁愿放弃更长的余生时间，也不愿再回到那种状态。这个案例中，记忆自我似乎对生活产生了强大的聚焦错觉，而体验自我却在这段生活里感觉相当良好。

这些患者有强烈的愿望不要过粪便外泄到塑料袋中的生活。卡尼曼把这样的愿望视为"聚焦错觉"，显然是因为患者只有在想到这件事时才产生体验上的不快，而他们大多数时间又不会这么去想。卡尼曼无法想象，愿望本身可能就是合理的。寻求快乐、避免痛苦都很重要，但人们在乎的远不只有这些。卡尼曼的视角本质上是功利主义的，如果要更进一步远离这个视角来说就是：人们在乎的一些东西，包括知识、自由和身体独立性——我姑且这么说吧！——本就是好的，这也是人们在乎它们的原因。

不过，即使我们对价值来源持更复杂的看法，卡尼曼对人们如何做选择的观察仍旧与公共政策高度相关。这本书不是道德或政治理论著作，但它提供了如何实现任何目标或至少提高实现概率的重要信息。如果一个社会想鼓励退休储蓄或死后器官捐献，最有效的方法不是劝诫或强制，而是将其设定为默认选项，让人们必须有意识地选择退出养老金计划或拒绝捐献器官。[这被称为自由家长主义，因为它没有强制性，理查德·塞勒（Richard Thaler）和卡斯·R. 桑斯坦（Cass R. Sunstein）在他们的书《助推》（*Nudge*）中对此有详细阐述。]现状或者中性的参考点会有巨大的锚定效应。但我们也必须警惕现状的恶性影响，那可能导致我们在不良投资上投入更多，因为要放弃失败的项目与失败的投资，而转向更有前途的事情，就需要我们承认损失已不可挽回，这就是所谓的沉没成本谬误。

对需要基于迥异信息来快速决策的人来说，卡尼曼的研究成果并不惊人。就我个人在学术界的经验而言，为职位任命或研究生录取而评估大量候选人时，我并没有信心认为我的判断是准确的，或认为我的判断能免于未察觉到的无关影响。卡尼曼认为，他的书的主要实践启示在于，我们应培养从外部观察的立场，甚至促进实际外部观察者的批判性意见输入，从而在必要时提出警告，让系统2以更繁重的计算、规则主导的程序步骤，来审核系统1的直觉反应。但对于关键问题，就得由相应领域的内部人士来制定这样的方法。

上述结论仍留下一个开放问题：在客观性上的进步，主要靠践行集体制度，还是靠个人将批判性标准逐渐内化？在某些领域，如科学、法律甚至道德领域，进步有赖于少数人开启反思、尝试识别错误来源，然后在制度和文化的传播下，更多人的思维习惯最终产生变化。卡尼曼在提升意识方面贡献良多，但设法补救还任重道远。

16. 大脑皮质与电车难题 [1]

约书亚·格林是近来备受关注的实证道德心理学领域的领军人物。他的《道德部落》一书展示了他对该领域的全面见解，也向我们展示了应如何理解这一领域。他对人类道德的实证假设有三类依据：心理实验、大脑活动观察和演化理论。第三类依据在应用于人的心理特性时必然是推测性的，而前两类都有当代数据支撑，包括格林及其合作者亲自进行的诸多实验。

但格林的主张并不限于事实层面。他还关注这些心理学发现应如何改变我们的道德信念和态度。格林的受训和研究起步于他在普林斯顿大学攻读哲学博士学位期间，因此，对并非作为实证心理学一部分的伦理理论研究，他有专业程度的熟悉。这种研究直接探究一阶的道德问题，并寻求系统性的答案。格林的书旨在彻底挑战这种哲学研究

---

[1] 这是对约书亚·格林（Joshua Greene）所著的《道德部落：情感、理智和冲突背后的心理学》(*Moral Tribes: Emotion, Reason, and the Gap between Us and Them*, Penguin, 2013；中译本由中信出版社 2016 年出版；以下简称《道德部落》) 一书的评论。

的基本假设。尽管他对所讨论观点的把握并不总是那么准确，这本书仍受益于他对该领域的熟悉。

这本书的主题是为一个全局问题寻找解决方案，而这个问题不能靠那些在特定社群内能得到直觉认可并且行之有效的道德标准来解决。格林称这个问题为"常识道德悲剧"（tragedy of commonsense morality）。简言之，其悲剧性在于，那些帮助特定社群成员和平合作的道德观念，无法在不同社群成员之间促成类似的和谐。

> 道德演化是为了促成合作，但这一结论有个重要的附加条件。从生物学角度来看，人类被设计成要合作，但合作**仅限于与特定的人**。我们的道德大脑演化成有利于**群体内**合作，而且可能仅限于个人关系的情境。我们的道德大脑却没有演化出**群体间**合作的能力（至少不是在**所有的**群体间）……就像食肉动物演化出更快的速度一样，竞争对于合作的演化至关重要。

"常识道德悲剧"是通过类比我们熟知的公地悲剧而构想出来的，而常识道德确实能为公地悲剧提供解决方案。在公地悲剧中，个体追求私利在群体层面的结果是与所有人的利益相悖（比如公地过度放牧或海洋过度捕捞）。如果个体学会同意并真正遵守一些限制私利的规则，公地就不会被破坏，所有人都会过得很好。正如格林所说，常识道德要求我们有时将"我们"置于"我"之上；但同样的倾向也让我们将"我们"置于"他们"之上。我们觉得对社群内的成员负有义务，对外人却没有。因此，公地悲剧的解决方案产生了新的悲剧，当不同社群的价值观和利益相冲突，我们就能看到这种悲剧，不仅是在国际层面，在包含了多个道德社群的多元社会中更局部的层面上也是如此。

为了解决这个问题，格林认为我们需要一种基于全人类都能承认的价值"通货"的"元道德"，即便它可能与常识下直观的道德要求相冲突。和对常识道德的演化谱系进行诊断后产生怀疑的其他人一样，格林认为这种更高层次的道德观会具有功利主义面貌，他提议将其重命名为"深度实用主义"（祝他好运）。功利主义原则由边沁和密尔提出，主张我们应致力于不偏不倚地最大化幸福。这有违本能常识道德中的个人权利，也和因亲缘或社群关系而加强的特殊义务相冲突。直观的价值观念在通常情况下可作为粗略的行动指南，但在格林看来，它们无法成为普遍有效的行为准则的基础。

格林反驳常识道德的客观权威性，依赖于丹尼尔·卡尼曼对快速直觉思维和慢速审慎思维的区分。如卡尼曼所言，这两种模式几乎出现在人类生活的各个方面，对我们的生存来说它们缺一不可。格林说，它们就像现代相机的两种运行模式：自动模式或手动模式。自动模式让你可以不考虑距离或光照条件，直接对准、拍摄，而手动模式则让你有意地思考拍摄条件后，调整焦点、光圈和快门速度。有了这两种选项，就可以根据需要选择效率或灵活性。

格林认为，我们的决策机制是类似的。当涉及道德判断——决定一个行为是对还是错时，我们可以是快速、自动、感性的，也可以是缓慢、审慎、理性的。格林将这对区分应用在围绕电车难题的细致讨论中。电车难题是一组令人心生寒意的思想实验，近来已成为道德哲学的标杆，尤其可见于菲利帕·富特、朱迪丝·贾维斯·汤姆森和弗朗西丝·默纳·卡姆（Frances Myrna Kamm）等人的著作。按格林的说法，电车难题归根结底是这样的问题：

个人权利在什么时候以及为什么优先于更大的利益？每个重大道德议题——堕胎、平权行动、高低税制、战争中杀害平民、征兵参战、医疗资源配给、枪支管制、死刑——或多或少都是某些个人的（真正的或声称的）权利与（真正的或声称的）更大利益之间的对抗。电车难题正中靶心。

在电车难题的核心案例中，我们要比较两项选择：

（1）天桥困境：一辆失控的电车正朝五名铁路工人驶去，如果继续前行，工人们会被撞死。你正站在横跨铁轨的人行天桥上，而且位于驶来的电车和五人之间。你身边站着个300磅（1磅≈0.45千克）重的男人。唯一能拯救这五人的办法就是把这个男人从天桥上推到下面的铁轨上。男人会因此身亡，但他的身体会把电车拦住。（你只有他一半重，你自己跳下去并不能阻止电车。）

（2）开关困境：一辆失控的电车正朝五名工人驶去，如果不采取任何措施，工人们将被撞死。你可以按下一个开关让电车转向一条侧轨，从而救下五人。但不幸的是侧轨上有一个工人，如果你按下开关，这人将被撞死。

实际上，全世界大多数人都认为把胖子推下天桥是错误的，但又认为按下开关是道德所允许的——尽管这两个行为的结果一样，即一人死亡，五人得救。为了进一步探寻是哪些决定性特征让人判断行为是错误的或被容许的，更多其他例子被创造出来，各种原则也被构建出来概括这些例子的结果，但我们不必深入这些细节。就格林的目的而言，这些思想实验的基本要点是，对某些会导致伤害但总体上有更大利益的行为，我们有强烈的道德反感，但对另一些产生同样总体结果的行为却没有这样的反应。

上述两个困境之间有两项明显区别。首先，在"开关困境"中结果很好理解，所有人都明白，选择死亡人数较少的结果会有什么意义。格林也注意到："从来没有人问过'拯救更多生命？为什么？我从来没这么想过！'"但在"天桥困境"中，所做出的选择无论多有说服力，都很令人费解。它似乎需要解释，但又难以解释。将胖子推到电车前这个行为究竟有什么特别之处，让它凌驾于五条有望得到拯救的生命的价值之上？说这侵犯了他的生命权，或者说这么做是谋杀，似乎只是重复这一判断而没有给出解释。其次，对"天桥困境"的反应有情感色彩，而对"开关困境"的反应则据称更为理性，缺少这种情感色彩。

你可以参考自己对把人推到电车前的本能反应，并与明知侧轨有人而按下开关的感觉做对比。格林和他的同事们利用脑成像技术做了多项研究，结果表明，当人们思考"天桥"类型的案例时，大脑内与情感相关的腹内侧前额叶皮质活动增加，而在"开关"类型的案例中，脑中与计算和推理相关的背外侧前额叶皮质活动增加。此外，腹内侧前额叶皮质受损、缺乏正常情感的人，赞成将胖子推下桥的可能性是其他人的五倍。

为了解释我们的直觉反应为何有如此微妙的特征，格林提供了更多实验细节以及一些巧妙的心理学提案。但他借鉴卡尼曼的理论而得出了总体结论：我们的道德判断系统有双重过程，带有情感的自动反应和依赖计算的审慎反应。这两种反应类型在某些情况下相冲突，但他认为两者对指导人类行为都有用处。如格林所说："我们不该以'神经关联罪'这样的罪名为我们的道德直觉盲目定罪。"然而，相机设置的隐喻、以演化来解释自动模式，这些都表明格林为功利主义价值观（尽可能减少死亡人数）赋予了不同于"天桥困境"中的那种禁令的地位。他认为，尽管我们无法摆脱且通常也不应该摆脱我们的直觉反应，但我们可以与直觉反应保持一定距离，却不应与功利主义保持同样的距离。他认为功利主义使我们能超越演化本能。接下来的问题就在于，他能否连贯地解释我们为何以及应如何赋予功利主义这样的权威。

格林想要说服我们相信，道德心理学比道德哲学更为根本。他认为大多数道德哲学都误入歧途，试图将我们在特定案例中的道德直觉诠释为对应该如何生活、应该做何事的真理的理解，目的是探寻那些决定了什么是真理的基本原则。实际上，格林认为我们所有的直觉都只是大脑双重过程运作的结果，要么出自本能，要么更具反思性。他支持功利主义的道德立场，但没有视之为真理（他声称自己对道德真理持不可知论），而是把它当作我们都能理解的评价方法，并认为它有望提供一种价值通货，比个人权利和社群义务的道德更能凝聚共识。"没有人能真正做到不偏不倚，但每个人又都被不偏倚的道德理想所吸引。"

格林认为，功利主义不会因"天桥"类型的直觉与之冲突而被驳倒，因为对天桥直觉的最恰当理解是，那是为了防止人际暴力、维持社会和平而演化出的直觉反应，而不是对某种本质错误的感知。类似的揭穿性解释也适用于其他常识道德直觉,如感觉到有义务偏袒自己群体的成员而非陌生人,或者,比起拯救远方更多不知其名的受害者,更强烈地感觉到要拯救眼前溺水者的义务。根据格林的观点,我们可以从演化心理学的角度理解我们为何拥有这些直觉,大多数情况下,以这些直觉来指导行为也无害。但它们并不是对道德真理的感知,当功利主义指导我们采取不同行动时,这些直觉也否定不了功利主义的反应。

虽然我们无法摆脱自动模式,但格林表示我们应该努力超越它——如果真的这么做,我们不能指望那些被采纳的普遍原则让我们"觉得正确"。功利主义的结果有违直觉,但得出功利主义的结果,是由于我们认识到幸福对每个人都很重要,而且即使主观上我们每个人都对自己尤为重要,客观上并没有人比其他人更重要。这正是他所谓"踢开梯子"的一个例子,也就是要形成与道德的原初演化力量相反的道德价值观。

然而,功利主义是否在某种更客观的意义上凌驾于个人权利之上?格林对这个问题似乎举棋不定。当他尝试描述功利主义在我们生活中的恰当地位时,他说:

> 指望现实中的人为了更大的利益而放弃几乎全部所爱,这不合理。就我个人而言,我花在我的孩子身上的钱,如果用在远方挨饿的孩子身上确实会更好,但我无意改变。毕竟我只是个普通人!可是我宁愿做一个知道自己是伪君子但试图减少伪善的人,也不愿把我们人类的典型道德局限错当成理想价值。

"伪君子"一词实属误用。伪君子是指所宣扬的信念连自己都不相信的人——但照我的理解,格林是在指责自己的生活未能遵循他认可的关于理想价值的信念。

这里暗含着一个明显不属于实证心理学事实的想法:我们应该依照某些价值观"理想地"约束我们的生活,而这些价值观能被功利主义的目标所概括,即最大化总体幸福,并且无偏倚、平等地对待每个人的幸福,而不偏袒我们自己或我们所爱的人。格林甚至提供了一个极其哲学的论证来支持这个理念。他问道,如果你可以从两个世界中选择一个来创造,你会怎么选?一个世界满是我们这样的人类;另一个世界里的人则天然拥有完全无私无偏的动机,并且像关心自己一样关心每个人,而不只是关心朋友和家人。他假设你会选择创造第二个物种,进而认为,这就表明我们和我们物种的典型道德反应是有问题的。

格林显然认为这个奇特的创世思想实验可以让我们识别出理想的价值观,因为它唤起了一种不被我们"本物种的典型道德限制"所污染的价值判断能力。他似乎认为,让这个理想物种充满生命力的那些价值观,在某种意义上适用于我们,哪怕我们与之大不相同。然而他也认为,期望我们践行这些价值观并不合理,而强求践行则后果不堪设想:

> 要求现实中的人为了陌生人的利益而放弃家庭、朋友和其酷爱,这如果显得荒谬,那这就不可能是功利主义对真实的人实际上的要求。试图这么做将是场灾难,而灾难并不能将幸福最大化。人类演化成过着由人与人、人与社群的关系所定义的生活,

如果我们的目标是让世界尽可能幸福，那就必须考虑到人性中的这个本质特征。

格林是在与一个老问题搏斗，而他的心理学取向并不能解决这个问题。当我们想要制定标准来约束自己和他人的行为时，我们总得有个起点，而这意味着从看似正确的地方开始。当直觉明确无误，我们可以简单地接受它们；但有时它们并不明确，于是我们就面临选择。当我们有关个人权利的直觉与"拯救更多生命总是更好"的直觉相冲突时，我们是应该不相信前一组直觉，还是应该抛弃功利主义，因为它允许直觉上不可接受的侵犯个人权利的行为？格林说，"天桥困境"中的直觉反应类似于米勒-莱尔错觉——由于背景条件不同，两条相等的线段看起来长度不同。即使我们测量了这两条线段并发现它们相等，错觉也不会消失。然而，功利主义计算并不那么像物理测量：它有赖于一种不同形式的估量，在格林的描述中，这种估量是一项人为创造。

对自己和对家庭的偏爱等紧贴个人视角的价值观，以及避免直接伤害他人的特殊义务，是否应该成为道德基础的一部分？还是说，对它们的接受程度应以无偏功利主义那样的客观视角为限？这是个道德理论中极其困难的问题。像格林那样，把我们的反功利主义情感和直觉视为"本物种的典型道德限制"、视为实现道德理想的障碍，则是将理想道德定义成某种超出人类，或者可以说是不够人类的东西。

一个更有吸引力的替代方案是，将个人视角下一些本能的价值观与格林认为我们也有能力接受的普遍、无偏的价值观相结合。要完成这样的结合，就需要比格林更能精妙处理对无偏倚性的各种可能的诠释：他将无偏倚性等同于幸福最大化，而他对康德和罗尔斯的简短讨论表明他并不真正理解二人的不同观念——即便我相信，就算他理解了，他也仍会拒之而支持功利主义。

罗尔斯对功利主义的主要反对意见是，功利主义在构建道德视角时，没有将不同人的区别作为基本要素，因此它用成本效益平衡法来解决人际利益冲突，这种方法适用于一个人的生活中的各种好坏选择。因此，按照功利主义，一个人付出的严重代价可以被数量足够多的其他人的微小获益加总所抵消。罗尔斯沿袭康德的传统，试图为人际情形构建一种不同形式的无偏平等考量，它以紧急性为优先，也限制了人际的取舍。这里没有篇幅来展开讨论，但我只是想举例说明，要超越我们的演化遗产，情况可能比格林想象的要复杂得多。

格林的提议带来的最棘手的问题是，我们是否应该不再把我们本能的道德直觉当作证据，来支持一个连贯的个人权利体系，限制即使是为了追求更大利益而可能采取的行为。我们是否应该像对待视错觉那样看待它们，认识到它们是演化的产物但不予认可？格林的揭穿性论证为古老的功利主义传统增加了一个实证维度，但这肯定没有彻底解决问题。表达了这样一种道德观点的一套普遍的个人权利体系或许可以得到辩护：每个人拥有一个不受他人干涉的生活自治领域，并且这个自治领域的定义方式确保了所有人都能一致、同样地拥有自治领域。最后这个条件意味着，权利保护边界的内外之别可能有些任意——比如"天桥困境"和"开关困境"之间的区别，或者杀人（严格禁止）和见死不救（允许，除非救人代价极小）之间的区别。然而，一套体现出这些区别的体系，其背后的道德观念不能被轻易当作视错觉。若将道德完全建基于这样一个平等自由体系，大多数人会无

16. 大脑皮质与电车难题—179

法接受。但若再加上某些无偏地关怀整体福利的要求，它就能作为更复杂道德的一部分，反映出人类本性的复杂。

格林及其同道者在道德构建的事业中无法回避上述分歧。我们或可希望，在分歧之后，人类的道德发展还有很长的路要走。

17. 模块化道德 [1]

1

人类渴望了解自己，而在这个时代，这项事业由生物学、心理学和社会科学等广泛领域来追求。不同形式的自我理解提出了一个问题：既然科学理论描述了我们在生活中运用的能力、从事的活动和建立的关系，那要如何将各学科的理解与我们所有人的实际生活联系起来呢？

道德这个普遍人类现象就是一个重要的例子。即使我们接受了对各形式道德的描述性理论——无论是来自演化生物学、神经科学还是

---

[1] 本文是对以下两本书的评论：乔纳森·海特（Jonathan Haidt）所著的《正义之心：为什么好人因政治和宗教而分裂》(*The Righteous Mind: Why Good People Are Divided by Politics and Religion*, Pantheon, 2012；2014 年出版的中译本译名为《正义之心：为什么人们总是坚持"我对你错"》；以下简称《正义之心》）和迈克尔·罗森（Michael Rosen）所著的《尊严：历史和意义》(*Dignity: Its History and Meaning*, Harvard University Press, 2012；以下简称《尊严》）。

发展心理学与社会心理学，我们仍各自持有特定的道德观念，仍会做出道德判断，并一定程度上由这些态度来左右自己的行为和政治选择。我们如何将经验科学对我们的外在描述，与现实生活中内在的与道德的积极互动结合起来？

乔纳森·海特在《正义之心》一书中提出了这个问题，并且某种程度上处理了它，而这本书的部分趣味恰恰在于它未能做出完全连贯的回应。海特是一位社会心理学家，他阐述了他对道德及其分歧的起源和本质的描述性理论。但该书的整体观点不仅是描述性的，也有规范性的部分。海特明确提出了一些很明显有道德性质的建议，并试图借他对道德的描述性发现来支持这些建议。而这两个方面的融合并不容易。

海特把他的实证理论称作道德基础理论，它是演化心理学的一个例子。这个理论认为，有一组先天的道德反应"模块"通过自然选择在人体内固定下来，而这些反应又被文化演化所进一步塑造，成了各种更具体的形式和组合，进而作为基础，发展出我们观察到的全球范围内以及像美国这样多元文化中千差万别的道德观。具体而言，海特认为主要的道德倾向的成因是群体选择——选择出有利于早期人类社会群体与其他群体竞争的遗传特征，而非个体选择——选择出有助于个体与其他个体的生殖竞争的遗传特征。是否存在群体选择，这个问题在演化生物学中仍有争议。海特为群体选择辩护的依据是，道德规范可以包括低成本的执行机制，例如各种形式的群体压力。这些机制消除了个体通过不遵守规范而从群体成功中获益的遗传优势，也就是说，防止了搭便车行为。

海特区分了六种基本的道德反应类型，并将其比作不同的味觉感受器，于是不同道德观就像是不同的菜式，在使用这些反应时也各不相同。每种反应类型都表现为对特定价值或其违反行为的正面或负面直觉情感反应，所以海特给这些类型起了双重名称：关爱／伤害、自由／压迫、公平／欺骗、忠诚／背叛、权威／颠覆和圣洁／堕落。海特认为，这些反应的先天基本形式之所以被发展出来，是因为它们抑制或调节了自利，让并无亲属关系的人得以合作。个体层面的自然选择可以解释那些对个人及其近亲有益的心理特征；但有些特征对个体的益处只体现为维持那些能凝聚群体的规范，海特主张，这就需要用群体选择来解释。

我稍后会进一步讨论这些分类，但海特的总体观点是，运转良好的道德体系必须利用这些直觉情感反应来控制行为，而理性在道德中起的作用相对较小——通常只是把直觉告诉我们的对错判断合理化。该书的主要论证如下：部分西方发达社会中的世俗自由主义道德观太过看重理性，并且仅依赖于他所描述的基本反应中的一部分；而保守主义道德观，无论是在这些发达社会还是在其他地方，其力量来自同等调用所有的道德类别。这就解释了为何保守主义能在美国文化和政治中取得成功，为何自由主义者又会视之为不理性。海特坚持认为，自由主义者蔑视保守主义是错的，如果自由主义者想增加影响力，就需要扩大他们道德观的基础。

基于在美国和其他地方的访谈和问卷调查，海特讲述了他对道德态度各组合的分布情况的研究；他还提供了演化推测、人类学数据，以及大脑研究和动物行为研究的证据。我不会尝试讨论所有材料。对任何有社会意识的美国居民来说，他所描述的当代现象都应耳熟能详,即使描述并不完全准确。他的三个类别——忠诚、权威和圣洁(这里对其双重名称做了简化)——对保守主义者非常重要,但对大多数自由主义者来说不重要,甚至令人反感。对群体的忠诚把群体之外的人排除出去,也贬低了他们;权威压制了个人的自主性;圣洁(例如在限制干细胞研究、安乐死、色情作品和亵渎国旗时)假定了某些不依附于人的利益的价值。这些规范与自由主义的核心理念——关注个人利益、追求普世性——相冲突。

根据海特的说法,自由主义者主要诉诸关爱模块。连带着某种自由观,关爱限制了强者对弱者的压迫。自由主义者较少关注公平,而公平在海特的诠释中是对做出的社会贡献要求成比例的回报——而非平等回报。换言之,在能支持道德的六种情感与基本价值中,自由主义者忽视了其中一半,而保守主义者则关心全部。尽管自由主义者常常不承认,但保守主义者关心的不只有性道德、宗教和爱国主义;但自由主义者,海特说,只关心贫困、公民权利和公民自由。

他赞扬埃米尔·涂尔干(Émile Durkheim)的理解,认为集体宗教和爱国情感不仅将人们联系在一起,还为他们的生活赋予意义,使他们避免了因过度关注个体目标而导致的失范(anomi)——迷茫而缺少规范。相比之下,他反对约翰·斯图尔特·密尔将道德等同于普遍推进个人利益、防止人们互相伤害的观点。

2

　　海特的演化取向意味着，只有得到了自然选择的青睐，一种道德观才算是有了坚实基础；普世而非以群体为中心的倾向并非自然选择的合理候选。因此，海特仅承认有限形式的关爱和公平价值。他认为，关爱是基于人类群体在幼儿漫长的无助期保护他们的需要，这种关爱不能自然地推广到关心全人类甚至所有有感知能力的生物。公平被他定义为参与合作事业的人应按其贡献获得成比例的回报，欺诈者和搭便车者则应受惩罚。他否认平等本身有任何道德意义，我们只是厌恶过度支配——一种特定形式的强制的不平等，其超出了权威的功能性价值所能允许的合理等级秩序。

　　在这个图景中缺少的一块是美国自由主义和欧洲左翼所重视的另一种公平概念，它视世袭阶级不平等为不公平，因为一些人的生活仅仅因出生偶然性就比其他人艰难得多。这不是认为平等本身有意义，而是反对造成不平等的特定社会原因——并且不单是像种族隔离那样侵犯自由的原因。这种不公平感或许没有可信的演化解释，但它真实存在，并且激励左翼已经有一段时间了。然而，这种反应可能过于依赖理性、依赖对道德一致性的要求，海特不见得会认真对待它——就像把关爱和避免伤害的关注点延伸到自身社群之外一样。

　　相信我们人类被设计为无条件地爱每个人，这很美好。但从演化的角度来看，这不太可能。狭隘的爱——在群体内部的爱，因相似之处、命运相连的感觉和对搭便车行为的遏制而被放大，可能已经是我们能做到的极限。

对于各种狭隘的道德和宗教，自由主义者习惯于嘲笑为落后也难以容忍，但海特力劝自由主义者尊重它们、承认它们确实具有道德特质。然而，海特坚称他不是个相对主义者。他有自己的道德观点——这大概意味着他相信这些观点是正确的，或者至少相信它们比其他观点更有可能为真。但是，在海特的演化视角下，这样的信念意味着什么呢？他又有什么理由相信呢？

按他所说，他对六种道德反应类型及其维持群体功能的描述性理论，作为规范性理论的"补充"会有很好的效果，"特别是那些难以认识到群体和社会事实的理论"。他自己更倾向于他称为"涂尔干式功利主义"的立场，这种立场……

> 对忠诚、权威和圣洁这些具有凝聚力的基础，在良好社会中可能起到的关键作用，保持开放态度……在有一定程度的种族和道德多样性的西方民主国家，在制定法律、实施公共政策时，我认为功利主义不存在强有力的替代品。我赞同杰里米·边沁的观点：法律和公共政策的目标大体上是创造最大的整体效益。我只是希望边沁能读读涂尔干的著作……然后再告诉我们或我们的立法者如何最大化这个整体效益。

关于这种观点与六模块理论的关系，有两个问题。首先，功利主义本身的合理根基在这些模块中无处可寻。最接近的候选者是关爱/伤害，但功利主义原则平等地考虑每个人的利益，并要求以最大化整体效益为社会目标，而不仅仅是保护无助者、阻止社会内的侵犯，这是将关爱范围极大扩展了。这样的原则只能基于某种理性而非本能——即使仅应用于单一社会范围内。

其次，海特的涂尔干式功利主义将忠诚、权威和圣洁的价值降至纯粹的工具性角色。据此，宗教、爱国主义和性禁忌等等本身没有任何效力或价值；它们只是有助于创造纽带，有助于大家共同成就整体效益的最大化，而这在功利主义看来其实就等同于个体利益的实现。但是，如果这些价值和实践只被视为工具，它们还能发挥这种功能吗？甚至，它们还会存在吗？以纯粹工具性、功利主义的眼光来认可这些"有凝聚力的"道德态度，似乎本质上是一种外部者视角，并不是对这些态度最本真形态的认同。

探求事实真理时，海特非常相信理性，尤其是互相评论的集体实践形式的理性——科学领域就以此为特征。是理性让我们能超越本能、直觉、感知，以及迷信和神话。可对于规范性真理，海特又不信任理性了，哪怕他并没有完全排除理性的作用。他对理性在道德思考中的地位的看法模糊不清（尽管他有一处暗示说立法机关可能是就公共政策进行集体推理的场所）。我不清楚在他看来他在论证涂尔干式功利主义时到底是在干什么。他是在表达一些他认为是生物和文化演化的结果的直觉吗？还是说他是以那些直觉为数据，基于某些进一步的道德基础，来提出一个规范性主张？又或者两者兼而有之？

我们不能忽视人类天生的本能和文化的影响，但想认真思考道德的人都必须准备好超越这些动机以取得独立视角，再以此评估这些动机。比如说，许多社会中仍存在各种关于圣洁与玷污、权威与等级的规范，它们仍维持着女性对男性的从属地位，如果我们希望评估这些规范，首先要问的是，在评估时男性和女性的利益是否应该得到平等对待。如果答案是肯定的，这本质上就是在否定那些规范自身的内在效力：如果它们贬低女性利益的价值，即使这些规范很难被动摇，我们也应该反对。

这种反思和论证在道德革新中发挥了重要作用。但海特将不同的道德观描绘成好像不同的菜式一样，其组成是六种道德模块的不同混合，以恰当适应社会环境。这种图景几乎没有给理性反思、追求一致性以获得道德理解和进步留下空间。可是这种思考是道德生活的一部分，海特的理论以及任何道德心理学理论都应该尝试理解这样的思考。社会凝聚力可能是可接受道德的一项必要功能，但不是其唯一功能。

3

海特的书所指责的罪魁祸首之一，是坚持认为道德必须基于理性而非情感的伊曼努尔·康德。康德的影响非常深远，而海特认为，这让哲学家等群体偏离了康德的前辈大卫·休谟所指示的理解的正道。休谟认为理性在行动的控制中总是从属于感觉或"情感"，因此在道德中也是如此。但我应该指出，休谟的影响同样巨大，当代伦理理论仍然被这两位巨人的分歧所主导。

迈克尔·罗森的《尊严》是一部引人深思且内容丰富的著作，它探讨了一个在康德的著作及其影响中都很重要的道德理念，罗森还考察了在康德之前尊严这个概念的历史以及它在其他思想体系中的地位，如在天主教道德神学和德国宪法中的地位。罗森不是社会心理学家，而是位政治理论家，他的研究着眼于历史、制度和文本，而非生物学和心理学的内容。与海特不同，他没有提出普遍道德理论。不过他所试图理解的特定道德规范，在他的解读中有类似于海特的道德模块的作用。

联合国的《世界人权宣言》第1条开篇即言："人人生而自由，在尊严和权利上一律平等。"《德意志联邦共和国基本法》第1条则写道：

> 人的尊严不可侵犯。尊重和保护人的尊严是一切国家权力的义务。因此，德国人民承认不可侵犯和不可剥夺的人权是所有人类社会、世界和平和正义的基础。

德文文本中尊严（Würde）的突出地位不仅反映了康德的影响，还反映了驱逐纳粹主义极端反普世道德的需要。这两部文本都将尊严与权利相联系，罗森正是对此提出了质疑。

在贵族时代，尊严与崇高社会地位联系在一起。尊严意味着应当受到尊重，但人们不认为尊严属于所有人，而是认为它只属于少数高贵者。罗森指出，地位等级的逆转，使"那在后的将要在前"[1]，这是基督教社会思想的一个重要方面。但尊严从排他性地位转变为普遍的崇高人类地位，是康德赋予了其世俗形式。约翰·罗尔斯也将康德的

---

[1] 译注：这句话出自《圣经·马太福音》20:16。

道德共同体描述为"人人皆贵族"[1]。

康德有个非常著名的观点：唯一本身是善而且无条件为善的，就是善良意志——一种服从它为自己制定的普遍道德法则的意志。正是由于其道德能力——既是道德律的制定者又是服从者——人本身就是目的，且必须始终被视为目的。正如康德所写：

> 道德是理性存在者能够成为自身目的的唯一条件，因为只有通过道德，理性存在者才能成为目的王国中的立法成员。因此，唯独道德和具有道德能力的人性具有尊严。[2]

我们应用定言命令[3]来为自己制定道德律，其第一形式（普遍法公式）是："只依据那些你可以同时意愿其成为普遍法则的准则行动。"但罗森主要关心的是如何诠释第二形式（人性公式）："行动时，要把你自己人格或他人人格中的人性，总是同样视为目的，永远不能仅仅是手段。"

将人性视为本身就是目的并因此尊重所有人的尊严，这意味着什么？康德的大多数诠释者认为，普遍法公式和人性公式都要求你将自己置于他人的立场上。你不仅要问："我该怎么做？"还要问："任何在我这个位置上的人该怎么做？"答案来自将你的行为同时置于所有人或所有受影响者的视角中可接受的标准之下——各视角要适当理想

---

[1] John Rawls, *Lectures on the History of Moral Philosophy*, edited by Barbara Herman (Cambridge: Harvard University Press, 2000), p. 211.
[2] Immanuel Kant, *Groundwork of the Metaphysics of Morals*, AK. 4:435.
[3] 译注：又译"绝对命令""定言令式"。

化并结合起来。

这种方法能否产生明确的道德要求？如果能又是什么？这些难题先抛开不谈，上述诠释把康德式道德的核心等同于以某种形式平等对待所有人，从而限制个人利益的追求——不是像功利主义要求的那样最大化总体福利，而是要求对每个个体都有某种形式的得体对待。但罗森认为，这样理解康德，并没有充分体现康德理论在他看来那非凡的"严苛与激进"。罗森认为，康德理论的驱动力并不是关心他人，而是别的颇不相同的东西。

4

康德的崇拜者们一直对他的一些观点感到困惑，因为这些观点似乎无法用我所描述的人文主义观念来解释。一个例子是他那臭名昭著的坚持：即使是为了救人于谋杀中也不允许撒谎。另一个例子是他严格禁止自杀，哪怕是为了逃避无法忍受的痛苦。康德认为，这违反了将人性视作目的而不单是手段的要求。但一个为了缩短绝症痛苦而结束自己生命的人，为什么不是不仅把自己当作手段（结束自己的生命），也把自己当作目的（为了缩短自己的痛苦）呢？如果出于这样的原因自杀不算将自己视为目的，那么康德一定是在谈论一种完全不同的价值，它不能被理解为对人的利益的满足。

罗森认为，尊严的概念所体现的正是这种价值。在本书的最后一部分，他解释了他对这种价值的理解，并通过它在另一个例子（不来自康德）中的呈现，确认它独立于人的利益：我们要求待死者遗体以尊重，实际上还要求要待之以尊严。似乎所有文化都承认这样的要求，对此也都有强烈的情感支持。如果有人将死去的亲人磨成狗粮，我们感到震惊并不是出于公共卫生的原因（这显然进入了海特的圣洁/堕落范畴）。罗森认为，这与死者或任何其他人的利益也都无关。这只是在要求我们不能在一个人死后对其身体做某些事情。这是一种纯粹的义务，不对应任何人的权利，也不会使任何人受益。

罗森认为，康德关于尊严和自身作为目的的道德存在者的学说，本质上是一种义务的道德——本质上是对我们自己的义务，引导我们自己以某种方式行事。即使其中的某些方式涉及对待他人，其重点也不在于他人的利益，而在于我们的行为。这是种夸张的说法，但罗森很有力地说明了这至少是部分事实。我们的"把道德和人类的道德本质视作本身即为目的"的这项义务，"不在于试图创造某种具有永恒价值的东西或保护其不受毁灭（这既不可能也没有必要），而在于以适当的方式来对待它。"这里对两种价值的区分非常重要：一种价值给了我们理由去创造更多包含这个价值的东西，比如人类幸福的价值；另一种价值则让我们有理由以尊重的方式来对待已经具有该价值的事物，比如人类尊严的价值。第一种可以称为效益价值，第二种可称为地位价值。

然而，我认为罗森在两者之间设下了太大的距离，它们在康德的理论中其实都很重要。罗森反对康德式的观念——尝试将人权建基于人类尊严，他认为，用权利所保护的人类利益的效益价值，能更好地解释权利。可是基本权利的概念中确实存在纯粹的地位元素——一种要求尊重而非增加的价值。这正是解释了不能为了减少权利侵犯的总量而去侵犯某一权利的原因：不能为了让五个人免于被谋杀而去谋杀一个无辜的人。另一方面，罗森的"纯粹义务"解读忽略了一点，即康德的道德理论明确要求我们增进他人的利益，这是将他人视为本身就是目的的要求的一部分："因为任何自身作为目的的人，其目的也必须尽可能成为我的目的，这样才能让自身作为目的这个概念对我具有全面影响。"[1]

罗森还阐述了尊严概念在当代法律论辩中所扮演的角色，其结果往往让人生疑。他讨论了法国的曼努埃尔·瓦肯海姆（Manuel Wackenheim）案件，这位身材矮小者被禁止出卖自己以参与"侏儒投掷比赛"，理由是这侵犯了他的尊严——法国国务委员会、欧洲人权委员会和联合国人权委员会都维持了这一判决。罗森正确地指出，这些判决基于一种混淆——作为一种道德地位的尊严，以及"有尊严"的行为举止：

"被有尊严地对待难道不意味着我们应该有权选择是否以有尊严的方式行事吗？政府保护'人类尊严'的义务是否意味着它有权禁止人们选择以不尊严的方式行事？"

罗森在这里诉诸一种普遍的个人自主原则——这与对死者遗体的尊重非常不同。对尊严的其他侵犯可能需要用公平、避免羞辱、隐私或身体完整性来解释。如果没有这样的解释，把尊严概念理解为要求"适当"或"尊重"的对待方式就太过模糊了，无法确定任何明确标

---

[1] AK. 4:430.

准。罗森努力将尊严挽救成一种做判断的独立基础，但最终并不令人信服。与道德思想的其他主题一样，直觉也许是不可或缺的起点，但要想对于对错有充分把握，直觉还远远不够。

18. 虚构与理想[1]

夸梅·安东尼·阿皮亚是一位才华横溢的作家和思想家。他的学术生涯始于语言分析哲学，但很快就拓展到了更广泛的领域，这使他成为最受瞩目和尊敬的哲学学者之一。他向公众讲述道德和政治方面的重要议题，如种族、世界主义、多元文化主义、荣誉准则和道德心理等。他甚至还在《纽约时报》周日刊上开设了"伦理学家"专栏，对于读者提出的各种现实生活中的道德问题，他总能给出引人入胜的精辟回答。

《仿佛：理想化与理想》在某种程度上回归了阿皮亚早期更为抽象和技术性的工作。其主题和标题是对汉斯·费英格（Hans Vaihinger, 1852—1933）作品的致敬。费英格是一位目前被忽视的德国哲学家，他的代表作《"仿佛"哲学：人类理论、实践和宗教虚构

---

[1] 这是一篇关于夸梅·安东尼·阿皮亚（Kwame Anthony Appiah）的著作《仿佛：理想化与理想》（*As If: Idealization and Ideals*, Harvard University Press, 2017）的评论。

的体系》[1]于 1911 年出版。费英格认为，许多我们关于世界最富有成果的思考，尤其是在科学领域，都依赖于理想化（idealization），或他所说的虚构（fiction）。那些字面上看是虚假的描述、定律或理论，却为我们思考问题提供了比复杂的真相更简单、更有效的方法。我们常常会假设一个对象**仿佛**符合某种理论，这样做能够帮助我们发现很多东西，尽管我们知道这是一种简化。正如费英格所说，这种虚构"提供了一种**更容易在世界中找到方向的工具**"。

　　费英格提供的最明显的例子之一是亚当·斯密在构建经济理论时假设经济人完全由自利驱动——他们都是利己主义者。正如他在《道德情操论》（*The Theory of Moral Sentiments*，这本著作不如《国富论》那样广为人知）中所阐明的那样，斯密非常清楚人类的行为动机远比这复杂得多。但正如费英格所解释的：

> 为了建立他的政治经济学体系，亚当·斯密必须从因果关系的角度解释人类活动。他凭借敏锐的直觉意识到，人类行为的主要原因在于利己主义。他提出了这样的假设：人类的一切行为，尤其是商业或政治经济性质的行为，都可以被视为**仿佛**只由利己主义这一个因素所驱动。因此，善意、习惯等次要原因和不完全的条件因素在这里都可以被忽略。凭借这种简化，亚当·斯密成功地将政治经济学完全纳入一个有序的体系。

---

[1] *The Philosophy of 'As if': A System of the Theoretical, Practical and Religious Fictions of Mankind*, English translation by C. K. Ogden (New York: Harcourt, Brace, and Co., 1924).

费英格在数学、自然科学、伦理学、法律、宗教和哲学的各种案例中探讨了这一现象。阿皮亚的研究领域同样广泛，但他的例子有所不同；他特别关注心理学、伦理学、政治理论、社会思想和文学。总体而言，他为理想化的价值进行了辩护，但他也意识到随之而来的智识上的风险。他强调，我们必须保有对真实的追求（它与理想化形成对比），并且要清楚理想化带来的偏离和它具体适用的情况。

阿皮亚在这本短小的书中对许多主题都进行了独到的思考，因此我无法一一详述。他提到了一些自然科学方面的例子，但它们过于简略，非专业读者难以理解。[1] 我将挑选一些更易于理解的关于理想化的例子来进行讨论。

2

当代所谓的经济理性理论源自亚当·斯密关于经济行为的利己模型，它建立在一个更为复杂和精确量化的关于个人选择的心理模型之上，但这个模型仍是理想化的。现代决策理论通过引入对主体信念程度和偏好程度的量化测量，进一步提高了这一心理模型的精确度。

如果在一个阴天，你要决定出门时是否应该带伞，你需要考虑四种可能性：（1）下雨且带伞，（2）未下雨且带伞，（3）下雨且未带

---

[1] 他多次引用科学哲学家南希·卡特赖特（Nancy Cartwright），后者在《物理定律是如何撒谎的》（*How the Laws of Physics Lie*, Oxford University Press, 1983）一书中探讨了相关现象。

伞,（4）未下雨且未带伞。显然,你的决定将取决于你对下雨可能性的预估,以及你对被雨淋湿的介意程度,或者你对于在未下雨的情况下带了伞的介意程度。而决策理论会更精确地描述你的决策过程：你会为下雨这个事件分配一个介于 0 和 1 之间的概率 p,并为未下雨的情形（暂且忽视下雨和未下雨之间的模糊情形）分配一个 1 − p 的概率,此外你还给（1）到（4）中的每一种可能情形都赋予了一个正或负的效用（desirability）。通过将每种结果的概率和效用相乘,就可以计算出每种结果的所谓"期望值"（expected value）,进而得出带伞和不带伞的期望值。理性的选择就是选择期望值更高的选项。[1]

任何决策,无论其多么复杂,只要我们可以对决策中的各选项赋予主观概率和主观效用,它就能通过决策理论的计算来解决。借助博弈论,决策理论还可以拓展到多人交互中,例如市场经济中的情形。令阿皮亚感兴趣的是,这一理论将这些假定的可量化的心理状态赋予个体,这只有在理想化的基础上才能做到。这些状态并不是借由人们对于自身主观概率和效用的报告而被发现的。一般来说,人们无法通过内省的方式来确定这些数字。相反,这些精确的心理状态是由理论自身所赋予的,其基础是人们能够确定自己对于不同选择的偏好或排序（更好、更差、无所谓）。

这并不意味着这些状态是虚假的（fictional）：那些真实却又不可观察的潜在原因往往可以通过可观察的表现推导而来。在上述情形

---

[1] 例如,你对下雨分配的主观概率是 0.4,而你对四种可能性分配的主观效用分别是 ＋1、−1、−6、＋2,那么它们的期望值分别为 ＋0.4、−0.6、−2.4、＋1.2。这样,对你来说,带伞的期望值为 −0.2,不带伞的期望值为 −1.2,所以理性的选择是带伞。

中，虚构就是通过这样的方式推导而来。如果一个人有足够多的偏好（对选择的排序），并且**这个人是经济理性理论意义上的理性人**，那么我们就有可能通过一些相对简单的规则，为他赋予一系列主观概率和效用，它们能够描述这个人的偏好。但是，经济理性理论意义上的理性要求一系列超乎常人的能力，例如不会犯任何逻辑错误，能够在一瞬间计算选择所带来的逻辑后果，以及对逻辑上等价的所有可能性赋予同等的概率和效用。显然，现实中没有人能够达到这种意义上的理性。因此，如果我们用经济理性理论来思考现实中人类的行为，我们就是在把他们当作**仿佛**是超理性的存在［阿皮亚称之为"认知天使"（Cognitive Angel）］。但这种虚构是有效的，它使我们能够对人类的行为进行量化分析。

虚构只有在服务于某些特定目的时才是有效的。如果我们不想被误导，我们必须认识到它偏离现实的方式，并在这些偏离产生重要差异时加以修正。事实上，这正是最近发展起来的行为经济学所关注的问题，它试图找出现实中的人类行为和经典经济理性标准之间的系统性偏差所产生的后果。（例如，人们通常不会对逻辑上等价的可能性赋予相同的效用。同样的结果，如果被描述为损失，就会比被描述为没有收益更让人厌恶；如果一个结果被死亡概率所描述，那人们对它的评估会跟当它被生存概率所描述时有很大的不同。）阿皮亚的观点更具普遍性：如果我们试图构建人类的心理学规律，那么我们就会不可避免地忽略人类实际生活中的各种复杂性。在某些情况下，这是合理的，前提是我们能意识到这种理想化，并且准备好在必要的时候恢复其复杂性——例如，如果我们真的相信每个自由市场都是理性的，那么这就会带来严重的经济问题。

3

接下来我们再看一种完全非技术性的理想化类型，它们在当代思想和话语中无处不在：诸如"黑人"和"同性恋"这样的种族和性别范畴。认为某人——无论是自己还是他人——是黑人或同性恋，这在我们的社会中具有重大的个人、社会和政治意义。然而，鉴于现实中人类生物遗传和性取向的复杂性和多样性，这些都是非常粗糙的概念，它们与现实世界中那些被明确定义的属性和范畴并不相符。尽管如此，阿皮亚认为，我们可能会发现这些范畴的使用是不可或缺的：

> 在我早期的研究中，我曾经论证过两个观点：首先，严格来说，种族并不存在；其次，基于种族的歧视是错误的。我们可以用一种严格意义上并不矛盾的方式来对此进行解析：因为相信对方是"黑人"而歧视对方，这是错误的，尽管事实上，严格来说，根本就没有"黑人"。但在以平权行动应对歧视的过程中，我们发现自己也在把人归入各个种族范畴。尽管我们并不真的认为种族存在，但把人当作仿佛是有种族的来对待却是合理的。

这些情况并非一开始就是理想化的。"黑人"和"同性恋"之所以成为重要的社会身份，是因为人们普遍相信这些是某些人特有的基本属性，且它们具有行为、社会和道德上的影响。阿皮亚认为，当那些并不认同这些观念的人继续使用这些术语时，这不仅是口头上承认了一种错误却又顽固的社会幻象，它更是一种虚构思维的例子。我们没有真正抛弃诸如黑人这样的范畴，而且我们或许也不该这么做：

> 身份被视为一种基于自然事实的社会本体论的稳定特征，它往往被……我们的道德思考所假定，尽管在理论层面上我们知道它们并不真实。它们是我们最有力的理想化之一。

这引出了一个问题：在怎样的情况下，这些理想化是不可或缺的，在怎样的情况下，我们需要抵制这些理想化进而追求更复杂的真相？阿皮亚在他早先的著作《认同伦理学》[1]中对这一问题及相关问题进行了深刻的探讨，但在此书中并未涉及。

阿皮亚还讨论了另一种理想化，他称其为"反规范的"（counter-normative）：即使我们知道某个道德原则不成立，但在思考或行动中我们仍然会把它视为仿佛是真理。他认为，当我们把某些禁令——例如禁止谋杀或酷刑——视为道德上绝对的时候，我们就是在采取这种思维方式。他认为，严格来说，任何这样的道德规则都有例外，但将其视为没有例外可能更好。这样一来，我们可以确保避免缺乏合理理由的违规行为，同时也不必担心潜在的负面后果，毕竟"我几乎不可能遇到那种可能允许谋杀的情形（更不可能遇到必须进行谋杀的情形）"。阿皮亚补充道，有时候，虚构的好处取决于社会对它的接受，而非个人对它的接受。或许，严格禁止虚假承诺就是一个例子。人们通常相信对方一般都会信守诺言，尽管实际上并非如此，这样的信念促进了人与人之间的信任。

---

[1] Kwame Anthony Appiah, *The Ethics of Identity*, Princeton University Press, 2005.

哪些道德规则是虚构或理想化的，这取决于一个人对于道德真理的基础的看法。虽然阿皮亚没有深入探讨这个宏大的话题，但他的讨论似乎与这样一种观点最为一致，即关于对错的终极标准在于怎样的行为能够实现最佳的总体结果。如果我们无法通过"在各个情形中都以最佳总体结果为目标"的方式来实现最佳总体结果，那么反规范的虚构就有其用处了：此时我们就应该完全禁止谋杀和酷刑。这是一个备受争议的问题，有些人认为对谋杀、酷刑和虚假承诺的禁止依赖于不同的理由，即这些行为各自的内在特征，而非它们对总体结果的影响。对这些人来说，他们或许不会像阿皮亚那样倾向于用理想化来解释这些道德禁令的严格性。

4

阿皮亚最后谈到了一个极具哲学意义的话题，即道德理论本身的理想化。这里可能会有一些混淆，因为他所说的理想化与之前讨论的有些不同。

每一种道德都是一种理想（ideal）。它要求我们遵守某些行为和品格标准，而我们往往会受到诱惑去违背这些标准。可以预见的是，普通人有时会违背这些标准，尽管他们相信这些道德标准是正确的。这一点并不涉及阿皮亚所说的理想化。道德原则无须依赖严格意义上真实的假设，它所描述的并不是人们实际上如何行动，而是人们应当如何行动。它只需要假定人们能够以这种方式行动，即使他们中的许多人当下并没有这么做。

阿皮亚感兴趣的理想化发生在政治思想家或哲学家对道德进行理论化的时候。在发展他们的理论时，他们常常会设想不同于现实世界的情景或可能性，并借此评估道德或政治假说。如果每个人都遵守某一道德或政治原则，那么结果会是什么样子？以此来评估这些原则，这就是一种理想化。但正如阿皮亚所指出的，这远不是决定性的：

> 考虑这样一种常见的争论：一位哲学家——让我们称她为福祉博士——提出，我们应该以最大化人类福祉的方式行事。**这将创造出最好的世界，还有什么比这一点更显而易见呢？**另一位哲学家——偏袒教授——则提议，我们应避免对所有人造成伤害，但要将善意更多倾注于与我们有特殊纽带的人。我们完全有理由怀疑，这是否会让世界中的每个人都过得尽可能好。然而，一个所有人都能很好地遵守偏袒教授建议的世界，可能比一个大多数人都未能遵守福祉博士建议的世界要好（根据他们共同接受的关于好的标准）。而考虑到人们的实际情况，上述情形是很有可能的。

无法实现的理想注定是无用的。问题是，人的本性难移，道德理想应该对此做出多大的调整让步？在避免沦为不切实际的乌托邦的前提下，道德理想究竟可以在多大程度上要求我们超越以自我为中心的天性？正如阿皮亚所说：

> 在规范道德理论中，有些人性特质必须被视为既定的事

实……完全接受我们现有的模样又意味着放弃所有道德理想。那么，在什么情况下我们应该忽视人性，在什么情况下我们又应该坚持人性呢？

我想说的是，在这种情景下的理想化并不在于对人性的忽视，而是在于认为人性可变（无论这种观点是否正确）。而只有在这种改变不可能或不值得追求时，这种理想化才是乌托邦式的。

阿皮亚以移民政策为例，说明了避免过度理想化的另一种理由。提出移民问题，本身就意味着我们必须将国界的存在视为既定事实，同时也要接受有些国家公然不公正地对待本国公民，有些国家正面临混乱和贫困的现实。当我们思考在这种情况下一个繁荣稳定的国家所应承担的义务时，想象一个没有国家边界的统一世界，或者想象一个各国一致公正的世界，那里的人可以在国家之间自由迁徙，这些都是没有用的。这种理想的可能性并不能告诉我们，在现有的情况下，我们应该怎么做。

阿皮亚的回应基于这样一种想法：那些幸运的国家都各尽其责来缓解寻求庇护者的困境，同时承认许多国家可能无法达到这一标准。这同样是一种理想，但它并不依赖于对一个与现实截然不同的世界的想象。

移民是一个特殊的案例，但阿皮亚用更一般的论证来批评约翰·罗尔斯的正义理论的结构——在我看来，这种批评并不成功。罗尔斯通过他所谓的"理想理论"（ideal theory）来提出他最一般的正义原则。也就是说，他试图描述一个完全公正或"良序"的社会的结构和运作方式，其中"每个人都被假定为公正地行事，并尽责维护公正的制度"。罗尔斯认为，理想理论是制定正义原则的第一阶段，然后才是系统地处理各种形式的不公正及其应对方式——如刑法和补救原则。他将后者称作"非理想理论"，并认为它依赖于理想理论的结果。

阿皮亚反对说，描述一个完全公正的社会并不能帮助我们解决实际面临的问题，也就是无法让我们看到如何改善当前严重不公的社会现实。他补充道：

> 我们的集体道德学习的历史并不是从逐渐接受理想社会的图景开始的，而是从拒绝现实中那些我们逐渐意识到是错误的实践或结构开始的。当你意识到黑人、妇女、工人阶级或低种姓人所遭受的不平等待遇有何不妥时，你学会了支持平等；当你意识到被奴役者或置身深闺的妇女的生活有何不妥时，你学会了支持自由。

但这种对罗尔斯的回应是有误的。罗尔斯的道德理论方法正是从阿皮亚所列举的那些直观上就很明显的不公正例子开始的。罗尔斯的哲学项目是找到一般的原则，借由这些原则我们可以发现上述例子如何偏离了我们所期望的治理社会的标准，进而更加清晰地在道德上揭示这些例子中的错误之处。当我们需要在不那么明显的情况下判断什么是正确的时候，这些一般性原则尤其重要。这两个层面的探讨对于系统地追求和哲学地理解正义而言都是至关重要的，罗尔斯理论的整个目的就是将它们结合起来。对完全公正社会的普遍原则的理解不能帮助我们确定怎样的社会、法律或经济上的变革能让现实社会更加公正，这样的说法是荒谬的。

在这本内容丰富且引人深思的书中还有很多其他内容，包括关于我们对小说和戏剧所产生的情感反应的精妙讨论。阿皮亚的见解是，当我们对奥菲莉亚的死亡感到真正的悲伤时，这并不是因为我们如柯勒律治所说"自愿搁置怀疑"[1]，而是因为我们暂停了"对不信的正常情感反应"。我们会像相信一个不幸的年轻女子真的死了那样反应，尽管我们对此并不真正相信。因此这也是理想化的一种情形。

阿皮亚讨论的许多例子本身就很有趣，但他也认为这些例子能给我们带来更多的启发：

> 一旦我们认识到，许多我们最好的理论都是理想化的产物，我们也会明白为什么多元的思维方式对理解世界而言是必要的。这本书讲述了为什么我们需要关于世界的多种图景，它是对理论一元论的一声叹息。

我们不仅需要不同的理论来解释世界的不同方面，而且我们最好的理解可能来自那些并不完全真实，甚至有些相互矛盾的理论或模型。这种观点具有解放性，但我们也要注意不能让这种解放变得过于放纵。正如阿皮亚所坚持的，我们不应该让有效理论的多样性削弱我

---

[1] 译注：自愿搁置怀疑（willing suspension of disbelief）是由英国诗人塞缪尔·泰勒·柯勒律治（Samuel Taylor Coleridge）提出的一个文学概念。它指的是在欣赏文学作品（尤其是小说和戏剧）时，读者或观众主动暂时搁置对故事情节真实性和合逻辑性的怀疑。它使人们能够投入虚构世界，感受到作品所传递的情感和思想，而不会受其虚构性质的影响。

们对真理存在的信仰，否则我们只会陷入由众多支离破碎的故事组成的迷雾。理论正是在理想化的过程中有意地偏离了真实，而铭记这一点才是理论具有其价值的前提。

实 在

19.《心灵和宇宙》的核心[1]

17世纪的科学革命极大地推进了人们对自然的理解，而这个进步依赖于一个最初的对科学的关键限定：对于作为科学研究对象的物理世界，从中剔除出一切心理的因素，包括意识、意义、意图和目的。此后发展起来的物理科学借助数学来描述构成物质宇宙的元素，以及这些元素在空间和时间中的运动规律。

我们作为物理有机体，同样也是宇宙的一部分，与其他事物一样由相同的基本元素构成。分子生物学的最新进展也极大地增进了我们对生命的物理和化学基础的理解。由于我们的心理生活显然依赖于我们作为物理有机体的存在，尤其是依赖于我们中枢神经系统的功能，因此，认为物理科学原则上也能为现实的心理层面提供解释的基础似

---

[1] 这是我为《石头》(The Stone)撰写的一篇短文，其中的立场在我的《心灵和宇宙：对唯物论的新达尔文主义自然观的诘问》(Mind and Cosmos: Why the Materialist Neo-Darwinian Conception of Nature is Almost Certainly False, Oxford University Press, 2012；以下简称《心灵和宇宙》)一书中有更充分的论证。鉴于这本书所攻击的世界观根深蒂固，该书不出意外地吸引了大量的关注和批评。对该书的中心论点做一个简要总结似乎是有益的。

乎是很自然的——物理学最终将成为万物理论。

然而，我认为这种可能性被最初对物理科学的限定排除了。物理科学可以把像我们这样的生物体描述为客观时空秩序的一部分——描述我们在时空中的结构和行为——但它无法描述这些生物体的主观体验，也无法描述世界在他们不同的特定视角下所呈现的样子。我们可以对产生体验的神经生理学过程以及通常与之相关的物理行为给出一个纯物理的描述，然而无论这样的描述有多么完整，它都会遗漏体验的主观本质——从体验主体的视角来看，他的主观感受是怎样的。如果没有这种主观本质，体验就不会是一个有意识的体验。

因此，物理科学尽管在其自身领域取得了非凡的成功，但它必然无法解释自然界的另一个重要方面。此外，由于心理是通过动物有机体的演化而产生的，仅凭物理科学无法完全理解这些有意识生物的本质。最后，既然生物演化的漫长过程是有意识的生物得以存在的原因，而纯粹的物理过程又无法解释其存在，那么生物演化必然不是一个单纯的物理过程。如果演化论要解释有意识生命的存在，那它就不能仅仅是一个单纯的物理理论。

这意味着，如果科学追求的是对自然更完整的理解，那就必须扩展到能够容纳一种我们至今未曾见过的全新理论，它能够解释宇宙中心理现象的出现，以及这些现象中的主观视角。

有两种方式可以抵制上述结论。每种方式都有两个版本。第一种方式是否认心理是现实中不可还原的部分。理由可以是，（a）认为心理可以与某些物理方面相等同，例如行为模式或神经活动模式，或者（b）否认心理是现实的一部分，认为它是某种幻象（但幻象是对谁而言的呢？）。第二种方式是否认心理需要借由某种对自然秩序的全新理解来得到科学解释，理由可以是，（c）把它当作某种偶然或者意外，某些物理有机体的一种无法解释的额外属性，或者（d）认为它是有解释的，但这种解释不属于科学，而属于神学。换句话说，心灵是在生物演化过程中，借由神的干预而被加到物理世界中的。

这四种立场都有其支持者。我认为，在哲学家和科学家中，观点（a）（心理物理还原论）的广泛流行，不仅是由于物理科学的巨大声望，还因为人们觉得这是抵御糟糕的观点（d）（神导进化论）的最佳方式。然而，对于那些认为（a）和（b）显然错误，同时（c）也完全不可信的人而言，他们并不一定要接受（d）。因为对自然的科学理解不必局限于关于客观时空秩序的物理理论。寻求一种拓展的理解形式是有意义的，这种理解形式把心理也视为它的研究对象，但它仍然是科学的，即仍然是关于自然内在秩序的理论。

而这在我看来是最有可能的解决方案。尽管有神论观点的某些版本与现有的科学证据是一致的，但我并不相信它。相反，我倾向于一种自然主义（虽然不是唯物主义）的替代方案。我想的是，心灵既非无法解释的偶然，也不是神圣却又反常的恩赐。心灵是自然的一个基本要素，我们只有突破当代正统科学的内在限制后才会理解它。（我还要补充一点，即使是一些有神论者，他们也可能会认为这种观点是可接受的，因为他们可以坚持认为，神最终还是对这种拓展后的自然秩序负责，就像他对物理法则负责一样。）

20. 普兰丁格对科学和宗教的见解 [1]

1

无神论者和一神论者之间在观念上的差距是巨大的。幸运的是，我们生活在这样的一个宪政体系和行为规范之下，它在很大程度上避免了上述差异可能导致的社会动荡。通常情况下，这两派人士都不太关注对方的观点。但有的时候冲突也会浮出水面，并升温发酵成公开的辩论。现在正是这样的一个时期。

无神论者倾向于认为现代科学站在他们这边，而有神论则与科学相冲突。例如，对神迹的信仰与科学对自然法则的理解是不一致的，以信仰为基础的信念与知识的科学概念是不一致的，相信上帝按自己

---

[1] 这是一篇关于阿尔文·普兰丁格（Alvin Plantinga）著作《冲突的真实所在：科学、宗教与自然主义》(*Where the Conflict Really Lies: Science, Religion, and Naturalism*, Oxford University Press, 2011；以下简称《冲突的真实所在》)的评论。

的形象创造人类与演化论所提供的科学解释是不一致的。阿尔文·普兰丁格是一位杰出的分析哲学家，并以其在形而上学、知识论及宗教哲学方面的贡献而闻名。他在他的著作《冲突的真实所在》中颠覆了这种所谓的对立。他的基本主张是："科学和有神论宗教之间看似冲突实则和谐，而科学与自然主义之间则看似和谐实则冲突。"他所说的自然主义指的是这样的一种观点：由自然科学所描述的世界就是世界的全部，上帝或类似上帝的事物并不存在。

普兰丁格所说的宗教指的是真正的信仰，而不是那种否认上帝干预世界的理性神论（intellectual deism）。他本人是一位福音派新教徒，但他的论证基于由"基督教伟大信条的大致交集"而得来的基督教版本，范围从《使徒信经》到圣公会《三十九条信纲》。根据这一版本，上帝不仅创造并维持宇宙及其法则，还通过《圣经》中所记载的神迹以及其他的方式对世界进行干预。一个持有这些信念的人如何能将这些信念与自然科学的方法和成果相协调，甚至为后者提供关键支持？这无疑值得我们深入研究。

普兰丁格在书中讨论了许多话题，但他最重要的主张是认识论层面的。他首先认为，有神论对于上帝、自然界和我们自身之间的关系的理解，使得我们有理由认为人的感知和理性能力是可靠的。进而，我们有理由相信，人们借由这些能力所创造的科学理论确实能够对现实做出描述。其次，他认为，自然主义关于世界及我们自身——作为不受上帝引导的达尔文式演化的产物——的理解，使得我们无法合理地相信自己的认知能力是可靠的，进而无法合理地相信由此产生的任何理论，包括演化论。换句话说，自然主义和演化论是不相容的。普兰丁格认为，如果我们相信演化过程在某种程度上由上帝引导，而不是自然主义式的，那么我们就可以合理相信我们是演化的产物。

2

在讨论自然主义的主张之前，我想先谈谈有神论的相关概念。普兰丁格和其他一些学者一样，认为科学革命发生在基督教欧洲而非其他地方并非偶然。欧洲的那些伟大人物，例如哥白尼和牛顿，都相信上帝创造了一个由法则支配的自然秩序，并且按照自己的形象创造了人类，使他们具备通过感知和理性发现这一秩序的能力。而对感知和理性的运用正是经验科学的本质。至于有神论，毫无疑问它不是科学的产物，那它又如何能够与科学对自然的理解相一致呢？

为了理解普兰丁格的立场，我们需要先回到他的知识论观点。在普兰丁格看来，任何关于人类知识的理论都必须能给出他所谓的知识的"保证"条件（warrant），即一个真信念能成为知识所必须满足的条件。有的时候，我们知道某件事情是真的，这是基于其他信念所提供的证据，或者是因为我们发现它能由其他信念推导而来。然而，并非每一信念都能依赖于其他信念。这种依赖总要有个终点，而普兰丁格认为，当我们以他所谓的"基本"（basic）的方式形成信念时，终点就出现了。

形成信念的基本能力包括感知、记忆、（关于逻辑和算术的）理性直觉、归纳，以及一些更为特殊的能力，如察觉他人心理状态的能力。当你打开冰箱看到里面有几瓶啤酒时，你会立即获得"有几瓶啤酒"的信念。这个信念并不是你从其他信念中推导而来的,例如关于在你视野中所呈现的某种形状或颜色的信念。当有人问你是否吃过午饭时,你能够立即做出回答,因为你分明记得自己吃过午饭。这种记忆也是一种不依赖于任何其他的信念、感知或逻辑推理的信念。

以"基本方式"形成的信念并非万无一失:当面临与之相左的证据时,这些信念可能要被抛弃。但这些信念并不需要其他证据的支持就能获得"保证"——否则知识将无从开始。并且,对于每一种不依赖其他信念的信念形成方式,其普遍可靠性也不能由其他信念形成方式来证明:

> 理性直觉使我们能够获得数学和逻辑的真理,但它不能告诉我们感知是否可靠。与此类似,理性直觉和感知也无法证明记忆是可靠的,当然,感知和记忆也无法证明理性直觉是可靠的。

那么通过这些"基本方式"所形成的信念,它们的"保证"条件又是什么呢?普兰丁格认为,主要的条件是,这些信念必须来源于实际上普遍可靠的官能的正常运作。我们无法非循环地证明感知、记忆或推理这些官能通常是可靠的。但**如果**它们确实可靠,那么我们在这些官能正常运作时所形成的真信念就能形成知识,除非有相反的证据使其存疑。[1] 因此,人类的知识依赖于我们与世界之间关系的事实,

---

[1] 其中的细节非常复杂,详情见普兰丁格的三卷力作:《保证:当前的争论》(*Warrent: The Current Debate*, Oxford University Press, 1993)、《保证与恰当功能》(*Warrant and Proper Function*, Oxford University Press, 1993)、《基督教信念的知识地位》(*Warranted Christian Belief*, Oxford University Press, 2000)。

而这些事实我们无法从头开始证明：我们无法证明物理世界的存在，也无法证明过去的真实性，更无法证明逻辑和数学真理。但如果我们的能力确实与这些事实存在可靠的联系，那么根据普兰丁格的理论，我们就能够获得关于它们的知识。

例如，如果我们的感知信念基本上都是由环境中与信念相对应的物体和事件对我们感官的影响所引起的，而记忆基本上都是由与记忆内容相对应的过去事件在大脑中留下的痕迹所引起的，那么感知和记忆就是可靠的官能，它们可以为我们提供知识，即便我们无法证明它们可靠。

到目前为止，我们还在传统认识论的领域。那么信仰呢？根据普兰丁格的说法，信仰是另一种基本的信念形成方式，虽然与推理、感知、记忆等其他方式不同，但并不和它们冲突。信仰是：

> 完全不同的。根据基督教传统（包括托马斯·阿奎那和约翰·加尔文），信仰是上帝的特殊恩赐，而不是我们一般认知能力的一部分。信仰是信念的来源之一，它超越了理性所涵盖的各种能力。

上帝赋予人类一种"神圣感知"（sensus divinitatis），这种感知通常会引导人们信仰上帝（在无神论者中，这种"神圣感知"要么是被阻断了的，要么无法正常运作[1]）。此外，上帝在世界上会更有选择

---

[1] 普兰丁格认为这往往是罪导致的，尽管不一定是不信仰上帝者本人的罪，见 Plantinga, *Warranted Christian Belief*, p. 214。

性地行动——通过一种"使基督徒能够看到福音核心教义的真理"的方式。

如果上述都是真的,那么按照普兰丁格关于可靠性和能力的正常运作标准,信仰便是一种为有神论信念提供"保证"的方式。尽管它是一种恩赐,而不是普遍的人的能力。(普兰丁格承认人们也为上帝的存在提供了理性的论证,但他认为不需要依赖这些论证。这就好比我们不需要依赖关于外部世界存在的理性证明,仅通过观察便能知道冰箱里有啤酒一样。)

用如此清晰的方式来阐述普兰丁格的有神论与世俗观点间的对立,这确实很有启发性。我直觉上的无神论立场告诉我,如果哪天我突然发现自己深信《尼西亚信经》中的内容,最有可能的解释是我疯了,而不是我被赐予了信仰的恩赐。而在普兰丁格眼中,我患上了一种连我自己也不愿治愈的属灵盲症。这便是我们之间在认识论上的巨大鸿沟,它不可能像科学上的分歧那样,可以通过综合运用我们共有的认知能力来克服。

信仰为有神论者可获得的证据基础增添了信念。这些信念不属于无神论者的证据基础,而且若没有上帝的特殊介入,他们也无法获得。这一差异使得不同的信念在同样的证据面前都可以是合理的。一个熟悉生物学和医学的无神论者没有理由相信《圣经》中关于死而复生的故事。而在普兰丁格看来,一个因信仰而相信死而复生的基督徒不应该被一般的生物学证据所动摇。普兰丁格将这种皆能得到辩护的信念间的差异与下面的案例进行类比:基于强有力的证据,你被指控犯罪,但你知道自己没有犯罪。对你而言,你所依赖的直接证据,也就是你的记忆,并不会因为那些呈堂证供而动摇,尽管其他人不能获得你的记忆。同样，基督徒对《福音书》真实性的信念，尽管无神论者无法获得，但它也不会被那些否定复活可能性的世俗证据所击败。

当然，有时相反的证据可能非常强，足以使你相信你的记忆在欺骗你。类似的情况偶尔也会发生在基于信仰的信念上。根据普兰丁格的说法，这种情形通常表现为对《圣经》含义的解释发生了改变。这种依据科学知识解释《圣经》的传统可以追溯到奥古斯丁，他将这一方法用于对创世之"日"的阐释。但普兰丁格甚至在一个脚注中表示，那些信仰中包含了"要按字面解读《圣经》中的创世时间顺序"的信念的信徒（普兰丁格自己并不这么认为），可以基于这个信念而将相反证据都视为系统性误导。也许，普兰丁格认识论观点的这一后果，正是他本人希望避免的。

3

我们都必须承认，我们并未创造自己的心灵，而我们也只能依赖其固有的运作方式。有神论者和自然主义者在这种依赖的合理性上存在巨大的分歧。普兰丁格正确无疑地指出，如果相信有神论观点，那么它能很好地解释科学何以可能：自然秩序与我们心灵之间的契合是上帝有意为之的。他说的另一点也有道理——自然主义在解释这种契合上要困难得多。一旦这个问题被提出，无神论者就必须考虑，自己关于人类起源的看法，是否能使人类借由自身认知能力发现自然法则这件事成为可能。

普兰丁格认为，如果用唯物主义的方式来理解自然主义的演化概念，我们没有理由认为我们的信念与真理之间有任何关系。根据这种观点，信念是大脑的状态，而对大脑机制的自然选择，纯粹基于大脑机制通过行为对生存与繁衍做出的贡献。我们信念的内容及其真伪，与它们对生存的价值毫无关联。"自然选择感兴趣的并非真理，而是恰当的行为。"

普兰丁格论证的问题在于，他忽视了关于心理内容的自然主义理论——这些理论旨在解释作为信念，因而有真伪可言的特定大脑状态何以产生。大多数自然主义者认为，信念能够控制生物与世界之间的交互，而这种控制与信念的内容存在密切的联系。简单来说：他们可能会认为，如果一个人大脑中的某种状态通常是由遭遇熊、响尾蛇等动物所导致的，并且通常会导致逃跑或其他防御行为，那么这种状态就构成了"面前有危险动物"的信念。基于这样一种想法，人们普遍相信，这种融合了演化论的自然主义使我们有理由认为，我们的感知信念，以及通过基本演绎和归纳推理形成的信念，通常是可靠的。

尽管如此，当我们的能力把我们的信念引向那远远超出人类祖先生存所需的领域时——例如最近关于希格斯玻色子存在证据的生成与评估——普兰丁格的怀疑论论证仍旧是有力的。在他看来，基督徒可以"将现代科学视为上帝形象在我们人类身上的伟大展示"。自然主义者能对此做出旗鼓相当的回应吗？还是只能视之为未解之谜？

普兰丁格在他的书中花大篇幅系统地讨论——结合他的认识论立场——那些认为科学与宗教冲突或认为科学为宗教提供支持的具体主张。他所论及的主张包括：理查德·道金斯的主张，即生物演化阐明了一个并非经由设计而产生的世界；迈克尔·贝希（Michael Behe）

的主张，他提出了与道金斯相反的观点，认为生物演化恰恰佐证了智能设计论；认为物理法则和神迹不相容的主张；来自演化心理学家和社会心理学家的主张，他们认为道德和宗教信仰的功能性解释表明了不存在客观的道德和宗教真理；基于对《圣经》的历史性批评，认为将其视作上帝之言并不合理的主张；以及把（使生命成为可能的）基本物理常量的微调（fine-tuning）视为造物者存在之证据的主张。普兰丁格还触及罪恶问题（the problem of evil），虽然他对此提出了可能的回应，但他也指出："假设上帝确实有一个允许罪恶和苦难存在的理由，我们又凭什么认为自己可以率先理解它呢？"

关于生物演化的问题，普兰丁格有力地论证道，根据现有的证据以及一些高度推测的进一步假设，我们最多只能说不能排除这样一种可能性，即生物界是由无引导的演化而产生的，因此并不存在一个自然的设计者（例如道金斯所说）。但在他看来，另一种由神所引导的演化假说更值得相信，即上帝引发了适当的突变，进而促进了物种的繁衍。另一方面，尽管普兰丁格认为迈克尔·贝希对当前流行的自然主义演化论提出了严肃的挑战，但他并不认为贝希的智能设计论证是决定性的。他指出，不管从什么角度看，贝希的论证都不能支持基督教信仰，甚至可能不支持有神论，因为贝希有意地回避了关于上帝设计者身份的讨论。

普兰丁格认为，神迹与物理法则之间并不冲突。因为物理法则只决定了一个封闭系统在不受外部干预的情况下会发生什么。而认为物理宇宙是一个封闭系统的说法本身并不是物理定律，而是自然主义的预设。牛顿并不相信这一点，他甚至认为行星之所以能在其轨道上运行是因为受到了上帝的干预。普兰丁格详细讨论了神迹与量子理论之间的关系，他认为量子理论的概率特性不仅允许神迹的出现，还允许人类拥有自由意志。他还考察了对物理常量微调的各种解释并得出结论：由于难以评估有神论以外的各种替代方案的可能性，因此其对有神论的支持是有限的。毕竟我们很难说，就这个议题而言，在有神论版本的解释面前，其他与之相竞争的备择解释是毫无胜算的。总之，普兰丁格的这些讨论都在尽可能地与当前科学的研究成果接轨。基于普兰丁格的预设，他的论证通常都很巧妙，同时彼此之间也是非常融贯的。

这本书的魅力，尤其是对世俗读者而言，体现在它从内部展示了一位哲学思维细腻又兼具科学素养的有神论者的视角，这是许多世俗读者并不熟悉的一种观念。普兰丁格的写作清晰易懂，有时也颇为尖刻，尤其是在回应像道金斯和丹尼尔·丹尼特这样激进的宗教批评者时。他全面的立场为这场辩论做出了重要贡献。

我是作为一个无法想象自己相信他所相信的东西的人来说这番话的。但是，即使是那些不能接受有神论观点的人，他们也应当承认，普兰丁格对自然主义的批评是一针见血的：自然主义如何借由物理和化学法则的运作，解释我们这样能够发现这些法则并且理解其所支配的宇宙的有意识的生命的出现？自然主义的捍卫者并没有忽视这个问题，但我认为到目前为止，即使借助演化论，他们也未能提出一个可信的解决方案。或许有神论与唯物主义式的自然主义并非仅有的选择。

21. 形而上学是可能的吗？[1]

形而上学试图以最一般的方式发现世界的真实面貌。该项目的主要目标之一是确定哪些事物是独立于我们的反应[2]和信念而存在的，而哪些事物则必须依赖于我们的反应。例如，一种常见的形而上学立场认为，物理事实独立于人的反应，而价值事实则不然。《蒙娜丽莎》的表面积有多少平方厘米，这是关于这个物品的事实，它并不依赖于人类的观察。而很多人会认为，我们说《蒙娜丽莎》这幅画是美的，这（如果它是一个真理的话）则依赖于我们对这幅画的美学反应。

将独立存在的事物与依赖于我们的事物区分开来，这样的做法看起来是自然的。试图确定那些我们所相信的事物到底属于哪一种，从而加深我们对世界以及我们和世界之间关系的理解，这样的做法似乎也非常合理。然而，巴里·斯特劳德在他那本优雅、严谨且极具原

---

[1] 这是一篇关于巴里·斯特劳德（Barry Stroud）著作《参与和形而上学的不满：模态与价值》(*Engagement and Metaphysical Dissatisfaction: Modality and Value*, Oxford University Press, 2011；以下简称《参与和形而上学的不满》) 的评论。

[2] 译注：此处的反应（response）指的是我们在和外部世界交互过程中所发生的诸如感知、判断、分析、理解等一系列行为。

创性的著作《参与和形而上学的不满》中提出，这种尝试不可能成功。因为我们过于沉浸在我们希望对其进行形而上学评估的概念体系中，这"使我们无法在我们对世界的概念和这些概念所试图描绘的世界之间拉开足够的距离，从而对两者之间的关系给出公正的形而上学评判"。

斯特劳德认为，我们无法成功地对一些基本概念得出肯定性（通常称为"实在论"）或否定性（"反实在论"）的形而上学结论——我们无法证明这些概念是否成功描述了一个独立于我们的世界。他围绕三个最基本也最具哲学争议的概念来详细论证上述主张：因果关系、必然性和价值。他的论证是一般性的，也非常有力。斯特劳德认为，形而上学研究的本意是获得对这些基本概念的理解。然而在这一研究过程中，我们又不可避免地要使用这些原本有待检验的概念以及关于这些概念的论断。如果我们的结论是否定性的，即这些概念并不能描述世界的真实样子，那么这就与我们为了得到这结论而使用这些概念的做法相违背；如果我们的结论是这些概念能够反映真实的世界，那么这一结论的可信度也大打折扣，因为我们在研究的过程中就已经预设了该结论。

斯特劳德强调，得出否定性结论时的矛盾是一种特殊的不一致性。尽管我们无法前后一致地得出这种结论，但它仍可能是真实的。它类似于"外面没有下雨，但我相信正在下雨"的摩尔悖论［它由哲学家 G. E. 摩尔（G. E. Moore）提出］。一个人不能合理地认为"外面没有下雨，但我相信正在下雨"，因为这个信念本身是不一致的。[1]但"外面没有下雨，而这个人相信正在下雨"这个情形却是完全可能的。斯特劳德指出，如果我们得出否定性结论的过程所面临的不一致属于这种类型，那它就不能反过来为肯定性的结论提供支持。我们所证明的只是我们无法前后一致地得到否定性的结论，但这并不意味着这个结论不为真。

在这本书中，斯特劳德广泛采用了这一论证策略来探讨因果关系、必然性和价值等范畴。不过他先从一个更简单的例子着手，也就是那句耳熟能详的谚语"美与不美，全在观者"。在他看来，这是一个否定性的形而上学结论，因为它说：

> 世界上并不存在具有"美"或"更美"这些属性的事物。或更确切地说，它说的是没有任何事物能够独立于观察者的反应而具有这些属性。

然而，接受这种老生常谈又意味着什么呢？难道我们就应该放弃所有的美学评价，例如不再相信《费加罗的婚礼》比《天佑女王》更美？也许我们可以放弃这样的判断，而用一种仅仅表达个人主观美学反应的表述来取而代之。或者我们可以保留这些判断，同时承认这些判断本质上只是主观美学感受的表达。（这是还原论的解决方案。斯特劳德认为这种方案看似挽救了美学评价，实则曲解了这些评价所要

---

[1] 译注：如果我认为"外面没有下雨"，这意味着我相信"外面没有下雨"，它与信念的另一部分，即"我相信正在下雨"是矛盾的。

表达的意思。)

一个更进一步的问题是，我们如何能够得到否定性的形而上学结论。这需要我们对世界的独立于我们反应的真实面貌有所了解，并从中发现美并不在那个世界中存在。然而，仅仅在一开始就把美排除在这个世界之外是不够的。相反，我们需要从自身的所有信念出发，通过某种方式形成一种更为严格的现实观念，这种观念能够推翻我们对美的日常判断，并迫使我们要么放弃这些判断，要么对其加以修正。正如斯特劳德所说，形而上学研究必须"从内部"展开。

即便是对于美，斯特劳德也不确定这一思路是否可行。但他强有力地指出，当面临关于因果性、必然性或价值等概念的判断时，这种思路是不可行的。他认为，这些概念无法被还原，也不能被抛弃，它们在形而上学的思考中是不可或缺的。

因果性和必然性都是模态概念，这意味着它们不仅涉及世界上实际发生的事情，还涉及可能发生或可能存在的事物、必然发生或必然存在的事物，以及如果事物与实际情况不同会发生什么。例如，"如果我放手，盘子就会掉到地上"，这是一个反事实条件句，它表达了由万有引力而导致的因果必然性。正因为这些模态陈述并不描述实际发生的事情，许多哲学家觉得它们令人费解。如果不是自然世界中所存在的具体事物，那么到底是什么东西能够使这些陈述为真呢？可能性、关于在其他条件下会发生什么的反事实，以及这些反事实所遵循的必然性，它们都被疑问的迷云所笼罩。

这就引出了另一种作为替代的反实在论观点。根据这种观点，这类陈述并没有描述外部世界的真实情况，而是反映了我们的反应或预期。因果性、必然性以及可能性，是我们的构建或投射，而不是我们在真实世界中的发现。这种观点的各种当代版本源自休谟，他认为我们从未观察到一个事件"导致"另一个事件。例如，我们所看到的只是一个台球击中另一个台球，然后第二个台球开始运动。我们并没有看到第一个事件**必然导致**第二个事件。只不过频繁观察到这种序列事件让我们的大脑建立了一种预期模式，我们把它投射到外部世界之中，并将其视为某种因果必然性或自然法则。

我们很容易相信只有实际发生的事情才是真实的。但斯特劳德有力地指出，一旦我们试图对其进行深入思考，就会发现这种观点将陷入不融贯的境地。我们根本无法将我们关于事物或事态之间因果关联的信念从我们的思考中排除掉。这一点从反实在论者对于因果关系的论述中就可以看出。他们声称，我们对外部世界规律性的感知会让我们的内心产生相应的预期模式。因此，当我们看到第一个台球击中第二个台球时，我们就会预期第二个台球开始运动。然而，这个描述中就存在着两个因果关系：外部世界的规律性导致我们的内心产生了对规律的预期；因为这种规律性，新的感知又导致了相应的预期。此外，我们能够感知一个独立于我们而存在的世界，这种想法本身就充满了因果性相关的信念。

我们可以像休谟那样回避这个问题，认为我们真正感知到的只是转瞬即逝的感官印象，而不是外部的物理对象（它们同样是由我们的心灵所构建的）。然而，对于这一点，休谟因果关系理论的当代追随者们却并不认同，他们在物理事物和物理事实面前是彻底的实在论者。在他们看来，这些东西的存在独立于我们的心灵，这是无可争议的。

另一个问题是，反实在论如何能够回应这样一个观点，即世界上有很多因果关联,它们是我们或任何其他人都永远不会发现的?说存在某些实际关联的事例,一旦人们观察到了它们,就会形成相应的预期,这样的解释是无效的。因为,正如斯特劳德所说,"这完全诉诸反事实或律则式的模态概念,而这恰是我们需要先给出解释的"。

对于反实在论所面临的问题,一种回应是对因果陈述进行还原主义的分析。根据这种分析,因果陈述的真理性仅涉及世界上实际发生的规律性的东西。但是斯特劳德反对这种观点,他认为这种观点忽视了以"偶然"的方式在世界上成立的相关性和以不同的或更强的模态而成立的相关性之间的区别。单纯的规律能推导出单个示例的存在,但却不构成对示例的解释。只有把规律性看作某种必然性的产物,规律性才能支撑我们关于(示例以外的)其他情形下会发生什么的信念。

就算看到传送带不断传来一个又一个物体,并且发现到目前为止它们都是红色的(或者价格都低于50美元),我们也不会有越来越强的理由相信,接下来的所有物体,甚至只是接下来的一个物体,会是红色的(或价格低于50美元)。除非,关于这些物体是什么、来自哪里或如何出现,我们能拥有涉及更强或更特定模态的知识或信念。

斯特劳德还仔细研究并回应了由西蒙·布莱克本(Simon Blackburn)所捍卫的新休谟投射主义,即所谓的准实在论。根据这种观点,我们可以继续保持所有的因果性的信念,同时承认这些信念只不过是我们的态度在世界中的一个投射,而这个世界中只存在实际发生的连续事件，并不存在独立于心灵的因果必然性。斯特劳德认为，准实在论既不能对我们日常的因果性的信念给出一个合理的解释，也无法避免诉诸那些它声称要抛弃的独立于心灵的因果主张：

> 我认为，这种不一致……无法通过任何版本的"投射主义"来避免：那种理论的核心在于，为我们的因果信念提供一个因果解释，而不必同时认定在独立于我们的世界之中存在任何与信念内容相对应的东西。

总之，关于因果必然性以及依赖于它的具体的条件式因果陈述，我们无法前后一致地得出否定性的形而上学结论。即使在对我们的因果信念与外部世界之间的关系进行形而上学反思的过程中，我们也无法摒弃或中止这样的思维方式。不过，无法得出这种结论并不能证明它是错误的——只是我们无法前后一致地相信它。因此，我们无法得出令人满意的形而上学结论。我们被囚禁在自己的思维牢笼之中。

"无论在日常生活还是在形而上学的思考中，诸如因果性的基本概念都是不可或缺的"，"投射主义和还原论的尝试都是失败的"，以及"我们不可能得出否定的或肯定的形而上学结论"，这些都是斯特劳德的因果关系讨论中的基本要素，它们表明，对于斯特劳德这本书所涉及的基本概念，形而上学所给出的回答都是令人失望的。斯特劳德的下一个目标是逻辑和数学中的严格或绝对的必然性。或许在逻辑上存在这样一个世界，在这个世界中，存在不一样的万有引力定律，因此关于这个世界中物体运动的因果必然性和反事实陈述也会是不一样的。但是在任何情况下都不可能存在这样一个世界，在这个世界中，一个又红又圆的东西不是圆的，或者 7 加 5 不等于 12。这些都是绝对的必然性，它们似乎不仅独立于我们的信念和态度，也独立于其他偶然的事实。

然而，否认逻辑陈述能够描述关于世界且独立于心灵的真理，这一点一直有很强的哲学上的吸引力。逻辑必然这个概念背后存在这样一个问题：如果世界上没有什么东西能够使"任何又红又圆的东西都是圆的"这一陈述为假——这意味着这个命题在任何情形下都是真的，那么这个命题似乎没有表达任何内容，不存在哪个事物使得这个命题为真。另一个问题是，对必然真理的认知往往是先验的——通过纯粹的思维而非观察获得。但是，像我们这样的存在又怎能指望，仅凭有限的自身，我们就可以获得那些在所有可能世界中都必然且普遍成立的真理呢？

诸如此类的问题反复诱导着人们把必然真理的来源归于我们自己，通过语词的意义、语言的使用，或我们无法超越的思维形式等方式来进行解释。例如，任何 7 + 5 = 12 以外的情形对我们而言都是不可设想的。对此，斯特劳德的回应简单来说就是，所有诉诸反应的关于必然性的解释都是不融贯的。这种不融贯性表现在，它声称必然真理依赖于某种可能并不存在的事物，而这样的"解释"实际上否认了"必然真理"是必然为真的。

然而更主要的问题在于，如果我们无法设想从一个事物能必然地推出另一个事物，或一个事物必然地与另一个事物不一致，那我们就无法进行任何思考。尤其是，如果不依赖这种逻辑推理，我们甚至无法为以下结论给出论证：在独立的外部世界中没有什么东西是必然的。要得出关于必然性的否定的形而上学结论，所需要的论证和这一结论本身是不一致的。

斯特劳德最后讨论的主题是价值,其中不仅包括道德上的是非判断,也包括对我们做某件事或相信某件事所依据的理由的判断。因此,思考与行动都会涉及价值判断。如斯特劳德所言,反实在论在价值领域尤为盛行。

> 毫无疑问,我们每个人都有各种评价性态度,或许没有这些我们都无法生活。但是,有一种非常普遍且坚定的形而上学立场认为,这些看法所涉及的内容——某人应该做什么或不应该做什么、有什么理由支持或反对做某事——总是取决于那些与之相关的人的需求、欲望、感受或其他态度。

这种观点的经典来源还是休谟。他的一个论点是,价值判断能够促使行动。而如果没有某种欲望、情感或"激情"的帮助,单纯的信念是无法促使行动的。斯特劳德回应说,这是对行动理由运作方式的误解。一个合格的实践推理者,不外乎具备了一种稳定的一般性倾向,仅凭他眼中的行动理由就会采取相应行动,而无须依赖进一步的动机或欲望。在这个层面上,实践的推理和形成信念的推理是类似的。如果一个人相信 p,并且相信如果 p 则 q,那么他就能得出 q 的结论。这只是因为他倾向于使用"肯定前件"的逻辑规则来进行推理,而不是因为他有更进一步的能促使他相信 q 的动机或信念。

同样,当某人帮助一位陷入困境的朋友时,我们可能会说他是想要减轻朋友的痛苦。但痛苦本身,而不是他想要减轻痛苦的愿望,才是他行动理由的来源。他之所以想帮助朋友,是因为他认同痛苦是需要帮助的理由,并且他是那种会因认同这个理由而采取行动的人。

日常有目的的行动和基于证据所形成的日常信念,离不开对那些不依赖于个人态度或欲望的理由的认同。即使行动的目的是满足欲望,情况也同样如此。我因为口渴而买饮料,这是因为我认同"饮料能解渴"这个事实能为购买饮料提供理由,而这一判断并不依赖于进一步的欲望。

斯特劳德的总体观点是,形而上学的项目注定失败,因为它在一开始就试图把我们及我们的思想与世界分离开来,而这种分离是站不住脚的。因为我们是世界的一部分,在思考我们自身及我们与世界其他部分的关系时,我们不可避免地会诉诸那些我们原本正在质疑的想法。

如果不诉诸关于因果、必然与价值的判断,那我们甚至都无法理解像我们这样持有关于这些基本概念的信念的人的存在。我们认为,人们的信念在很大程度上是由他们和所感知的世界之间的交互所**导致**的。如果一个人认为,自己的想法从来都不会因为另一个想法为真而变得可能或必然为真,那我们会认为这个人不可理喻。而承认"某事构成行动或相信的理由"这样的价值判断,对于我们自己的思考或行动,以及理解他人作为思想者或行为者而言都是不可或缺的。

我们无法一致地对这些无法避免的判断得出否定性的形而上学结论,这不足以证明这些判断是真实的。但这意味着,有某种更高层次的评估,是我们再怎么努力也无法达到的。

斯特劳德是否阻断了所有出路?我认为在价值领域可能还存在一定的空间,因为它同时涉及了行动的理由与信念的理由。在我们思维的任何环节,包括那些导向形而上学结论的思考,关于信念理由的实在论似乎都是不可避免的。而关于行动理由的实在论，虽然同样深嵌在我们的生活中，但或许可以作为一种思想被分离出来，它并不直接参与得出"这些理由或价值最终取决于我们的态度"这一形而上学结论的过程。这样一来，我们或许可以悬置或剥离这种判断，以进行形而上学的探究（当然，在决定进行这种探究的时候，势必涉及此类判断），就像我们或许可以悬置对美的判断，进而追问美是否取决于观者之眼一样。问题在于，是否存在足够的纯粹"智性"规范，以允许对价值领域的其余部分给出形而上学批判。如果存在这样的规范，我们或许就可以得出肯定或否定的形而上学结论。

但关于斯特劳德的总体立场还存在一个更深层的问题：既然我们无法得出否定性的形而上学结论，这为什么不足以证明我们可以对这些基本概念做出肯定性的形而上学判断？斯特劳德说，尽管我们无法前后一致地得出否定性的结论，但它仍可能是真的。不过这种情形和"外面没有下雨，但我相信正在下雨"这一信念的不一致性有所不同。对于这个命题，尽管我无法一致地相信它，但我完全可以设想它为真的情形。但就算我接受斯特劳德的观点，即我无法一致地认为逻辑必然性依赖于我的感受，我所有的逻辑信念也不会有任何动摇。我无法设想那种他认为可能的情形：尽管我不由得相信它们的真实性独立于我的反应，但它们实际上并非如此。或许，对于那些我们不得不相信的事物而言，实在论是在反实在论破产之后自然而然的选择。

以上都是我的猜想。即使斯特劳德关于形而上学之不可能性的证明并不完整，它仍掀起了不小的波澜。

22. 现代心灵的缔造者 [1]

1

了解那些经典哲学著作的创作历史背景以及作者与他们所处时代的关系，是一件令人着迷的事情。对于那些对这些著作缺乏第一手知识的人来说，传记式的介绍是很好的入门指南，能帮助我们了解智识世界中那些最伟大的思想。安东尼·戈特利布曾是《经济学人》的执行编辑，他不是哲学家，而是哲学爱好者。他正在撰写这样一部西方哲学史：第一卷《理性之梦》讲述从古希腊到文艺复兴的故事，第二卷《启蒙之梦》结束于18世纪，第三卷则将从康德的时代写到今天。

戈特利布在《启蒙之梦》中主要讨论的是17—18世纪6位特别重要的哲学家——笛卡尔、霍布斯、斯宾诺莎、洛克、莱布尼茨和休

---

[1] 这是一篇关于安东尼·戈特利布（Anthony Gottlieb）著作《启蒙之梦：现代哲学的兴起》(*The Dream of Enlightenment: The Rise of Modern Philosophy*, Liveright, 2016；以下简称《启蒙之梦》)的评论。

谟。此外他也简要提及了培尔、伏尔泰和卢梭,并对许多其他人物进行了简短的评论。以下是他在开篇时所写的话:

> 正因为这些哲学家至今仍能不断地给予我们启迪,所以我们很容易对他们产生误解。我们常常认为他们说的是我们的语言,生活在我们的世界中。但要真正理解他们,我们必须回到他们的时代,设身处地地去思考。这正是本书所希望实现的。

戈特利布夸大了这些哲学家在思想上与我们的距离,与其说他们在说我们的语言,倒不如说我们在说**他们的**语言,因为我们的世界在很大程度上是由他们所塑造的。此外,戈特利布并不总能成功地设身处地理解这些哲学家——对一个伟大的哲学家,这意味着不仅要从内部理解他的思想,还要将其与他的历史背景相联系。尽管如此,戈特利布的传记叙述生动形象,且常常富有启发性。最重要的是,他自始至终都在强调,这些人生活在一个科学、宗教和政治三个领域正发生剧烈发展和冲突的历史时期,他们的思想和著作主要是为了回应这些领域的变化,并理解它们之间的关系。

首先是科学革命,它通过借由数学公式表达的普遍规律,引入了一种理解物理世界的新方式,这些规律支配着时空中发生的一切。尽管对这些规律的认知是建立在观察和实验基础之上的,但它们所描述的现实并不能直接为人类所感知,而只能通过理论推导而来。戈特利布笔下的两位思想家笛卡尔和莱布尼茨,都是数学科学的重要贡献者。笛卡尔创立了解析几何(因此有了"笛卡尔坐标"一词),莱布尼茨发明了微积分(牛顿同样独立创立了微积分)。此外,笛卡尔提出了力学、光学和生理学方面的理论，莱布尼茨在动力学方面也做出了重要贡献，而斯宾诺莎主要从事光学研究，并进行了流体力学和冶金学实验。然而，这六位哲学家实际上都在探讨同一个问题：新科学所揭示的严格的物理现实，与我们熟悉的感知世界及我们的心灵（感知和科学推理都在心灵之中进行）之间的关系是怎样的？

其次，在宗教改革和可怕的宗教战争之后，基督教世界中的信仰多元化显然已不再能够被遏制。这既提出了关于宗教信仰的基础的问题，也提出了面对信仰上的正统和多元，政府应该如何做出抉择的问题。此外，这些哲学家中的每一个人都必须考虑到自己的作品与其所处社区的宗教正统之间的关系，以及被排斥、打压或迫害的风险。笛卡尔因伽利略所遭受的谴责而不敢发表他的宇宙学理论，而斯宾诺莎则被阿姆斯特丹的犹太社区逐出会堂。

最后，政治权威的合法性正受到严重质疑。人们开始质疑君权神授的观念，同时支持臣民推翻滥用权力的统治者的权利。这不仅是理论层面上的，它还在英国内战中得到了具体表现。最终，1649年查理一世被处决，1688年的光荣革命中，詹姆士二世被推翻并被奥兰治的威廉取代。霍布斯、斯宾诺莎、洛克、休谟和卢梭都从臣民而非统治者的角度出发，提出了政治权威的理论。

2

科学革命引发的形而上学和认识论问题尤其困难和抽象，而这些思想家的回应足以被称为哲学史上最令人叹为观止的思想体系。和所有哲学家一样，他们致力于在最广泛的意义上理解现实的本质：世界究竟由哪些事物和事实构成？他们也探讨人类是否有能力找到这些问题的答案，如果不能，那我们有限的认知能力又对知识施加了怎样的限制？科学革命的进步使得这些问题有了新的形式。

戈特利布在总结这些哲学家复杂的猜想和回应方面做得相当不错，毕竟他要涵盖的内容实在太多了。所有这些都是从那时起一直持续至今的集体智慧的结晶，它们的价值在于为我们获得关于现实的一般性理解提供了一些重要的可选方案。而其他人则可以对这些方案进行探索、完善和阐释，尝试对其进行辩护或反驳，或至少对其相对合理性进行评估。我将只举一个（抱歉只能简述）形而上学的例子——身心问题。这个问题直接源于科学革命，影响深远，延续至今。

这个问题的出现是因为新的关于物理现实的数学观念剥离了人的因素。它忽略了世界在我们的感官中所呈现的质层面的丰富要素，如颜色、气味、味道和声音。这些所谓的"第二性质"被解释为我们的心灵所受到的影响。与之相对的是诸如形状、大小、运动等几何学所能描述的"第一性质"，它们是物理世界自身的性质，不依赖于我们的心灵。

然而，新的物理科学为现实之本质所提供的解释，在原则上又能有多完整呢？我们的身体是物理世界的一部分，而我们的心灵是否必然在这一解释的范围之外？霍布斯对此给出了最激进的唯物主义回答。他不仅认为我们所有的思想和感知不过是运动中的物质，还认为上帝也只是一个物理性的存在。这个观点的现代科学版本——用量子理论、分子生物学和神经科学取代力学，并将上帝排除在外——是当代自然主义的主流形式。它认为物理学可以成为能够解释一切的万物理论。

不过，也有其他哲学家通过各自的方式认为，心灵作为现实的一部分，是物理理论所无法解释的。笛卡尔是著名的二元论者，他认为，事物有两种基本的类型：物质和心灵。物质在空间中是有广延的，而心灵没有。不过心灵能够进行思考和感知。就人而言，物质和心灵借由肉体紧密相连。相比之下，斯宾诺莎认为只存在一种类型的事物，但事物有不同的方面。戈特利布解释道：

> 打个比方，如果我们想描述某个人的行为，我们可以关注这个人的心理状态——他的想法、感受和欲望，也可以关注他的身体状态——那些正在他的大脑和身体各部分中发生的事情。斯宾诺莎认为，这些只不过是描述同一系列事件的不同方式，它们是从两个不同的角度来对同一事件给出解释。

笛卡尔认为上帝，作为神圣的心灵，是独立于物理世界的，斯宾诺莎则认为上帝和自然不是两个截然不同的事物，而是同一事物的两个方面。上帝或自然是唯一独立存在的实体，我们和其他一切事物只是依附于其的属性。

莱布尼茨的立场与霍布斯截然相反，他认为心灵而非物质才是基本的。现实由无数他称为单子的存在所组成。每个单子都有不同的感知视角，每个视角都或多或少地呈现了整个宇宙。物质存在于这些视角之内，但不独立于它们。上帝作为至高无上的单子，创造了一组和谐且不相互作用的单子的视角（也包括我们自身），从而在所有逻辑

22. 现代心灵的缔造者—239

上可能的世界中创造了我们的世界，而这个世界的历史就反映在这些单子的感知之中。

把心灵视为一切现实之基础，这种观点被称为唯心主义。虽然它在19世纪和20世纪初占主导地位，但它很少被现在的哲学家所接受。目前，唯物主义占据主导地位。不过，也有一些人支持二元论，但不是笛卡尔所提出的那种形式，即有一个独立存在的灵魂。这些人认为心理现象涉及了与神经状态相关的额外的非物理事件。此外也有人支持斯宾诺莎所主张的两面论，认为心理的和物理都是一个更基本现实的不同方面，它们彼此不同却又密不可分。

在评论莱布尼茨关于只有单子才具有绝对实在性的观点时，戈特利布写道："如今，哲学家们不太愿意讨论什么是绝对真实的。事物要么存在，要么不存在，没有中间地带。"这是完全错误的。"绝对"一词也许不再时髦，但如今大量哲学作品都在讨论什么事物是基础的，即不能被分析为其他事物，以及相对应的，什么事物依赖于其他更基本的事物。心灵是否具有不可被还原为物质的本质，道德、逻辑、概率、必然性和因果性究竟是本身就是真实的，还是如莱布尼茨所想的物质那样依赖于心灵，这些都是当代哲学争论的核心问题。

3

戈特利布发现，不同于前面四位大胆的形而上学家，洛克在心灵与物质的关系上持有一种新颖的不可知论观点：

虽然笛卡尔和大多数其他思想家坚持认为（至少在公开场合），纯粹的物质是不能思考的。但洛克却认为，我们没有理由认为上帝无法创造出具有思维能力的纯粹物质存在。仅凭借我们已知的还不足以判断它是否可能。

这揭示了洛克（和休谟）与笛卡尔、斯宾诺莎和莱布尼茨之间的一个重要区别：对于我们对现实的认知的根基，以及这种知识能在多大程度上揭示事物的隐藏本质这两个方面，他们有不同的看法。

戈特利布的叙述有一个缺陷。他没有理解并继而忽视了这一区别的重要性。这个区别通常被称作理性主义和经验主义之争。然而戈特利布却写道："无论如何，这种区分是模糊且混乱的。"他表示：

> 17世纪的几位所谓的理性主义者对经验科学的兴趣超过了他们的"经验主义"同行。莱布尼茨和笛卡尔对这些科学的了解远远超过洛克或休谟。

如此肤浅的评论着实令人惊讶。理性主义者和经验主义者之间的分歧并不在于经验科学的有效性，而在于我们借助先验推理而非观察可以知道多少东西。观察本身不能产生科学理论，科学理论必须由理性思考者构建，他们构建可能的自然法则并计算其可观察的结果，以便通过实验来证实或证伪。

即使在经验主义者承认非经验性知识的确定性时（例如在数学中），他们也将其解释为观念之间的关系。这使得我们无法确定，这种知识在多大程度上可以超越我们自己的心灵。逻辑实证主义认为，必然真理是基于我们语言规则的重言式。这种观点直接沿袭自经验主义者对先验知识的理解。与此相对应，理性主义者则认为理性能够使我们直接获得关于独立于我们心灵的现实的必然真理——逻辑、数学和形而上学的真理——这对经验科学的诠释产生了重要影响。

戈特利布对待笛卡尔的态度表明了他对经验主义的同情，他说笛卡尔"尝试在头脑中解决太多问题"。戈特利布认为笛卡尔依靠脆弱的论证来证明一个不会欺骗人的上帝的存在，进而捍卫他的理性和感知，对此大多数哲学家都会表示同意。然而，对于极端的怀疑论，无论此后几个世纪里哲学家们的回应有多么精巧，它们都未能让所有人满意。

尽管如此，我们中的大多数人，无论是过着普通生活还是在追求科学，都依赖经验证据和先验推理来获取关于独立于我们心灵的现实的知识。我们把我们所使用的思维方式视为不证自明的——笛卡尔称之为理性的"自然之光"。如果我们不把这种方法视为认识现实的一种途径，无论是在数学还是在科学领域，就都难以避免退回经验主义的立场，这就将大部分人类知识限定为对自身心灵内部以及事物显现的表象的探索。

4

所有这些思想家都尤其关注宗教，这在某些情况下也给他们带来了社会关系上的麻烦。如今在知识分子中普遍存在的无神论信仰在他们看来是非常陌生的。霍布斯和斯宾诺莎都被普遍地谴责为无神论者。不过戈特利布有力地论证说，虽然霍布斯是唯物主义者，但他并不是无神论者；而对斯宾诺莎，他写得比较有趣：

> 斯宾诺莎的上帝确实与其他人的上帝大相径庭，因此可以说他是一个不自知的无神论者。然而，他似乎确实认为自己信仰上帝。

笛卡尔、洛克和莱布尼茨都是虔诚的基督徒，尽管笛卡尔的著作被天主教会谴责为异端。相比之下，休谟则是一个明显的宗教怀疑论者，尽管他在其作品中掩饰了这一点。他提出了一个反对神迹的有力论证，这一论证基于一句格言："任何证言都不足以证明神迹的存在，除非这个证言的反面比神迹本身更加不可思议。"

在上帝与世界的关系中，有一个特别棘手的问题：所谓的"罪恶问题"。如果上帝是全知、全能和全善的，为什么他不制止我们在世界上看到的所有痛苦和邪恶？斯宾诺莎的回应是，我们对善恶的概念是相对于我们狭隘的人类利益而言的，而正如戈特利布所说，"从上帝的角度来看，也就是从自然或整个宇宙的角度来看，没有什么是好的或坏的"。

莱布尼茨则没有以这种方式回避问题，而是提出了一个解决方案，这大概是他最著名的主张，也使他自此成为大众奚落的对象［尤其是在伏尔泰的《老实人》(*Candide*)中，莱布尼茨被讽刺为邦葛罗斯博士（Dr. Pangloss）］。他的论点是，我们的世界是所有可能世界中最好的一个，尽管以我们有限的视角来看，这一点并不明显。莱布尼茨的假设是，在上帝可以创造的无限可能宇宙中，我们的世界在简单法则和理想效果之间实现了最佳平衡。这无疑给自然法则的简单性赋予了极大的价值。

莱布尼茨的论证还依赖于一个基本原则：充足理由律。根据该原则，任何事情的发生必然有其原因。上帝必须从所有合乎逻辑的可能世界中选择一个并使其成为现实，而他的理由只能是这个世界比其他可能的世界更好。对于罪恶问题，有神论者继续探索可能的解决方案，而无神论者则认为这个问题不可能得到解答。在他们看来，这一问题有力地支持了无神论的观点，同时它也表明我们世界的存在并没有什么理由。

5

霍布斯对于道德和政治理论的研究与笛卡尔的知识论研究之间有着惊人的相似之处。他们都试图拆解并重建一个复杂的思想和实践体系。这个体系通常建立在传统、习俗和权威之上，而他们的新基础则完全依赖于从个体视角中可以得到的东西。在这一点上，他们开创了一种个体化的论证方法，这种方法自此成为现代世界的重要特征，尽管同时也引发了不少反对。

正如笛卡尔尝试将一切知识建立在人的心灵能力之上，霍布斯试图将道德和政治权威建立在受其约束的人的动机和理性之上。这些规则的正当性必须基于我们共有的人性，这样它们才能在每个个体上适用。在他的论证中，霍布斯诉诸一个最低限度的基础，即理性的自利动机，尤其是以自我保存为核心的动机。同时，他还诉诸有关人类境况的事实，以说明道德与政府是满足这些利益必不可少的手段。以主观视角为起点，客观要求由此构建起来。

戈特利布并不理解霍布斯，我会花一些篇幅来解释其中的理由。霍布斯理论的独特之处在于，他拒绝将对他人或集体利益的关切视为道德动机的基础，这也是他被攻击为道德虚无主义者的原因。他指出，人们所熟悉的道德规则（他称之为自然法）是这样一种行为原则：如果每个人都遵循这些规则，那么每个人都会过得更好。然而这一事实并不能为个体提供遵循这些规则的理由。个体只有在遵守规则能使自己过得更好的情况下，才有理由去遵守。个体利益与集体利益并不天然地确保以这种方式重合。

霍布斯得出结论，尽管我们每个人都有理由希望生活在一个受道德规则约束的社会中，但要实现这一目标，我们必须让每个人对规则的遵守都符合其自身利益。要做到这一点，方法是相互达成一致，支持一个拥有使用武力垄断权的强大主权者，由他来惩罚违反规则的人。只有这样，每个人才能确信，如果他遵守规则，就不会面临他人的攻击和财产剥夺。没有因知道违规者将受到惩罚而产生的信任，文明就不可能存在，个人的自利行为——它也是支持道德的理性动机——会导致永恒的冲突和威胁。这就是著名的霍布斯式自然状态，而霍布斯最具争议的观点在于，他认为在这种状态下，我们几乎没有遵守道德规则的义务，因为遵守规则并不安全。

戈特利布未能把握霍布斯理论中自利、道德和法律之间微妙而又严格的关系，他写道：

> 霍布斯写道，"在自然状态下，所有人都被允许拥有任何东西、做任何事"，这句话常被解读为他认为谋杀、盗窃等任何行为都不存在真正的错误。但实际上，他只是陈述了一个同义反复：如果还没有法律，那就没有什么是非法的。

然而，霍布斯并未陈述一个同义反复的命题，而是提出了一个实质性的道德主张，即法律是必要的，因为它能够消除一种不安全的状况，否则这种状况会使我们免于道德的约束：

> 自然法在内心层面上（in foro interno）是有约束力的，它表现为人们希望这些法则能够被遵循。但在外部层面上（in foro externo），即付诸实际行动时，情况则并非总是如此。因为，一个人如果温良恭谦，在其他人都不履行承诺的情况下依旧恪守自己的诺言，那他只会让自己成为别人的猎物，并给自己带来灭亡。而这违背了所有自然法的基础，毕竟自然法的目的是保全人的本性。[1]

戈特利布被霍布斯关于自然法可以概括为"道德金律"的说法误导了。对霍布斯而言，这只是总结了和平共处的规则，它们服务于所有人的利益，在安全的情况下我们才有义务遵守，而不是像戈特利

---

[1] Thomas Hobbes, *Leviathan*, chap. 15.

布所认为的那样，是一个在某种程度上超越了其自利基础的"无私"原则。

霍布斯对英国内战所带来的混乱感到震惊，因此他不相信有限政府的可能性。他认为主权必须是绝对且不可分割的，而且扩展到对宗教崇拜形式的规定，因为宗教冲突是社会不稳定的主要来源。霍布斯认为，只有当主权者失去保护我们的能力时，我们才可以解除服从于其的义务。斯宾诺莎将政治理论建立在自利之上，这一点他是追随霍布斯的。但他支持一个更为自由和民主、保护言论和宗教自由的制度。还有一些理论家将个人自由和宽容视为政府合法性的条件，其中洛克是最有影响力的一位。

对于洛克来说，道德的基础不是共同的自利行为，而是上帝赋予每个个体的自然权利——生命、自由和财产的权利。即使在没有法律的情况下，人们也有理由尊重这些权利。因此，根据洛克的观点，自然状态受到道德的约束，而不像霍布斯认为的那样：

> **自然状态**被一条自然法支配，这条法则约束每个人。理性，即这一自然法，教导有意遵从理性的所有人：人人**平等且独立**，任何人都不应该伤害他人的生命、健康、自由或财产。[1]

然而，我们仍然需要对违法者进行惩罚。如果将执法权交给个人，其结果很可能是不可靠和混乱的，因此有必要通过社会契约让一个权威机构垄断执法权，从而确保我们的自然权利得到保护。

---

[1] John Locke, *Second Treatise of Government*, sec. 6.

洛克最终得出结论，政府合法性的这一基础意味着人们有权反抗甚至反叛滥用权力的主权者。戈特利布解释了那些试图阻止詹姆士（他是查理二世的兄弟，信奉罗马天主教）登上英国王位并最终将其推翻的运动，与洛克的理论之间有怎样的联系。但他补充道，虽然洛克的思想被用来支持美国革命，但洛克本人会"惊愕地发现，自己书中的思想在后世还被用来反对他自己曾积极参与的英国殖民政权"。

6

休谟不相信自然权利或社会契约。他是一位哲学天才，其最伟大的作品《人性论》（*A Treatise of Human Nature*）是在他二十多岁时写成的。这本书通过一个全面的关于人类心灵运作的理论，对各种形式的思想、知识和价值进行分析。他最著名的论点之一是，对于因果性的判断不过是人类心灵因为观察到相关性而产生的习惯性的心理联想，它并不能表明事件之间存在必然联系。

在伦理学和政治理论中，休谟的分析也采用了一种对我们的道德判断给出心理学解释的方法——它既解释了道德判断的本质，也解释了道德判断的内容。与霍布斯一样，休谟对道德和政治义务给出了世俗化的解释，但这种解释并不完全基于自利。休谟认为，存在一种独特的道德动机，他称之为道德情感（moral sentiment）。这种情感基于人们同情他人幸福和不幸的能力，以及人类能够超越自身的特殊视角和利益，以一种普遍而超然的立场来看待世界的能力。

当我们对每个人都充满同情时，这种立场就能使我们不是为自己，也不是为任何其他特定的人，而是以非个人的方式来对行为、品质、制度和政策做出好坏评价。而这样的评价仅仅是我们道德情感的表达，其中融合了同情心与超然态度。它们并没有真实或虚假地描述世界，而只是在表达一种喜欢或是不喜欢的感受和态度。然而，这种感受能够让人们在道德判断上达成一致，因为它并不依赖于每个人的个体利益。

休谟的道德理论非常复杂。它是一种早期形式的功利主义，但它还涉及了一系列关于财产权、契约、承诺和政治义务的理论，并将这些规定解释为人类约定俗成的产物。这些严格的规定服务于集体利益，尽管在许多情况下，它们要求的行动可能与总体的福利相悖。（你比你的房东更需要这笔租金，但它不能作为你不交房租也不走人的抗辩。）

休谟和戈特利布笔下的其他思想家一样，对几乎所有事物都感兴趣，而我对他们的创造性成就只不过略作探讨。戈特利布对此提供了一个简明但相当全面的概述，其中包含了许多历史细节。除了斯宾诺莎，这些人并没有生活在象牙塔里。他们与王室和贵族有所往来，有的还担任外交官或政府公职人员。戈特利布的这本可读性极强的书虽有一些不足之处，但它提供了关于那些最杰出的道德和思想先贤的精彩介绍。要是它能将读者引向那些原著，那就再好不过了。

23. 丹尼特的错觉 [1]

五十年来，丹尼尔·丹尼特一直致力于一个宏大的祛魅事业，即借助科学将我们从他认为的错觉（illusion）中解放出来——这些错觉是如此自然，以至于它们很难被根除。在他的第十八本著作（也是他的第十三本独著）《从细菌到巴赫再回来》中，丹尼特对他的世界观进行了重要且清晰的总结。虽然他的观点得到大量科学数据的支持，但他也承认，其中的很多内容只是猜想，它们并未在经验或哲学上得到证明。

丹尼特是个很好的智识伙伴。他对科学知识有着极度的渴望，同时也是我所知道的最善于传播科学知识并解释其意义的人之一，他的表达既清晰又不流于表面。他的写作充满智慧和优雅，尤其是在这本书中。尽管他有明显的立场，但他会尽可能地理解那些与他观点相左的想法。他承认，他试图说服我们相信的东西中有一些非常反直觉。

---

[1] 这是一篇关于丹尼尔·丹尼特（Daniel C. Dennett）著作《从细菌到巴赫再回来：心灵的演化》（*From Bacteria to Bach and Back: The Evolution of Minds*, Norton, 2017；以下简称《从细菌到巴赫再回来》）的评论。

我会在最后解释为什么我认为他的整个项目无法成功，不过我想先展开他的论证，其中包含了许多真确而有洞见的内容。

这本书采用了历史性的结构，从前生物时代一直讲到人类心智和现代文明，它将不同形式的基于自然选择的演化（无论是生物层面的还是文化层面的）当作最核心的解释框架。丹尼特坚信：我们仅仅是物理性的存在，任何看似非物理的现象都必须用与这一事实相一致的方式来解释。巴赫或毕加索所拥有的创造天分，以及我们听到巴赫《第四勃兰登堡协奏曲》或欣赏毕加索《镜前的女孩》时的意识体验，都源于一系列物理事件，其发端可追溯到单细胞生物出现之前地球表面的化学组成。在这一进程中，丹尼特认为存在两个悬而未决的问题：处于进程开端的生命起源，以及相对晚近得多的人类文化起源。但悬而未决并不妨碍我们进行推测。

哲学家威尔弗里德·塞拉斯（Wilfrid Sellars）提出了关于"显常图景"（manifest image）和"科学图景"（scientific image）的著名区分，丹尼特的工作是围绕它展开的。这两个图景是我们看待自身所处世界的两种方式。丹尼特写道，在显常图景下，我们的世界

> 充满了各种人、植物、动物、家具、房屋、汽车……还有色彩、彩虹、日落、声音、发型、全垒打、美元、问题、机遇、错误，以及各种诸如此类的东西。我们可以轻松地识别或指出这些纷繁的"事物"，或对其产生爱意或者憎恶。在许多情况下，我们还能操控甚至创造它们……这是一个**我们**眼中的世界。

而根据科学图景，世界

充满了分子、原子、电子、引力、夸克以及其他我们还不甚了解的东西（或许是暗能量、弦、膜？）。

根据丹尼特的说法，科学图景描绘的并非我们眼中的世界，而是世界本身的样子。我们的任务在于科学地解释，物理世界如何发展出像我们这样高度复杂的生物——万物（包括我们自身）在我们眼中都与其本来面目截然不同。

丹尼特进一步拓展了塞拉斯的观点，他指出显常图景的概念不仅适用于人类，还适用于所有其他生物，甚至细菌。因为所有生物都有生理感应器和物理反应能力，能够察觉到所处环境中的某些特性并做出恰当的反应。这些特性被丹尼特称作"可供性"[1]，它们可能是有利、有害、安全或危险的，可能是能量或繁衍可能性的来源，可能是捕食者，也可能是猎物。

对于每一种生物，无论是植物还是动物，这些至关重要的特性都定义了它们的整个世界。无论其背后的生理机制如何，生物体的行为以及它们对环境的反应都构成了显常图景的内容。这并不一定意味着生物体对周围环境的感知是有意识的，但我们仍可以将其视为意识产生的第一个环节。

产生这些结果的漫长演化过程首先是生物意义上的演化，然后是文化的演化，直到最后才部分地由智能设计所引导，这种引导是由

---

[1] 译注："可供性"（affordances）最早于1977年由美国心理学家詹姆斯·吉布森（James Gibson）提出，原意是指环境为个体所提供的东西，后成为知觉相关领域的术语。

人类心智的独特能力和人类文明所实现的。但正如丹尼特所说，从DNA（脱氧核糖核酸）中的遗传密码到单细胞生物的新陈代谢，再到人类视觉系统的运作，生物界从一开始就充满了设计，只不过这些设计背后并不存在一个特定的意图或者理解。

丹尼特最重要的主张之一是，我们和其他生物为了生存、繁衍和适应环境所做的大部分事情，是我们所不理解的。对于这些事，我们"无须理解亦能胜任"（competence without comprehension）。这话显然适用于像细菌或树木这样完全没有理解能力的生物，但对于像我们这样有很强理解能力的生物也同样适用。我们所做的大部分事情，以及我们身体所做的事情，例如消化一顿饭，移动特定的肌肉以抓住门把手，或者把声波对耳膜的冲击转化成有意义的句子，这些都是出于**我们**所无法把握的原因。这些原因被丹尼特称作"自由浮动的原因"（free-floating reasons），其基础是促使相关行为和过程成为我们的运行模式的自然选择压力。这些模式的出现与维系是有原因的，但我们并不知道这些原因，我们也无须知道就可以"胜任"并正常运作。

我们也不需要理解"胜任"背后的机制。丹尼特用一个形象的比喻指出，描绘我们日常世界的显常图景是由一系列用户错觉组成的，

> 就好像这样一系列巧妙的用户错觉：可以被点击和拖拽的图标，可以把其他文档丢进去的棕色小文件夹，以及电脑桌面上其他更为人熟悉的事物。电脑运作背后的机制非常复杂，但用户并不需要了解它们。因此，智能界面设计师简化了可供性，使其更容易被人看到，还为此添加了音效来引导用户的注意。电脑内部没有任何突出且简约的东西对应桌面屏幕上的那个棕色小文

件夹。

丹尼特说，每个物种的显常图景都是"演化为了满足用户需求而精心设计的用户错觉"。尽管用了"错觉"一词，他并不想简单否定显常图景中的事物的真实性。那些我们看到的、听到的并与之交互的事物"并非**纯粹**虚构，而是另一种版本的真实存在：真实的模式（real patterns）"。然而，那种自身存在而非仅仅为了我们或其他生物而存在的底层的真实，只能通过科学图景来进行准确描述（最终以物理学、化学、分子生物学和神经生理学的语言描述）。

我们的用户错觉并不像桌面屏幕上的小图标那样，由智能界面设计师创造。几乎所有的用户错觉，例如我们对人，包括对他们的面孔、声音或动作的印象，对某些事物或是美味或是恶心，以及对另一些事物或是舒适或是危险的感知，它们都是"自下而上"设计的产物，可以借由基于自然选择的演化论来解释，而不是由某种智能存在"自上而下"设计的。达尔文用一种被丹尼特称为"推理的奇异反转"的方法，教会我们如何克服那种总是用智能来解释能力与设计的直觉倾向，并用自然选择这一无意识过程取而代之——一个由偶然变异、复制和差异化生存组成的过程。

至于底层机制，我们现在对其可能的运作方式有一个大致的了解，这要归功于计算机之父阿兰·图灵给出的另一种"推理的奇异反转"。图灵看到了一个无意识的机器如何能够在不知道自己在做什么的情况下完美地进行算术运算。这一点也可以应用到自然和人工系统的各种计算和程序控制中，这意味着这些能力并不依赖于理解。丹尼特认为，当我们把这两种见解结合起来，我们就会发现：

所有的才能和理解本质上都源于不依赖于理解的能力。这些能力经过时间的累积成为更加复杂的系统，**进而**具备理解的能力。这也是一种奇异反转，它推翻了达尔文之前"心智最先"的创世观，取而代之的是一种"心智最后"的观点，即经过了漫长的演化，我们最终成为智能设计者。

他补充道：

图灵本人是生命之树众多枝丫的其中一根，他或具体或抽象的创造成果，是盲目的达尔文式演进过程的间接产物，就跟蜘蛛网与河狸坝一样。

这个进程的关键高潮是文化演化。丹尼特认为，它就跟生物演化一样是无须理解的。他引用了彼得·戈弗雷-史密斯（Peter Godfrey-Smith）的定义，从中可以看出，演化概念可以有更广泛的应用：

自然选择的演化是指种群由于以下原因而发生的变化：（1）群体成员的特征发生变异，（2）以上变异导致不同的繁殖率，（3）上述变异是可遗传的。

在生物演化中，变异由 DNA 突变引起，并通过有性或无性繁殖遗传。然而，同样的模式也适用于非基因引起的行为上的变异，这种变异的遗传性体现在群体中的其他成员可以加以效仿，无论是一种游戏、一个词、一种模式还是一种着装方式。

这正是理查德·道金斯所命名的"模因"概念所要表达的内容。丹尼特向我们展示了这个概念在描述文化的形成和演化方面的妙用。他是这样定义"模因"的：

> 它们大致是这样一种**行为方式**，可以被复制、传播、记忆、教导、回避、谴责、炫耀、嘲笑、戏仿、审查、神圣化。

模因的例子包括诸如反戴棒球帽、建造特定形状的拱门等行为，不过最典型的例子是词语。词语就像病毒一样，依赖宿主进行繁殖，并且只有当它最终被传递给其他宿主（通过模仿学习它的人）时，它才能存活下来：

> 它跟病毒一样，被设计成（主要是通过演化）能够激发和增强自身的复制，**它所产生的每个个例（token）都是它的后代**。跟**物种**一样，起源于同一个原型的诸多个例形成了一个**类型**（type）。

类型和个例之间的区别来自语言哲学。"番茄"这个词是一个类型，而任何关于这个词的具体的发音、书写或思考都是一个个例。你说"番茄"跟我说"番茄"，它们是两个在物理层面上可能非常不同的个例。它们之所以能够被联系在一起，是因为不同说话者能够识别出他们所说的是同一个类型的不同个例。这也解释了，为什么使用同一种语言但口音不同的人或用不同字体打字的人，还是可以相互理解。

一个孩子可以习得母语，哪怕对母语的运作原理一无所知。丹尼特合理地认为，语言一定也是以一种同样没有规划的方式起源的。或许最初是通过自发地将前语言期的想法和声响联系在一起的方式（不只是声响，还有手势。正如丹尼特所观察到的，如果不用手，我们会发现交流起来非常困难，这表明最早的语言中，有些可能并不是用来说的）。最终，这些模因汇聚在一起，形成了我们所熟知而共享的、具有强大表达能力和复杂结构的语言。

语言让我们能够超越时空，谈论那些并不在场的事物，让我们不断积累共有知识体系，并通过书写将这些知识储存于个人的头脑之外，从而形成大量的、散落在众多头脑中的集体知识和实践，而这些事物构成了文明。语言还使我们能够关注自己的想法，并在科学、艺术、技术和制度设计等领域自上而下的创造过程中发展这些思想。

然而，思想的这种自上而下的研究和发展只有在深厚的能力基础上才有可能。而这种能力的发展在很大程度上是自下而上的，是基于自然选择的文化演化的结果。在不贬低天才的贡献的同时，丹尼特提醒我们也不要忽视这些成就背后不可或缺的前提条件，即千百年来模因之间的军备竞赛。这种竞赛的典型例子就是语言的本质上无规划的演化、存续与消亡。

毫无疑问，人类大脑的生物演化，以及过去五万年以来大脑和文化的共同演化，使这一切成为可能。但到目前为止我们只能对其中的细节做一些推测。丹尼特引用了最近的研究来支持这样一种观点，即大脑结构是神经元之间自下而上竞争和合作的产物——部分是对模因入侵的回应。但无论具体细节如何，如果丹尼特就我们是物理性的存在这一点的坚持是正确的，那么所有的理解能力，所有的价值、感知和思想，这些在我们面前呈现显常图景，同时也让我们形成科学图景的东西，都是作为中枢神经系统中的表征系统而真实存在的。

这就引出了关于意识的问题，丹尼特对此持有一种独特且具有明显矛盾色彩的立场。我们对世界和自身的显常图景，不仅包括物理性的身体和中枢神经系统，还包括了我们自身的意识及其复杂的特征（感官、情感和认知），以及其他人类和非人类物种的意识。丹尼特认为意识并不拥有大脑所具备的"实在性"，这一点与他对显常图景的总体看法一致。丹尼特认为意识是一种特别显著且具有迷惑性的用户错觉。这种错觉在我们与他人互动以及自我管理和觉察中是不可或缺的，但它仍只是一种错觉。

你可能会问，意识怎么会是一种错觉呢？毕竟错觉本身就是有意识的体验——与现实并不相符的表象。我怎么可能在没有意识的情况下又感知到自己有意识呢？正如笛卡尔所说，我的意识的存在是我唯一无法怀疑的事实。丹尼特解决这一表面矛盾的方法直指他立场的核心——否认第一人称视角在意识和心灵问题上的权威性。

这种观点非常不自然，以至于很难表达，但它与20世纪中叶心理学界盛行的行为主义有一些共通之处。丹尼特认为，我们所持有的、关于具有主观内在生活的有意识生物体的概念（这些概念不能仅仅用物理术语来描述）是一种有用的虚构，它使我们能够预测这些生物的行为并与之互动。他创造了"他者现象学"（heterophenomenology）这一术语来描述以下情形（他认为该情形严格来说是错误的）：我们每个人都认为其他人有一个内在的心理剧场，这个剧场包含了他们对世界的表征，其中充满了色彩、形状、味道、声音、家具或风景的图像等感官体验。

然而，根据丹尼特的说法，现实情况是，人类行为背后的表征存在于我们知之甚少的神经结构中，我们对自己心灵的类似概念也是如此。这种概念并没有捕捉到内在的现实，它们之所以产生，是因为我们需要用一种简洁易懂的方式向他人展示（有时是掩饰）我们的各种能力和意向。

奇怪的是，我们以**第一人称**视角观察自己的心灵，和以**第二人称**视角观察他人的心灵并没有太大的区别。我们不能看到、听到或感受到在大脑中运作的复杂神经机制，而只能接受一种经过诠释和加工的版本，一种我们极为熟悉的用户错觉，熟悉到我们不仅将其视为现实，还将其视为诸现实中最不容置疑又最为我们紧密知晓的现实。

问题在于，丹尼特不仅得出结论认为，我们的行为能力背后有远比第一人称视角所揭示的更多的东西（这无疑是正确的），他还认为第一人称视角所揭示的仅仅是关于神经机制的一个"版本"，**别无其他**。换句话说，当我看着美国国旗时，在我看来，我的主观视野里似乎出现了红色条纹，但这只是个错觉，是"经过诠释和加工的版本"的现实。而唯一现实是，某种我所无法描述的物理进程正在我的视皮质中发生。

我想起了马克斯三兄弟（Marx Brothers）的一句话："你是打算相信我，还是相信你的眼睛？"丹尼特要求我们背弃显而易见的事实，即我们在意识中直接感知到的关于色彩、味道、声音、触觉等的主观体验。即使它们由神经层面的原因（或许既有神经层面也有主观体验层面）导致，它们也无法被神经层面的术语充分描述。丹尼特之所以要求我们这样做，是因为这些现象的实在性与他所坚持的科学唯物主义是不相容的。在他看来，后者划定了实在的外部边界。用亚里士多德的话来说，他在"不惜一切代价地维护一个论点"。

如果我理解正确的话，这意味着我们要用行为主义的方式解释自身。当我觉得我有主观意识体验时，那种感觉只是一种信念，表现为我倾向于说的内容。根据丹尼特的说法，我视野中的红色条纹只是这种信念的"意向对象"。就好比孩子相信圣诞老人存在，此时圣诞老人就是孩子信念的"意向对象"，它们都不是真实的。回想一下，即使是树木和细菌，它们也拥有自己的显常图景，这种图景需要通过它们的外在行为来理解。对我们而言，情况同样如此，显常图景根本就不是一种图景。

我们没有必要为了科学而做出这样的认知扭曲。自17世纪以来，物理科学之所以能够取得惊人的成就，就是因为它将心灵排除在科学的边界之外。认为现实中存在物理学所无法解释的事实，这并不是一种神秘主义，而是承认我们离所谓的万物理论还有很远的距离，并且我们必须拓展科学，使其能够容纳这些物理学所无法解释的事实。我们没有必要担心这个观点会颠覆科学，尤其是丹尼特最喜欢的自然科学——生物学。现在的演化论是一种纯粹的物理理论。如果意识并非如丹尼特所认为的那样是一种错觉，那么演化论就必须引入非物理的因素来解释意识。唯物主义仍然是一种广受认可的观点，但是修改数据来迎合主流观点并不会带来科学的进步。

丹尼特的书中还有很多我没有讨论到的内容，例如教育、信息论、前生物化学、意义分析、概率的心理作用、心智类型的分类，以及人工智能。丹尼特思考了人工智能的历史和前景，如何管理人工智能的发展，以及如何看待我们与人工智能之间的关系，这些思考富有见解且充满智慧，他总结道：

> 在我看来，真正的危险并不是机器在变得比我们更聪明后会掌控人类的命运，而在于我们会**高估**这些最新的思维工具的理解力，过早地将远超其能力的权限交给它们……
>
> 我们应该希望新的认知假体继续被设计为依附于我们的工具，而不是独立的合作者。它们被设计出来的唯一"内在"目的应该是，建设性且透明地响应用户的需求。

关于人类心灵本质的争论可以追溯到笛卡尔，对此丹尼特有自己的立场。他向笛卡尔致敬，把第一人称视角的吸引力称作"笛卡尔引力"，还把他所说的虚幻的意识领域称为"笛卡尔剧场"。这个争论无疑还会持续很长时间，而推进讨论的唯一办法就是参与者尽可能地发展和捍卫那些互相竞争的观念——正如丹尼特所做的那样。即使是那些难以相信丹尼特整体观点的人，也能在这本书中找到许多有趣的内容。

致 敬

24. 贝茜·德沃金（1933—2000）

我们都记得第一次见到贝茜的情景，她立刻就给人留下深刻印象。我第一次见她是在1968年的纽黑文。我参与一个小组，小组成员定期会面，讨论法律、道德和政治哲学的问题——通常轮流在纽约和坎布里奇会面，但偶尔也在纽黑文开会，因为罗尼[1]也是其中一员。那时，罗尼在耶鲁大学任教，是特伦布尔学院的院长，我们就在院长宅里会面。我们一群人围坐在一起，讨论些棘手的问题，关于权利，关于正义与平等的关系，或者是关于战争罪、平权行动。尽管我已不记得具体话题，但贝茜踏入房间的短暂时光却留在我的脑海。她只是来取落下的东西，带着含蓄的微笑，用那美妙、低沉又醇厚的声音为打扰而抱歉。我清楚记得她的穿着和模样，对这样的非正式场合而言也已呈现得完美无瑕。她的出现令人惊叹。在哲学辩论中途，一位优雅女性突然现身，这是不是某种宇宙秩序的显现不得而知，但它肯定会让思绪暂停片刻。我们还是接上了原先的话头，但我仍为这学

---

[1] 译注：罗尼是对著名哲学家罗纳德·德沃金的昵称，他是贝茜的丈夫。

术环境中的突然造访而惊叹，仿佛一头豹子来到一群大象身旁。

在那次初遇后，我越发了解她，也就越能明白贝茜为何如此令人愉快。她聪明、幽默、动人，这些我们都记得。她还有着无比精准的专注力，以及对正确性一丝不苟的坚持。她一直坚守自己的品味和判断，践行着严苛的标准。她的存在如此强大，这也体现在她与罗尼共同创造的非凡生活中。

她的判断总是起着作用。她是美学上的完美主义者，对周遭一切的视觉、感觉、功能和她身旁之物的和谐，都有着强烈的反应。无论是为朋友们准备佳肴，为晚会打扮，还是设计和布置房子，在地球上某个漂亮的角落安排度假屋，她都知道如何创造美和愉悦。我记得在法国和意大利的一些地方拜访他们，贝茜用她的点石成金之手创造了绝佳的环境，而罗尼则欢欣地在电脑前敲打键盘，处理罗伯特·西尔弗斯（Robert Silvers）发来的传真，直到午餐如变魔术般出现在露台上。贝茜那蓬勃的创造力包围和宠爱着所有相识的人，她的辛勤付出却隐藏于幕后而不被看见。

贝茜的洞察力、品味与智慧，在与他人的往来中也不曾停歇。她对人有浓厚的兴趣，关怀他们的生活。朋友们都能强烈感受到这种关注，也知道可以依赖于她。但在我看来，她有一项更深入的品格让她与众不同：她举止极其优雅。这体现在她与外界的所有接触中，无论是与孩子还是与政治家交谈。这种礼仪来自对他人的细腻敏感，既珍贵又罕见。它不是一套可以学习模仿的规则，而只能得自对人际交往中情感复杂流动的微妙觉察，以及一种深入骨髓般的体贴，条件反射般保护他人的自尊，让人感觉良好而免于尴尬难堪。在满是自负的世界里，不动声色也毫无奉承地持续运用这项天赋，而且又不抑制自己务实和机智的一面,这是贝茜最重要的气质。

  这种优雅在她临终的病痛中更是仰之弥高。她似是以自持给人慰藉,让人意识不到她究竟在经历什么。她始终还是原来的那个她,声线优美,笑容灿烂,一双大眼睛温暖专注地望着他人,而不让注意力留在自己身上。如今,她的宠爱不再,我们只能心怀爱和感激,铭记她带来的改变。

25. 罗伯特·诺齐克（1938—2002）

我认识罗伯特·诺齐克是在 20 世纪 60 年代，那时我在普林斯顿大学任职，而他在洛克菲勒大学。一个愉快的巧合是，我们住在曼哈顿的同一栋公寓楼里。我们发现彼此在智识上同频，尤其是我们都认为，哲学问题没有止境，无论是用语言分析来解决，还是以科学的世界观取而代之，哲学问题都无法被系统地消弭。鲍勃[1]的聪明才智在哲学精英中也极为罕见——他思维的速度、力量和创造性都难以置信，他喷涌而出的观点和想象也让旁人眼花缭乱。他还特别风趣幽默，毫无沉重负担。

1967 年，我和他创立了一个月度讨论小组，名为 SELF（全称是 Society for Ethical and Legal Philosophy，伦理与法律哲学社）。成员们的分歧无处不在，唯一的共识是，我们争论的实质性道德和政治问题可以由理性思考和辩论来解决。这打破了传承已久的实证主义哲学立场——对价值不予过问。鲍勃以他强有力的观点，现身说法展示了对

---

[1] 译注：鲍勃是"罗伯特"的昵称。

道德理论的实在性和独立性的信心。小组成员的工作对学科产生了深远影响,而我们多年来的探讨在我所经历过的讨论中无出其右者。

鲍勃总能将机智与洞见融合。在 SELF 早期的环境中,我常常在会议期间抽烟。有一次我刚点燃一支雪茄,鲍勃就大步走到窗前将窗户打开。我知道他非常推崇市场机制,于是提议我们为房间的空气权进行竞拍。出价高的人将向竞价失败者支付中标价,并在我是否抽烟的问题上得偿所愿。出价来到五美元时,鲍勃沉默片刻,随后说:"你不抽烟对我来说价值超过五美元;但不必付钱来阻止你抽烟,这对我来说价值高得多!"

这个场合不太适合详细描述他的哲学贡献,但我想尝试传达他在哲学上的独特个性。哲学需要创造性的理论想象力来打破心智的惯性边界,也需要严密的逻辑、理性的论证,更需要二者的互动和激烈交锋。在学科历史上,无序和有序这两种力量一直在争夺主导地位。这两者在鲍勃的性情中都达到了无以复加的高度,也都得到他最大限度的表达。他热爱形式结构和逻辑论证,但他本质上又是以直觉来处理哲学问题。他的逻辑速度、力量和准确性让他在智识上无所畏惧,而且他准备好跟随自己的想象力和直觉,无论去往何处。

年轻时他就被誉为同代哲学家中最尖锐的批评者——即使是最严谨的哲学家,提出的任何主张他都能给出反驳或反例。鲍勃肯定也像其他人一样想到过,连他自己也构建不出一个能抵御他自己的批判力的哲学理论。但他认为创造新事物要胜于谨慎防御、避免犯错,因此他接受自己充满活力的创造冲动,而没有去抑制它,也没有让它完全承受他自己的破坏力——这一点对于创造性的蓬勃发展极为必要。他能够预见、认识到别人可能提出的反对意见,于是他允许自己享受这种创造的自由。他利用他的辩证技巧,创造了一系列当代哲学中最富原创性、最引人入胜的思想结构——关于理性、权利、价值、知识、人格同一性、解释、意识、客观性和真理的复杂理论。这项任务让他冲出哲学的传统界限,渴求掌握并利用社会科学、物理科学、生物科学甚至是东方神秘主义的主要成果。他拥有非凡的哲学广度,他的有意鲁莽,加上他头脑的力量与清晰,赋予了他的作品桀骜不驯而逻辑上令人敬畏的气质,使其独树一帜。

鲍勃与众不同。他的性格中似乎不存在任何被动。他意志坚定,思想条理分明,个人魅力和智识魅力都极为出众,这些都让人难以忘怀。在个人交往中,以及在政治和智识上,他都直言不讳。他宁愿发表招致强烈反对的决断性言论,也不愿说模棱两可的话来减少冲突。他拒绝那种为避免冲突而藏起棱角的冲动,因为他知道那样很容易失去清晰的立场,也是对艰难抉择的回避。这其实是一种勇气:他清楚地认识到,要对自己的一言一行和观点态度全面负责,需要持续不断努力,还要愿意面对批评。他随时间流逝变得更加温和,但他强烈的独立性从未减弱:他的最后一本书《不变》(*Invariances*),无畏程度不亚于此前所有作品。

鲍勃享誉国际,但他一点也不世故,也从未成为公众人物,尽管这对他来说轻而易举。他志在千里,但只在于哲学和精神之路,他用超凡的心力革新了对自己和对世界的理解,并以非凡的清晰度进行表达。如此,他充实了自己的一生,直到尽头。尽管他的生命无情地终止了,但那是丰富多彩的一生——冒险不断,不拘一格,而且满是喜悦。

26. 约翰·罗尔斯（1921—2002）

我第一次上约翰·罗尔斯的课是在 1955 年的春季学期，那时我是康奈尔大学的一年级生。当时他有严重的口吃，而后来的岁月里口吃几乎消失了。我想那一定给他的教学带来了困难，但或许也因为如此，他与学生们在共同的紧张感中拉近了距离，让大家更能专注于他。

然而，这是他唯一显得脆弱的地方。在自那年开始的 48 年里，我一直是他的学生，也成了他的朋友。但不得不说，他是我唯一一个与我截然不同的朋友。我对他怀有无比的钦佩和深厚的感情，但同时也觉得他仿佛生活在一个全然不同的层面。

我所说的是他的个人品质，而不是他的成就，尽管两者也的确有关。所有认识杰克[1]的人都会钦佩他的纯粹和自在无我，但我说的还不只是美德：如果我说，杰克给我的主要感觉是，他是个天生的贵族，我希望这不会被误解。

---

[1] 译注：杰克是"约翰"的昵称。

他当然不折不扣地支持平等和民主。他的生活非常简朴，甚至过于朴素，衣着也向来朴实，从不为自己花一分钱。但他有一种内心深处的坚定自信，又与人保持距离，这让他好像超然于所有人之上，即便他真诚谦逊，也常常表露出不确定。他身上有某种自足特质，我只能用"贵族"来形容。他会得体地避免冲突，但他并不需要别人认可。他在社交和道德方面展现出我从未见过的高尚。例如，我相信他从未申请过由联邦资助的研究基金，因为他不认为政府应该支持他那样的工作——但他又很自然地为别人写推荐信。

以上种种，让我们从师生转变为朋友的过程颇为困难。这样的过程从来不易，但就我们的情况来说，我觉得困难在于我感受到与他的巨大差距。当时，我是个笨拙、不体贴但又渴望认可的年轻人，他的形象则是那样高贵、自足，让我极为仰慕。我无可回避地透过他的眼光看到一个可笑又野蛮的自己。

随着时间推移，我意识到他并不要求别人和他一样毫无虚荣，但哪怕他没有这样的要求，我也始终把他那自然而然的超凡脱俗当作检视我自身局限的标杆，这已是我摆脱不了的习惯。

我不知道他是否以同样的方式影响了其他人，但我相当确定他对自己所呈现的那种难以企及并不知情，因为他以为这种纯粹人人可及，就好比他将康德的道德愿景描述为"人人皆贵族"。

在我心目中，杰克的本质最能由《正义论》结尾的优美词句来表达，许多人对此可能也并不陌生：

> 永恒的视角并不是站在世界之外某个地方的视角，也不是某种超越的生灵的视角，而是一种理性人在世间就能采用的特定形

式的思维和感受。若真的做到了这点，无论在哪个时代，人们都能将所有个体的视角融为一体，进而得出一套调节原则，每个人在依照这套原则生活时，都能从自己的立场出发对其认可。所谓心灵的纯粹，如能实现，不外乎从这个视角出发，清晰地看待问题，优雅而自持地行事。

27. 伯纳德·威廉斯（1929—2003）

在伯纳德·威廉斯身上，我们可以发现叛逆与责任这两者不可思议的结合。一方面，他很适应体制，他是学术界和公共领域的模范公民，他承担了最具挑战性的官方角色，并以无与伦比的效率完成了所有的职责。另一方面，他对权威（包括他自己的权威）持有深刻的怀疑，他性格中的颠覆性让他从未因自己在公众面前的显赫声望而觉得高人一等。

在智识上，他的叛逆让他对道德展开了抨击。这里的道德指的是哲学家们普遍认为的那种，当我们从"永恒视角"（sub specie aeternitatis）看待人类生活时所出现的普遍规范体系。伯纳德坚持认为，那不是一个好的看待生活的视角。他说："看待生活的正确视角是**立足当下**。"他对道德理论中过分追求客观性和非个人性的猛烈抨击，使得这一领域充满了前所未有的活力与挑战，尤其是对于那些不同意他观点的人而言。在他手中，对道德问题的处理完全失去了通常的虔诚色彩，而是变得生动形象，就像那些充满想象力的文学作品一样，并且仍保持了分析哲学的深刻性。不过，我一直怀疑，伯纳德在嘲笑西季威克和康德那种非个人化的语气时，他实际上是在对他内心深知的良心做出回应，这种良心成就了他卓尔不群的人格，全然不染道貌岸然之气。

他才华横溢，对此他毫不吝啬，而是用一种近乎挥霍的方式应对几乎所有出现在他面前的挑战和邀请。他很早就展现出了天才，这使他成为别人钦佩的对象，也让别人对他寄予厚望。但他对待自己从不像别人待他那般严肃认真。许多有创造力的人都被一种对于自身才能及其实现的责任感所驱使，但他显然并不受困于这种责任感。

伯纳德一生都毫不费力地保持着年轻时的独特个性。他从未养成一套定型的反应和看法，他总是用崭新的好奇心和感知去应对他所遇到的一切。他叛逆不羁，本能地不信任正统，同时又洞悉人性的弱点与荒谬。这些特质一定让许多朋友希望听到伯纳德在他们不在场时对他们的评价，从中得到教育启发。我们这些认识他的人永远都不会忘记他那点亮了我们生活的闪烁的智慧之光。

28. 唐纳德·戴维森（1917—2003）

  多年来，我与唐纳德逐渐熟悉。20世纪50年代末，我还在牛津读研究生，在我还没有读过任何他写的东西的时候——实际上是在他开始发表那些使他声名鹊起的论文之前，我就已经听说他是斯坦福大学一位极具魅力的老师。他曾出现在 J. L. 奥斯汀的关于"辩解"的课堂上，奥斯汀对此罕见地公开致意，以表示对他的尊重。几年后，当我开始在伯克利教书时，我参加了斯坦福的研讨会以及伯克利-斯坦福联合讨论小组，从而对他有了更多的了解。后来我去了普林斯顿，不久之后唐纳德也加入了同一个系。几年后他搬去了洛克菲勒大学，但因为我住在纽约，所以我们还是经常见面。最后，他在伯克利落脚，与马西娅结婚，此后我们开始了一系列前往远方的旅行——巴塔哥尼亚、撒哈拉、博茨瓦纳、坦桑尼亚、土耳其海岸。对我和我的妻子安妮来说，这些旅行是我们人生中最丰富的经历之一。我事先并不知道与其他人一起旅行会是怎样的体验，但我们发现彼此非常契合，旅途也极其愉快。在此之前，安妮和我在唐纳德的推荐下前往一些风景壮丽的地方旅行，首先是攀登乞力马扎罗山，然后是在喜马拉雅山脉进行了两次长达一个月的徒步旅行。要不是他告诉我们这些事情是可能的，我们永远不会想到这么做。就这样，他对我们的生活产生了巨大的影响。我唯一遗憾的是，当我们翻越驼龙垭口时，他没有和我们在一起。驼龙垭口海拔约 5 400 米，位于安纳布尔纳山脉和道拉吉里山脉之间，并通往卡利-甘达基峡谷。唐纳德说，这是世界上最深的山谷，是他渴望看到却从未见过的地方。

唐纳德和他的朋友奎因一样，热爱大自然。我想许多人会在哲学上将他与奎因联系起来，但我一直认为他俩截然不同。确实，戴维森和奎因一样，深受由中欧传至美国的分析哲学中的逻辑经验主义分支影响，而不是受来自英国的日常语言分支影响。然而，奎因在气质上是一位实证主义者和还原论者，而唐纳德则恰恰相反。尽管戴维森对形式系统和统一理论很感兴趣，但他依旧坚持一种丰富且多元的现实和真理观，这是他的哲学观点中与我契合的地方。他并不认为哲学是科学在其最基本形态上的延伸，并且在我看来，他从未忽视哲学问题的独特性。

他不仅醉心于自然秩序，而且对文学、音乐、历史和艺术有很深的造诣。他有着坚定的左翼政治信念。（也许这就是为什么普林斯顿哲学系在他担任系主任期间民主得有些过头。）但他的写作总是相当朴素，他的广博学识只是偶尔通过一些零星的文学引用得到体现。

在我刚认识唐纳德的时候，他是一个明显不好惹的家伙——争强好斗、充满防备、措辞严谨。当他面对哲学分歧时，他会非常严苛。我曾见过一位研究生在口试的时候，被他的冷酷眼神折磨得大汗淋漓。他并不介意是否会吓退别人，这无疑增强了他作为老师的影响力，因为这种危险的感觉使得他的学生觉得自己时时刻刻都被盯着。

他如此好斗可能跟他长时间不愿发表作品有关。不过他的论文一经发表就立刻收获了广泛的认可。当他开始接受并享受别人对其作品的热烈回应时，他变得比较温和了——当然，比较温和与真的温和还是不一样的。

我发现他那紧绷、强烈，有时甚至暴躁的性格很有吸引力，这也突显了他作为朋友的温暖——不来自天性随和，而是源自他对特殊情感纽带的格外珍视。

我忍不住还想补充让我颇感亲切的一点：他是我们这一行中最常戴"有色眼镜"的人。当然，没有人对性不感兴趣，但对我们当中的某些人来说，性是他们对世界的体验的核心。任何了解唐纳德的人都能一眼看出来，他就是这样的人。我记得有一次我们在乡间散步，见到一株大黄正以一种非凡的阳刚姿态从地里冒出来。唐纳德看着它说："大地父亲。"

唐纳德有着丰富的感受，并且这些感受在他同样丰富的人生中得到了多样的实现。少有人能如此幸运。

29. 彼得·斯特劳森（1919—2006）

1958年，我以富布赖特奖学金获得者的身份第一次来到了牛津。当时我就像是一个充满好奇的访客，从一个边陲小镇来到了哲学王国的中心。因为我在康奈尔大学完成了本科学业，并师从诺曼·马尔科姆、马克斯·布莱克（Max Black）和约翰·罗尔斯，所以我对英国分析哲学的新方向及其代表人物的著作有一定的了解。牛津正是这一处于全盛时期的运动的中心，来到此地是一次令人陶醉和激动的经历。

尽管我们现在很难再记得，但当时这项运动显得如此具有革命性的原因在于它所塑造的彻底消解传统哲学的公众形象，这一形象来源于维特根斯坦哲学诊断的遗产，以及日常语言哲学的语言清理计划。就像早期的逻辑实证主义一样，它自诩为传统哲学的终结者，并引入一种后哲学，或至少是后形而上学的终结运动，从而将我们从过往的困惑中解放出来。要实现这一目标，就要揭示哲学问题的根源，即对日常语言使用的误解。

彼得·斯特劳森在这种消解传统哲学的背景下显得格外突出，因为他对传统哲学中最重大的问题有着毫无保留的执着。他深深植根于他所处的哲学时代，并受语言和概念研究方法的影响。因此他那宏伟的哲学项目采取了一种特殊的形式，他称之为"描述性形而上学"（descriptive metaphysics）——从人类赖以理解世界和自身的思想体系内部来进行的探索。尽管这个项目以人为中心，自带了对传统形而上学超越性野心的抵抗，但项目本身并没有任何消解性。斯特劳森的写作方式截然不同于吉尔伯特·赖尔所引领的直率质朴的日常风格，赖尔是在斯特劳森之前的形而上学韦恩弗利特教席教授（Waynflete professorship of metaphysics）。我作为学生参加了斯特劳森的一个讲座〔其内容在之后以《个体》（*Individual*）一书出版〕，他对重大形而上学问题的处理方式和其他人有着天壤之别，其独创性和宏伟抱负令人震撼。

斯特劳森的作品与分析哲学的另一个主要分支——逻辑经验主义传统——之间形成了更大的反差。后者起源于维也纳学派，并在二战前随其主要人物迁移到了美国。这一运动旨在使哲学尽可能地接近科学，并赋予哲学理论以科学理论的技术力量和精确性。从长远看，相较于日常语言运动，逻辑经验主义产生的影响更为深远。有时，它扬言要完全吞噬哲学，将其作为普遍科学主义的一部分，这种科学主义已经渗透到我们的文化中。相比之下，斯特劳森的作品生动地向我们展示了对于增进人类理解而言，哲学所具有的独特性——一种比自然科学更加基本的东西，而不仅仅是它最一般和最抽象的形式。

哲学界曾经流行过两种观念，维特根斯坦式的"哲学是一种疾病"和奎因式的"哲学是一种科学"。对于在这样的时期进入哲学领域的人来说，斯特劳森提供了另一幅解放性的图景。他让我们看到了哲学问题的不可避免性和独特性，也让我们看到笛卡尔、休谟、康德等哲学先贤的思考一直延续至现在我们对哲学的研究。斯特劳森展示了哲学中最深刻的东西，他的写作清晰、优美，却又不掺杂技术性语言。这展现了一种令人振奋的可能——严谨的哲学仍然可以是种文学。

除了他的风格和思想的独立性之外，还有一点让彼得与众不同——他并不"好斗"。哲学或许一直以来都是一门"争强斗胜"的学科，争论和驳斥决定了哪些著作和谁的观点会成为关注的焦点。彼得并没有大多数哲学家与生俱来的咄咄逼人的气势，这种气势驱动了智识争斗，形塑了哲学界的日常面貌。彼得友善的立场、纯粹的理性以及他对任何类似自我表现或自我推销的极端厌恶，使他远离了哲学学术界中相对不那么愉快的互相争斗的"赛事"。

在我的个人记忆中，彼得有两个截然相反的品质：挑剔和宽容。一方面，我总觉得他对任何品味、分寸、思想或语言的不慎或不妥极其敏感，我总是想象，尽管这可能只是一种幻想，他在日常生活中一定比我们中的大多数人面临更多的审美上的不适。但另一方面，对于他认为有价值的东西，他会给予积极大方的肯定，他在表达上也会倾向于"接受"。即使在不得不提出批评时，他也会表现得很温和。

他非常风趣幽默，尽管这一点并不经常在他的作品中展现出来。一个例子是他对那些把未来发达的神经科学视为人类理解自身的唯一正确方式的人的辛辣讽刺。他说（以下为原话引用）："有时候，那些日记作者、小说家、传记作家、历史学家、记者和闲谈者在解释人类行为和经验时所使用的日常术语会被称作'大众'心理学[1]。确实，像莎士比亚、托尔斯泰、普鲁斯特和亨利·詹姆斯这些头脑简单的大众，他们都在使用这些术语。"

我还记得在一次哲学讨论中，有人问"实际上"（actually）这个词的意思。彼得给出了下面这段话来作为说明：

"你是哪个团的？"
"实际上我是冷溪卫队的。"[2]

---

[1] 译注：folk psychology，一般翻译为常识心理学。此处结合文意，翻译为大众心理学。
[2] 译注：彼得·斯特劳森是日常语言学派的重要代表之一，在这段引用的对话中，他展示了日常语言在实际使用中的细微差别和复杂性。"实际上"（actually）在这段对话中用于表达一种微妙的确认或澄清，暗示说话者之前可能认为对方不知道或有误解。

30. 罗纳德·德沃金[1]

我第一次见到罗纳德·德沃金是在 40 年前，在一个毫无特色的酒店酒吧里，当时美国哲学协会总是在这种酒店举行会议。和其他哲学会议一样，不修边幅是与会者的主流风格，但罗尼身着精致的定制西装，戴着闪亮的袖扣和丝质胸巾，显得像是来自另一个星球的访客。在他身旁的是我之前的老师约翰·罗尔斯，罗尔斯那磨损的袖口、破旧的鞋子和超然的气质，让二人的对比更加鲜明。

罗尼那世俗、优雅的享乐自得，并立于罗尔斯脱俗、褴褛的自我节制，这是我对哲学世界的印象里一抹永不褪去的亮色。这两位迥异的美国人共同推动了 20 世纪后半叶我们道德和智识环境的巨大变革——罗尔斯是在政治哲学方面，罗尼则是在法律哲学方面。他们将分析哲学的清晰与逻辑带入了此前因逻辑实证主义的偏见而被排除的规范领域。对于我们时代最紧迫的政治和法律议题，两人都深化并清

---

[1] 本文是为《纽约大学美国法律综述》（*The New York University Survey of American Law*）2006 年致敬罗纳德·德沃金的特辑所作。

晰论述了从中产生的问题与论证。

而罗尼还做了另一件事：他为公众写作。罗尔斯没有这项才能，他非常钦佩罗尼，因为罗尼能够以清楚明了的语言，向非学术大众解释有关法律、政治和社会的复杂道德问题——而且在难度和复杂度上没有丝毫妥协。罗尔斯说，在这一方面，罗尼对当代的贡献可以媲美19世纪的约翰·斯图尔特·密尔——这是一个公正而深刻的评价。

罗尼作为理论家和公共知识分子的切入点一直是法律。这之所以成为可能，是因为在我们的制度下，宪法具有重要的哲学维度，而他不遗余力对此进行阐释。但他的工作从一开始就涉及更广泛的道德和政治理论问题，他比任何人都更努力地将这些领域创造性地联系、结合在一起。

这为他1987年在纽约大学发起的法律与哲学研讨会奠定了基础。大卫·理查兹（David Richards）、拉里·塞杰（Larry Sager）和我本人协助启动了这个研讨会，而我想不到的是，近20年后，罗尼和我仍在继续主持这个研讨会。这些年里，我们批判分析过的理论材料汗牛充栋，其中包括这个主题下最为有趣的一些作品，也有一些比较乏味。但始终让我印象深刻的是罗尼的孜孜不倦，以及他不假雕饰的热情。他是一流的学术主持人，总给人一种印象，仿佛与当周嘉宾讨论他们的想法是最让他乐在其中的事情。必须承认，当研讨会当周论文的内容较为单薄时，他会在预备讨论时苦笑着对我说"我们得多花不少力气了"。可一旦论文作者走进门来，罗尼就会展现出热切的投入与兴趣，随即开启一场难以停下来的讨论。

这一切背后可能有个原因是，在我认识的人中，罗尼几乎最为在意道德、政治和法律理论问题的答案，也最热衷于让他人接受正确的观点。这种性格特质在哲学家中比你想的可能要更少见。此处我要"盗用"罗尼的一个故事。他曾经听到一个女人在安慰一位非常痛苦的朋友,她说:"要哲学一点,别再去想了。"大多数哲学家不至于那么极端,但我相信,我们通常的做法是,一轮又一轮的论辩过后,我们会觉得根本性分歧可以就放到一边不必解决,而不会觉得有义务继续尝试说服论敌。

相比之下,罗尼总是乐于再来一轮。只要对面还有人没被说服,他就会继续战斗,不会让任何异议或回应落空。这给如何优雅地结束制造了难题,特别是当罗尼遇到的对手同样不知疲倦时。幸运的是,在《纽约书评》的信件栏目中这不成问题,因为罗尼总是拥有最终发言权。

尽管我认识罗尼已有 40 年,但我最近才从纽约大学法学院杂志的一篇文章中得知,在跟随著名法官勒尼德·汉德(Learned Hand)担任上诉法院书记员之后,他本有机会成为最高法院大法官费利克斯·法兰克福特(Felix Frankfurter)的书记员。但他认为已受够了学业和学徒生涯,转而进入苏利文·克伦威尔律师事务所(Sullivan and Cromwell)工作。我不禁想,如果他接受了那份书记员的工作,后来会发生什么。他可能会继续从事政府工作,甚至真正进入政治领域(那时肯尼迪政府正要上台)。即使那条不同的道路最终还是让他进入了法律学术界,我猜他的关注点和著作也会和现在不同。他很可能不会如此专注于最宏大的哲学问题。因此,我想在此感谢苏利文·克伦威尔律师事务所,感谢它丰富了我们的哲学生活,并让我拥有了一位合作起来十分愉快的朋友、同事。

31. 约翰·塞尔[1]

我是在约翰·塞尔（John Searle）来到伯克利的前一年认识他的。1958 年秋天，我以富布赖特奖学金获得者的身份坐船（那个年代还得坐船，而我坐的是"伊丽莎白女王号"）来到牛津。我与牛津哲学的第一次接触是当时的哲学系研究生艾莉森·诺克斯（Alison Knox）在该校一个讨论小组中发表的演讲，主题是对约翰刚发表在《心灵》上的文章《论专名》（"Proper Names"）的回应，约翰是评论者。我不记得讨论的内容了，只记得会场座无虚席，气氛热烈，让我感觉自己正处于哲学宇宙的中心，这在当时可能确实如此。

约翰当时是牛津基督教堂学院的哲学讲师，这是一所宏伟、美丽、庄严的学院，它与牛津大教堂相连。他在 1952 年以罗德学者的身份到了牛津大学，而没有花心思去完成威斯康星大学的本科学业——我一直不知道他是怎么做到的。他在牛津获得学士学位后继续留校攻读研究生，当我认识他时，他正在攻读博士学位，并已担任了

---

[1] 这是 2009 年我在约翰·塞尔于伯克利任教五十周年的纪念研讨会上的致辞。

三年讲师。我没有上过约翰的课，但当时的牛津遍地都是哲学活动，我在各种各样的哲学讲座和研讨会中逐渐认识了他。他一贯温和可亲，外向开朗，并且毫无理由地立即对我平等相待。他甚至邀请我在基督教堂学院的高桌上与大教堂的教士、年龄与状态各异的老教师共进晚餐。那天约翰穿着三件套的西装，那也是我人生中唯一一次晚餐后在高级公共休息室里接受了递过来的鼻烟。

约翰在这座古老的学院里显得非常自如，他拒绝被英国化，依旧保持着他那纯正的美国西部鼻音和直率的风格——未被同化，却自然大方。我一直认为，他在牛津待了这么久却没有染上哪怕一丁点的英国口音，这是他强烈个性的体现。他在欧洲也十分自如，因为他频繁去法国旅行，所以他的护照不得不加上一个大大的、像手风琴一样的扩展页。他甚至还有一辆法国车，就是那种漂亮的战前设计的低底盘老雪铁龙，配有硕大的流线型挡泥板和踏脚板——我猜你们中的大多数人从未见过这种车，除非你是老派让·迦本（Jean Gabin）电影的粉丝。汽车对约翰来说一直很重要，这也自然让他对加州情有独钟。

当时约翰和达格玛（Dagmar）就已经在一起了，那会儿她还是达格玛·察尔博赫（Dagmar Carboch），在纳菲尔德学院的政治系担任研究职务，她从捷克斯洛伐克经澳大利亚辗转来到牛津。他们是一对光芒四射的跨国夫妇，对我非常热情友好。50多年来，他们的友好和慷慨总是让我受益。

约翰对牛津有很强的归属感。牛津塑造了他，当时的牛津正处于其哲学影响力的巅峰。我在牛津时，得以跟随J. L. 奥斯汀、保罗·格赖斯、彼得·斯特劳森、伊丽莎白·安斯康姆、菲利帕·富特、以赛亚·伯林、H. L. A. 哈特、G. E. L. 欧文（G. E. L. Owen）、大卫·皮尔斯（David Pears）、詹姆斯·汤姆森（James Thomson）、吉尔伯特·赖尔和伯纳德·威廉斯学习。我还记得，奥斯汀实在是位令人敬畏的人物，他在公开场合死板刻薄、极具破坏性，但在跟学生一对一的时候却格外友好。1958年秋天，奥斯汀还在伯克利哲学系做访问学者，所以我是在1959年1月他回牛津后才见到他的。约翰告诉我，奥斯汀曾经差点就被伯克利给吸引走了（约翰还转述了奥斯汀的原话："你可以在那里建立一个帝国。"）但就在那时，奥斯汀被诊断出患有癌症。他在1960年春天去世，终年48岁。

奥斯汀和斯特劳森一样，对塞尔早年的哲学研究有着最重要的影响。除此之外，我想约翰前往伯克利的背后应该也有奥斯汀的关系。奥斯汀一定是看到了约翰和伯克利之间那种天然的契合，然后向伯克利推荐了约翰，又向约翰推荐了伯克利。或许有人会觉得这很不可思议，毕竟奥斯汀和约翰看起来完全是两类人——奥斯汀是严肃的英国人，看起来是一位古板的校长，而约翰是开朗外向的美国人，看起来像是个享乐主义者。但是在我看来，他们之间存在天然的共鸣，他们都有一种幽默感，都有很强的胜负欲，同时也都善于社交，并致力于通过支持性机构和集体合作来推动人类智性生活的进步。

他们都认为哲学是一项团队运动（我还要补充一点，有胜负之分）。他们都关注那些强调个人被嵌入社会互动结构之中的哲学主题，而非孤立个体与宇宙之间关系的课题。一个很好的例证是，在奥斯汀和塞尔的研究中，言语行为理论都占据着至关重要的地位。尽管塞尔从未采用奥斯汀标志性的语言分析方法——例如区分"无意"、"非故意"、"意外"或"错误"射杀驴子的区别，但他一直喜欢以经验事实作为哲学研究的起点,同样,奥斯汀也一直倾向于拒绝经验与先验之间的区分。在奥斯汀关于"辩解"的研讨会上和他一起翻阅《泰晤士报法律报告》是一种非常棒的体验。奥斯汀是我在牛津的论文导师,但我认为他对约翰的影响比对我的影响更为深刻,因为约翰比我更了解他。牛津对约翰成长的重要性不言而喻,他在那里度过了七年时光,在此期间他找到了自己感兴趣的哲学主题,也形成了自己的哲学风格。

1959年,约翰和达格玛去了伯克利,我则留在牛津继续完成哲学学士[1]学位,之后去了哈佛攻读博士学位。1960—1961年,巴里·斯特劳德和我作为哈佛博士研究生有过一段交集,后来他也去了伯克利工作。1963年我拿到学位时,就业市场好得难以置信。战后婴儿潮一代已经达到上大学的年龄,全国各地的州立大学都在飞速扩张。我去伯克利,部分还是跟约翰和巴里这两位好朋友在那里有关,我想我被聘用也和他们有关。

伯克利在各个方面都很棒,就像你们所熟悉的那样。约翰和达格玛在那里成家立业,生活蒸蒸日上,约翰也是学校里最受欢迎的老师之一。我记得当时学生会的课程评价出来时,汤姆·克拉克(Tom Clarke)说约翰的评价读起来简直就像是约翰的妈妈写的一样。在那个时期,伯克利哲学系正式成为分析哲学界的主要阵地之一,约翰在其中扮演了至关重要的角色。长期以来,伯克利在数理逻辑方面成绩斐然,但现在这个系也开始向其他领域拓展。这是学术界普遍趋势的

---

[1] 译注:B. Phil. 是"Bachelor of Philosophy"的缩写,但在牛津大学,这个学位实际上相当于硕士学位。

一部分，即从孤立的学术机构转变为充满活力的国际社群。

然后就是那些学生。在他那本关于 20 世纪 60 年代校园动荡的书《校园战争》（The Campus War）中，约翰提到"单纯的人数之多"是造成校园动荡和权威瓦解的原因之一，这里他指的是各个校园庞大的注册学生数量。但我认为真正重要的数字是当时整个年龄段学生的规模，无论是在这个国家还是在其他国家，该年龄段的人口都远超上一代人。二战之后出生的婴儿潮一代形成了自己的社会，这个社会足够大且足够安全，以至于他们可以制定自己的标准，他们没有必要再按被时代抛在后面的老一辈人的要求把自己变成大人。由于年轻人群体数量的绝对优势，成年人权威的传统来源，也就是原本占少数的年轻人希望被成人世界的文化和规范所同化的愿望，已经被削弱。这就是为什么婴儿潮一代会如同洪流般席卷全国，彻底改变美国社会。

和约翰一样，我也站在了这一洪流的开端。1964 年，言论自由运动与受制于州政府和董事会保守派势力的学校管理部门发生了冲突。约翰是最早站在学生一边的教师之一，当时他还只是助理教授。我记得他在斯普鲁尔广场的集会上发言，他还指出学校请来解决问题的教职人员小组成员仅限于有终身教职的教授。约翰说："我喜欢这种感觉。"他最终担任了行政职务，而伯克利的冲突在随后的几年愈演愈烈。到 1971 年他出版《校园战争》时，他的情绪已经非常低落。

我在 1966 年离开伯克利，前往普林斯顿。部分原因是纽约的吸引力，我一直很喜欢纽约。另一部分原因是我觉得伯克利冲突的根源太深，这会使它成为一个无止境的战场。我花费了太多时间思考一场又一场冲突，而约翰凭借着他好斗的天性留了下来，在被卷入这些斗争的时候，无论他站在哪一边，他似乎都能够保持理智。我们现在是天各一方的朋友，通过研讨会和大会在一个更大的哲学世界中联系在一起。最近，我们还因为对巴黎共同的热爱而有了联系。我们经常会在6月份的巴黎相遇，我特别开心在那里能够和他继续八卦一些"高深"的话题。

像哲学这样的智识学科，它的创造性工作基本都是私底下由独立的个人或以高水平互动的小团体完成的，约翰正是以这样的方式为哲学做出了重要的贡献。我并不打算总结他的巨大理论成就。一个学科在更广阔世界中的地位还取决于它在公众面前的形象代表，而在哲学领域，尤其是分析哲学领域，我们非常幸运能够看到约翰·塞尔成为我们这个时代最重要的哲学家代表之一。这部分归功于他写作时表现出来的超凡的清晰和力量，堪比早年的伯特兰·罗素。但这也要归功于他那强烈的冲动，他总是不断地与周围智识世界的各种势力（无论好坏）打交道，试图理解它们，并通过尽可能广泛地传播当代哲学的见解和方法来影响它们。

约翰身上有一种传教士的气质，就跟罗素一样。他会抨击他所认为的黑暗势力，与大多数哲学家相比，他更愿意将自身置于公开的论战之中。虽然这确实是他天性的体现，但这也让他付出了一些代价。跟那些厉害的辩论者不同，他是在没有厚脸皮武装的情况下一次又一次地投入战斗的。尽管他本质上是乐观的，但约翰对事情的反应比我认识的大多数人都要激烈，他经常带头反对各种无稽之谈，这也让我更加感激他。

但约翰远不只是一位屠龙勇士。他的大量学术著作和通俗读物让全世界无数人对语言哲学和心灵哲学的核心问题有了基本的了解。他是我们这个时代最有名且最成功的哲学教师之一，伯克利有幸能够在 50 年来一直拥有这样一位无与伦比、令人难忘的人物。

32. 罗纳德·德沃金（1931—2013）

我和罗纳德·德沃金从 20 世纪 60 年代起一直是朋友，那时我们共同参加一个每月聚集一次的讨论小组，组内许多成员在随后数十年间对道德、政治和法律哲学做出了重要贡献。1987 年，他开始每年在纽约大学度过一半时间。我极其有幸，每周与他共同主持法律与哲学研讨会，享受他的卓越陪伴。此后 25 年里，他的才华在逻辑复杂又富有道德想象力的论证中展露无遗。认识他并与他共事，不仅是智识上的享受，更像是一场不知疲倦、永不停歇的派对。他的在场让任何对话都变得妙趣横生。

我不会在这里谈论他具体的智识贡献，但我想说说他的风格和他对生活的态度。

无论做什么，是作为主人或客人活跃晚宴气氛，进行公开演讲，还是从事教学或写作，罗尼永远表现优异。他的写作和演讲总是十分优美，组织结构清晰得令人羡慕。最重要的是，他总能显得毫不费力——当然，这实际上是通过极其努力的工作和出色的记忆力实现的。这启发了丹尼尔·丹尼特在《哲学词典》（*Philosophical Lexicon*）

中为罗尼所写的精彩词条，这部词典都是把哲学家的名字作为词语，给出定义。例如，"海德格尔"被定义为"一个用来穿透层叠厚实物质的笨重装置"，例句是："它埋得太深了，我们得靠海德格尔来挖。"[1]

这是罗尼的词条：

> Dwork 德沃（动词）：（也许是 hard work，即"努力工作"的缩写？）以拖长音调的方式进行一次精心准备的演讲，使之显得毫不费力，像是即兴而发。就像美国老民谣中唱的"我在巡回演讲上一直德沃金"。[2]

罗尼风格中有个重要的方面是他本人不那么喜欢被提及的。除了做有创意的哲学思考，罗尼也保留了律师的风格。这种智识风格体现为，他决心为他的客户——他眼中的真理——进行辩护，并尽可能提出压倒性的论证，将对手驳斥得体无完肤。这种不留余地的智识战斗风格在哲学中并非绝无仅有，但我相信对罗尼来说，这得益于他在法律辩论中的浸染。这也与他的信念相符，他相信任何道德、政治或法律难题总有一个正确答案。

但真正让罗尼独特出众、具有别样魅力的，是他对生活的无限渴求。威廉·巴特勒·叶芝有一首著名的诗是这样开头的：

---

[1] 译注：此处有英文的谐音，Heidegger 中的"degger"发音就像"digger"（挖掘机）。
[2] 译注：此处也有英文的谐音，Dworkin 的发音就像是"dwork"的现在分词形式"dworking"。

> 人的才智被迫要做出选择
>
> 是生活的完美，还是作品的完美，
>
> 如果选择第二个，就必须拒绝
>
> 天上的华屋，在黑暗中发怒。

罗尼坚决拒绝做这样的选择。你永远不会看到罗尼"在黑暗中发怒"。而位于纽约、伦敦、马莎葡萄园岛或是托斯卡纳的"天上的华屋"，或者说其一流的仿品，似乎总是他不懈追求作品完美时的自然背景。

他的生活方式正体现了他在《刺猬的正义》一书中充分表达的信念：价值之间不存在深刻的冲突，好的事物构成一个连贯的整体。罗尼在强有力的道德和政治信念驱动下，取得了最高水平的创造性智识成就。他同时还过着一种充满愉悦与才华的社交生活，并保持着美学风格。他看上去能对所有元素给予同等关注，而且把它们很好地结合了起来。从某种意义上说，他从未老去，总是以同样的青春热情对待每一项新体验或新机会。他游历一个美丽的地方时，很难不去想象购置当地房产。他热爱美食佳酿、欢愉的陪伴、有趣的建筑，并且穿着优雅，风格完全不与学术沾边。在大西洋两岸教学之外，罗尼还保持着铁人般的国际演讲日程，仿佛每分每秒都填满了活动与体验。有一次我们谈论飞行前应提前多长时间到达机场，他说："如果你没有错过几班飞机，你肯定浪费了你的生命。"

在他的人生中，最抽象的智识生活与最具象、最美妙的现实生活之间完全没有对立，而是全然和谐一致。这种生命的乐趣在贝茜病终时被残忍打断，但他在与蕾妮共度的最后几年里重拾这种乐趣，也达到了创作的高峰。

灿烂人生已逝，辉煌工作仍存。我们何其幸运，他驳倒了叶芝的诗。

33. 巴里·斯特劳德（1935—2019）

巴里和我是在 1960—1961 年认识的，那是他在哈佛大学攻读哲学博士学位的最后一年，也是我在那里的第一年。随后他去了伯克利任教，1963 年我跟随他去了那里，1966 年我搬回了东部的普林斯顿。但在那三年里，虽然他是我的上级，但我们之间保持着平等的关系，这也使得我俩关系非常亲密。我们见证了伯克利哲学系转型的开始。我还记得，当时哲学系大部分有终身教职的成员都是毕业于伯克利的博士，他们不太了解分析哲学的最新进展。巴里和我在几乎每天的"密谋"午餐中，总能找到无尽的理由来吐槽哲学系的管理方式。显然，我们这帮人注定会接管整个系，但那时我们感觉自己就像被压迫的无产阶级并对此乐在其中。

离开巴里是我离开伯克利最难过的事情之一。但事实证明，我们的友谊一直是我生活中永恒的部分。我们并不经常通信，也不知道什么时候会相见，但每次见面，我们总会立刻热络起来，就好像我们永远在同一个频道上。

我们对哲学持有一种共同的看法，这种看法即使在我们年轻那会儿也是一种少数派的观点。随着时间的推移，这种观点变得越来越不流行。它受到了维特根斯坦的影响，尽管在我看来不如他后期作品中的观点那么激进。这种观点认为，哲学的核心，也就是哲学最深刻和最有趣的部分，是由一系列独特的哲学问题组成的，它们不同于其他任何思维领域中的问题。这些哲学问题很可能无法解决，但它们却令人无法抗拒。在整个哲学史上，我们都可以看到那些尝试解决这些问题的努力，它们在未来也会一直出现，并带来精彩而又迷人的哲学回应和理论（尽管仍然有缺陷）。有的人试图将这些哲学问题诊断为伪问题，进而逃离哲学的迷宫，这些尝试是失败的。我们无法摆脱哲学，哲学的核心应该是对这些问题本身的研究：研究它们的本源（我们的概念、实践和信念中的哪些要素使这些问题得以产生），也研究各种不同且相互对立的回应，及各自包含的吸引力、优点与不足之处。最后，通过探索这些无法解决的问题及其根源，即使我们没有找到最终的答案，我们仍然可以对我们自身以及在这个世界中我们本质上困难重重的处境有所了解。如此，这一过程实现了哲学的功能——展现人类最极致的自我意识。

巴里以这样的方式关注了很多哲学问题：认识论上的怀疑论、先验、关于价值的实在论和主观主义、第二性质、模态，以及关于因果性与感知的问题。我自己的兴趣与他有一些重叠，但也包括其他的主题，例如自由意志、身心问题和荒谬。只有当一个人真的发现这些问题扑朔迷离时，他才算得上对这些哲学问题有所了解。在我们看来，有一小部分哲学家似乎用同样的，以问题为中心的方式进行哲学研究。我们都觉得我们的同事汤姆·克拉克是一个非常典型的例子，我们都受到了他的影响。

巴里的写作清晰直接，不带一点修辞。他有一种非凡的天赋，能够清晰地展示复杂的论证和反驳背后的逻辑结构，同时发现这些哲学观点背后所隐藏的假设。他的批评耐心温和，并且具有很强的说服力。在我看来，他在工作中所展现的细致缜密，是他个性的体现。无论是在生活中还是在哲学上，他对自己都有很高的要求，并且力求把事情做到尽善尽美。换句话说，他在身体、个人和精神生活中容不下任何一丝的马虎。但这并不妨碍他成为一名享乐主义者，只不过他的快乐来自对事物细致入微的关注。

他懂得如何享受生活，并且他也是一个很棒的朋友。不过在他的世界里也存在严肃的一面。这一点至少在我看来也属于他吸引力的一部分。他对人类并不抱什么期望，他很少对人们所表现出来的虚荣、欺骗或自私感到惊讶，并且总能一针见血地指出人类的这些缺陷。他不是道德主义者，他很少有不切实际的幻想，他的这种务实态度总能给人带来很大的启发。

对所有人来说，总有少数几个人是我们觉得与他们同在这个世界上特别幸运的。对我来说，巴里就是其中一位。

索 引

说明：页码后的 n 代表相关内容出现在注释中

Adler, H. G., H. G. 阿德勒 049—062
Adler, J., J. 阿德勒 051, 062
Allen, W., 伍迪·艾伦 032
Anscombe, G. E. M., G. E. M. 安斯康姆 005, 110—126, 287
Appiah, K. A., 夸梅·安东尼·阿皮亚 195—207
Aquinas, T., 托马斯·阿奎那 119, 218
Arendt, H., 汉娜·阿伦特 060—061
Aristotle, 亚里士多德 119, 122—123, 126, 260
Augustine, 奥古斯丁 220
Austin, J. L., J. L. 奥斯汀 001, 115—116, 124, 276, 287—289
Ayer, A. J., A. J. 艾耶尔 114—115, 117
Baeck, L., 列奥·贝克 055
Balogh, T., 托马斯·巴洛格 113
Bayle, P., 皮埃尔·培尔 236
Behe, M., 迈克尔·贝希 221—222
Bentham, J., 杰里米·边沁 071, 172, 186
Berlin, I., 以赛亚·伯林 133, 287—288
Black, M., 马克斯·布莱克 279

Blackburn, S., 西蒙·布莱克本 229
Buffett, W., 沃伦·巴菲特 071n, 083
Bush, G. W., G. W. 布什 138—139, 142
Calvin, J., 约翰·加尔文 218
Carnap, R., 鲁道夫·卡尔纳普 002
Cartwright, N., 南希·卡特赖特 197n
Clarke, T., 汤姆·克拉克 289, 298
Conradi, P., 彼得·康拉迪 112
Coleridge, S. T., S. T. 柯勒律治 206
Copernicus, N., 尼古拉·哥白尼 155, 216
Coutts, J., 琼·库茨 116
Cuaron, A., 阿方索·卡隆 023
Daniel, N., 诺曼·丹尼尔 120
Darwin, C., 查尔斯·达尔文 254
Davidson, D., 唐纳德·戴维森 276—278
Dawkins, R., 理查德·道金斯 123, 221—223, 256
De Beauvoir, S., 西蒙娜·德·波伏娃 117
Dennett, D., 丹尼尔·丹尼特 223, 250—261, 293—294
Descartes, R., 勒内·笛卡尔 235—237, 239—244, 258, 261, 281

Devlin, P., 帕特里克·德夫林 005
Durkheim, E., 埃米尔·涂尔干 184, 186—187
Dworkin, B., 贝茜·德沃金 265—267, 295
Dworkin, R., 罗纳德·德沃金 47, 125, 127—137, 147n, 265—266, 283—285, 293—296
Eichmann, A., 阿道夫·艾希曼 055, 056, 058, 060—061
Ellison, L., 拉里·埃里森 073
Eppstein, P., 保罗·埃普施泰因 056, 057—058
Filkins, P., 彼得·菲尔金斯 051n
Foot, M. R. D., 迈克尔·富特 113
Foot, P., 菲利帕·富特 110—126, 172, 287
Frankfurt, H., 哈里·法兰克福 031
Frankfurter, F., 费利克斯·法兰克福特 285
Galileo, 伽利略 237
Gates, B., 比尔·盖茨 083
Geach, P., 彼得·吉奇 113—114
Gerron, K., 库尔特·格隆 057—058
Gibbard, A., 艾伦·吉伯德 150
Gödel, K., 库尔特·哥德尔 157
Godfrey-Smith, P., 彼得·戈弗雷 – 史密斯 255
Gottlieb, A., 安东尼·戈特利布 235—249
Greene, J., 约书亚·格林 170—180
Grice, H. P., 保罗·格赖斯 001—002, 287
Guest, S., 斯蒂芬·格斯特 127—137
Haidt, J., 乔纳森·海特 181—194
Hand, L., 勒尼德·汉德 285
Hare, R. M., R. M. 黑尔 071, 076—078, 116—118, 121, 124—125
Hart, H. L. A., H. L. A. 哈特 005, 127, 134, 136, 287
Heidegger, M., 马丁·海德格尔 294

Himmler, H., 海因里希·希姆莱 058
Hobbes, T., 托马斯·霍布斯 006, 062n, 235, 237—239, 243—248
Huemer, M., 迈克尔·胡默 076, 079
Hume, D., 大卫·休谟 078—079, 130, 149, 188, 228—229, 232, 237, 241, 243, 248—249, 281
James, P. D., P. D. 詹姆斯 023, 026
James, W., 威廉·詹姆斯 157
Johnson, H. M., 哈丽雅特·麦克布赖德·约翰逊 075
Johnston, M., 马克·约翰斯顿 034—040
Judt, T., 托尼·朱特 011—021
Kahneman, D., 丹尼尔·卡尼曼 159—169, 172, 174
Kamm, F. M., 弗朗西丝·默纳·卡姆 172
Kant, I., 伊曼努尔·康德 006, 007, 032, 035, 091—092, 095—099, 157, 179, 188—193, 235, 272, 275, 281
Knox, A., 艾莉森·诺克斯 286
Kolodny, N., 尼科·科洛德内 033
Korsgaard, C., 克里斯蒂娜·M. 科斯嘉德 091—100
Larkin, P., 菲利普·拉金 029
Leibniz, G. W., 莱布尼茨 235—237, 239—241, 243—244
Lincoln, A., 亚伯拉罕·林肯 136
Lipscomb, B., 本杰明·J. B. 利普斯科姆 110—126
Locke, J., 约翰·洛克 140, 235, 237, 240—241, 243, 247—248
MacAskill, W., 威廉·麦卡斯基尔 082—090
Mac Cumhaill, C., 克莱尔·麦克·库姆海尔 110—114
Mackie, J. L., J. L. 麦凯 147n
MacKinnon, D., 唐纳德·麦金农 113
Malcolm, N., 诺曼·马尔科姆 001, 124, 279

Marx Brothers，马克斯三兄弟 259
Midgley, G.，杰弗里·米奇利 114
Midgley, M.，玛丽·米奇利 110—114, 122—125
Mill, J. S.，约翰·斯图尔特·密尔 071, 172, 184, 284
Moore, G. E.，G. E. 摩尔 225
Murdoch, I.，艾丽斯·默多克 110—126
Murphy, L.，利亚姆·墨菲 069—070, 138—142
Newton, I.，艾萨克·牛顿 216, 222, 236
Nietzsche, F.，弗里德里希·尼采 059, 109
Nozick, R.，罗伯特·诺齐克 125, 268—270
Owen, G. E. L.，G. E. L. 欧文 287
Parfit, D.，德里克·帕菲特 147n
Pears, D.，大卫·皮尔斯 288
Plantinga, A.，阿尔文·普兰丁格 214—223
Plato，柏拉图 128, 132
Quine, W. V.，W. V. 奎因 002, 277, 280
Rawls, J.，约翰·罗尔斯 004—005, 023n, 125, 127, 153, 179, 189, 204—205, 271—273, 279, 283—284
Richards, D.，大卫·理查兹 284
Roberts, J.，约翰·罗伯茨 135
Rosen, M.，迈克尔·罗森 181—194
Rousseau, J.-J.，让-雅克·卢梭 236, 237
Russell, B.，伯特兰·罗素 002, 291
Ryle, G.，吉尔伯特·赖尔 114, 115, 280, 288
Sager, L.，拉里·塞杰 284
Sartre, J.-P.，让-保罗·萨特 117
Scanlon, T. M.，T. M. 斯坎伦 080n, 125, 145—158
Scheffler, S.，塞缪尔·谢夫勒 022—033, 080n
Searle, D.，达格玛·塞尔 287, 289
Searle, J. 约翰·塞尔 286—292

Sellars, W.，威尔弗里德·塞拉斯 251—252
Shiffrin, S.，肖恩娜·瓦伦丁·希夫林 032
Sidgwick, H.，亨利·西季威克 071, 076, 079—080, 083—084, 157, 275
Silvers, R.，罗伯特·西尔弗斯 266
Singer, P.，彼得·辛格 065—081, 082—090, 091—092
Smith, A.，亚当·斯密 196—197
Spinoza, B.，斯宾诺莎 235, 237, 239—241, 243, 247, 249
Strawson, P.，彼得·斯特劳森 279—282, 287—288
Stroud, B.，巴里·斯特劳德 224—234, 289, 297—299
Sumner, L. W.，L. W. 萨姆纳 041—048
Sunstein, C.，卡斯·R. 桑斯坦 168
Thaler, R.，理查德·塞勒 168
Thomson, J.，詹姆斯·汤姆森 288
Thomson, J. J.，朱迪丝·贾维斯·汤姆森 125, 172
Truman, H. S.，哈里·杜鲁门 120—121, 124
Turing, A.，阿兰·图灵 254—255
Tversky, A.，阿莫斯·特沃斯基 160—162, 164
Vaihinger, H.，汉斯·费英格 195—197
Voltaire，伏尔泰 236, 243
Wackenheim, M.，曼努埃尔·瓦肯海姆 193
Wallace, R. J.，R. 杰伊·华莱士 101—109
Walzer, M.，迈克尔·沃尔泽 125, 129
Warnock, G.，杰弗里·沃诺克 116
Weiss, V.，弗拉基米尔·魏斯 056
Wiggins, D.，大卫·维金斯 080n
Williams, B.，伯纳德·威廉斯 023, 027—028, 076, 088—089, 102, 105, 106, 274—275, 288
Wilson, E. O.，E. O. 威尔逊 123

Wilson, M., 玛丽·威尔逊 116
Wiseman, R., 雷切尔·怀斯曼 110—126
Wittgenstein, L., 路德维希·维特根斯坦 001, 114, 116, 124, 279—280, 298
Wolf, S., 苏珊·沃尔夫 031—032
Yeats, W. B., W. B. 叶芝 294—295